Basketball Coaching Series

THE DRIBBLE DRIVE MOTION OFFENSE

ドリブル ドライヴ モーション オフェンス

By Mads Olesen　監修・編訳　塚本 鋼平

グローバル教育出版

目　次

はじめに

　2008年の春、スポーツイラストレイテッド誌（＝米国の権威的なスポーツ雑誌）は、ヴァンス・ウォルバーグ氏が開発し、メンフィス大学のジョン・カリパリ氏が広めた、メンフィスドリブル・ドライヴ・モーションオフェンスに関する記事を掲載した。

　私はその記事を読み、戦略だけではなく、プレイヤーの育成にも優れていると感じ、私たちのクラブの全てのカテゴリーに、メインオフェンスシステムとして採用することにした。

　私たちのクラブは、U18、U16、U14の男子チームを所有し、ナショナルリーグに参加している。

　スタッフ陣は、このリーグで勝利することだけでなく、プレイヤーの将来性を高めるようなスキルとバスケットボールIQの向上ができるようなオフェンスシステムを探していた。そしてついに、ドリブル・ドライヴ・モーションオフェンス（以下「DDM」）に出会い、これこそ私たちの目指すものに相応しいオフェンスシステムだと確信した。しかし、それを全てのカテゴリーに導入することは簡単なことではなかった。なぜなら、私たちのクラブにDDMを採用するためには、以下の情報がなかったのだ。

　　・プレイヤーがどのように動けばよいのか。
　　・このオフェンスに必要なスキルは何なのか。
　　・そのスキルを高めるためには、どのような練習をすればいいのか。
　　・プレイヤーの能力を最大限に発揮させるためには、どのように指導すれば
　　　いいのか。

　2008年の春の時点では、クリニックの様子が、わずかにインターネットで閲覧できる程度か、あるいはハーブ・ウェリングス氏によってレクチャーされたDVDから、ほんの少しの情報を得られる程度しかなかった。

　DDMの動き方と指導法についての情報は非常に乏しく、かつ、そのどれもがクオリティーの高いものではなかった。そのため、自分たちで考えながら、チームに指導して行くしかなかったのである。

　残念ながらこの段階では、私たちが指導したDDMは、あまりよくなかった。プレイヤーの成長は見られたものの、ヴァンス・ウォルバーグ氏の提唱するDDMには程遠いものだった。

　その後、ヴァンス・ウォルバーグ氏とジョン・カリパリ氏がDVDを出版し、突如としてパズルのピースがつながり始めた。しかしこの時点でも、戦略、戦術、練習メニューや教え方までの情報を１つにまとめたものはなかった。

　だからこそ私は、DDMの情報をこの１冊の本にまとめることを決意したのである。

By Coach　Mads Olesen

家を建てる

チームオフェンスの構築は、一軒の家を建てることに非常によく似ている。戦術は確かに青写真ではあるが、どんなに青写真が素晴らしくても、それがいい家だという保証はない。一軒の家を建てるには、質の高い資材、施工管理能力が高い建設業者が必要であり、また熟練した大工が必要である。

質の悪い資材、施工管理能力が低い建設業者、お粗末な大工でも一見、美しい家を建てることはできる。しかし、これではすぐにほころびが生じ、壊れてしまうことになる。これはオフェンスにおいても同じことがいえるのだ。

あなたは試合において、美しいオフェンス（家）を指揮（建設）することができるだろう。しかしオフェンス（家）の精度（質）を決めるのは日々の練習である。コーチこそ建設業者であり、戦術をどのように教え、トラブルをどう回避するかについて、しっかりとした計画を立てる必要がある。

練習メニューは美しいオフェンス（家）を作るために必要な道具である。

分解練習は状況判断力を養い、体系的な練習はチームワークを教え、シューティングドリルは試合と同じようなシュートを打たせる。

この本の目的の1つは、DDMの青写真だけではなく、コーチの方々に、よりよい建設業者になってもらうために必要な情報を、余すところなく提供することである。

このオフェンスとその練習メニューを採用する1つの利点は、プレイヤー（大工）が、よりよいプレイヤーになるということだ。ただ教えられた通りにAからBへ走り、Cにスクリーンをかけるということではなく、試合の展開を読み、ボールをキャッチすると同時に、適切な動きを判断できるようになるのである。

もし、チームに優れた能力を持つタレントプレイヤーがいれば、たった1シーズン、もしくは2シーズンならば、他のチームよりも抜きん出ることができるだろう。しかし、毎年抜きん出ているチームは、システムではなく、試合の状況に応じて判断することに重きを置いてプレイヤーたちに指導している。NBAではフィル・ジャクソン氏のロサンゼルス・レイカーズ、グレッグ・ポポビッチ氏のサンアントニオ・スパーズ、ジェリー・スローン氏のユタ・ジャズ。また、NCAAではデューク大学、ノースカロライナ大学、カンザス大学などが同じ特徴を持っている。タレントプレイヤーが不在のシーズンもあるかもしれないが、それらのチームが作り上げた確固たる基盤は、チームの順位を大きく下げることはない。

オフェンスの成功に、戦術に関する知識は、30〜40%程度しか影響してこないだろう。本当の成功とは、プレイヤーたちのスキルとバスケットボールIQが向上できるような練習を、日々行うことによってのみ得られるのである。

DDMは、スキルとバスケットボールIQの向上にとって、素晴らしい教材であると考える。そしてこの本は、それら全てを網羅した完全指導マニュアルであると信じている。

第1章

DDMの基本

　考案者であるヴァンス・ウォルバーグ氏によると、DDMは2〜3つの基礎の上に成り立っている。オフェンスは毎回の攻撃において、ドライヴでバスケットにアタックする。それはプレイヤーが適切なスペースを保ち、ペネトレートするためのギャップを作ったときにのみ起こりうる。

　オフェンスの「ビッグスリー」（＝3大鉄則）は、

　　・バスケットにアタックする。

　　・適切なスペースを保つ。

　　・ギャップを作る。

　この「ビッグスリー」を成立させる根底にあるのは、近代バスケットボールにおいて最も重要だともいえる「クローズアウト」である。

　バスケットボールが進歩し、ディフェンスがよくなるにつれて、スコアできる状況を作り出すためには、クローズアウトさせることが必要である。クローズアウトのシチュエーションとは、ディフェンスがボールを持ったプレイヤーに勢いよく向かっていき、ボールを持ったプレイヤーはディフェンスの勢いを利用して、ドリブル、あるいはシュートでディフェンスの形を崩す絶好の機会なのである。

　クローズアウトが起こると、ヘルプディフェンスは、まずシュートを止めるために飛び出さなければならない。しかし、それがドライヴへの道を開けてしまうことになる。逆に、ひとたびボールがゴール付近まで運ばれれば、インサイドのヘルプディフェンスが必須となり、いよいよディフェンスは形を崩していく。オフェンスはシュートか、ディフェンスの勢いを利用し容易にドライヴでアタックできる。したがってオフェンスがアドバンテージを持つことができるのである。

　DDMの目的は、1回の攻撃の中で、数回のクローズアウトをさせ、レイアップで得点することである。全てのプレイヤーの動きは、バスケットへドライヴするスペースを作るために組み立てられ、それがヘルプディフェンスを引きつけ、クローズアウトを生む。

　クローズアウトを有効的に活用するためには、プレイヤーにはいかなる状況でも瞬時の判断が求められる。もしあなたが、このDDMをチームで決めたセットオフェンスの1つとして採用するのであれば、このオフェンスの素晴らしさを完全に表現することはできないだろう。こういったタイプのコーチであれば、プレイヤーに全ての決断を許すようなスタイルに考え方を変えるか、他のオフェンスシステムを選択するかのどちらかである。前者の方が、よりよいプレイヤーを創り出すことに繋がるので、考え方を変えることお薦めする。

　DDMの目的は、バスケットにドライヴすることにより、ヘルプディフェンスを引きつけ、オープンレイアップかオープン3ポイントシュートの状況を作り出すことである。

　はじめに、どのようなブロック（＝構成要素）によって、このオフェンスが構築されているのか、1つのシチュエーションに焦点をあてて見てみよう。

ブロック①：レイアップ

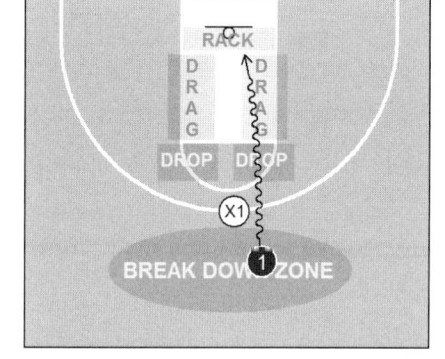

　このオフェンスの目的は、目の前のディフェンスを抜き去り、レイアップに向かうことである。

　プレイヤーは自分の肩をマークマンの肩より前に出すことを考えるべきであり、この状況での判断と得点の取り方について、しっかりと学ぶ必要がある。

ブロック②：ポストプレイヤー

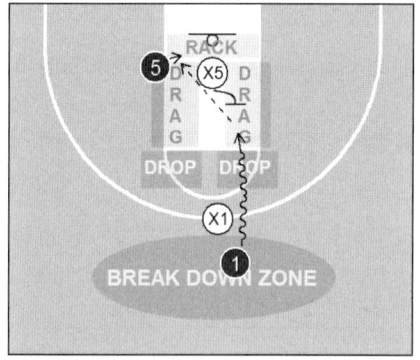

　ポストプレイヤー（＃5）は、X5が＃1のペネトレートに対してヘルプをした場合、＃5はフリーでレイアップができる。X5は＃1のレイアップを諦めるか、マークマンを離れて、＃5のレイアップを諦めるかしかない。

ブロック③：ウィークサイドのコーナーのシューター

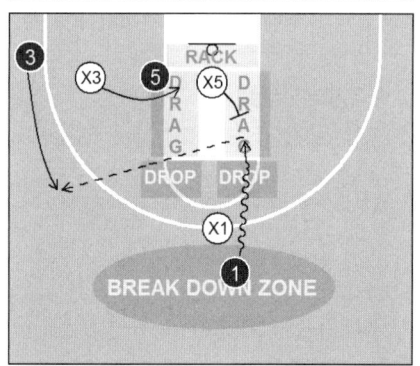

　ウィークサイドのコーナーにシューターを配置すると、X5は＃1のペネトレートをヘルプし、X3は＃5をカバーしなければならなくなる。

　その結果、＃1のドライヴがX5によって止められ、＃1から＃5のレイアップにつながるパスは、X3によってカバーされる。

　しかし、＃3をワイドオープンにしてしまい、＃1のスキップパスから＃3に3ポイントシュートを打たれてしまう。

　これにより、X3が＃5のレイアップと、＃3の3ポイントシュートのどちらを防ぐのかを選ばなければならなくなる。したがって、この＃1から＃3へのパスは、このオフェンスにおいて最も重要なパスとなる。

ブロック④：ボールサイドのコーナーのシューター

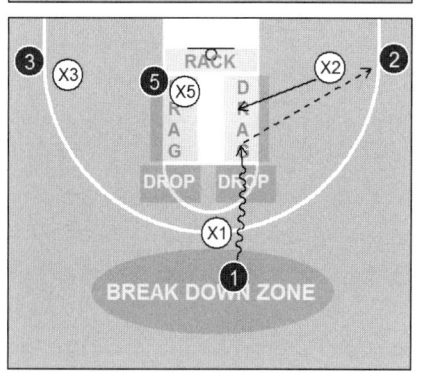

　別のシューター＃2をボールサイドのコーナーに配置することによって、X2がヘルプできなくなる。

　もし、ディフェンスがX3とX5にぴったりと自分のマークマンを守るのであれば、X2がレイアップを止めるプレイヤーとなり、それがコーナーの＃2をワイドオープンにしてしまう。

　よってドライヴに対する唯一のヘルプ方法は、X5とX3のローテーションであるということになる。

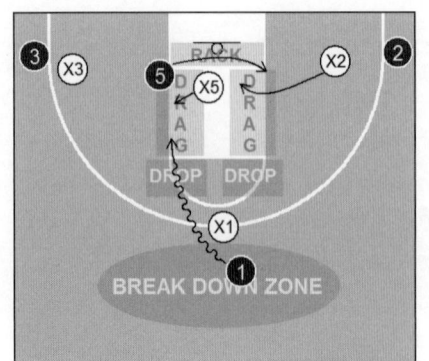

ブロック⑤：ミドルドライヴ

　もし＃1がミドルドライヴしても、＃2と＃3の役割が反対になるだけで、何も変わらない。

　もし＃5がドライヴと同時に逆サイドのローポストに移動すれば、X5がメインのヘルプディフェンスをし、X2が＃5のヘルプディフェンスをすることになる。

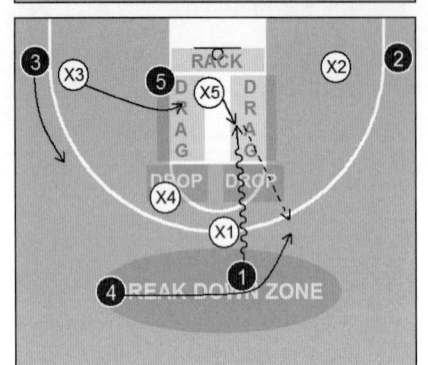

ブロック⑥：X4の無力化

　最後のブロックは、X4がどこにもヘルプディフェンスにいけないようにすることである。

　これは＃4が、ドライヴをする＃1の後ろに移動することによって実現できる。X4は＃3へのスキップパスをヘルプするか、＃4がボールを受け取りシュートするのを止めるのかを選ばなくてはならない。

ヘルプディフェンスを利用する

　本書の全体の目的はレイアップのシチュエーションを作り出すことであるが、大きくは2つに分けることができる。

1．オフェンスプレイヤーがマークマンをドリブルで抜き去ることができる状況を作り、ペネトレートをする。

2．オフェンスプレイヤーを適切に配置することによって、ディフェンスがより困難なヘルプをせざるを得ない状況を作り出し、ディフェンスを混乱させる。

シュートの成功率（PPP＝ポイント・パー・ポゼッション＝ショットの期待値）

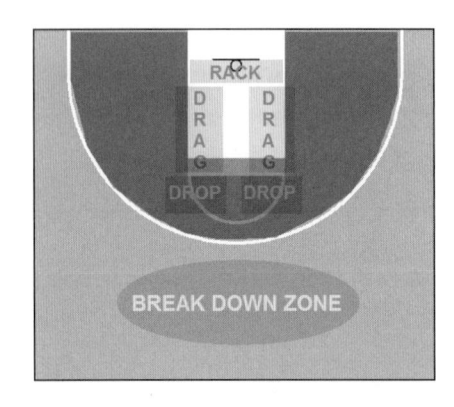

　DDMの重要なフィロソフィーの1つはシュートセレクションである。

　すべてのフィロソフィーは、ミドルレンジのジャンプシュートはめったに成功しないという事実に基づいている。バスケットから離れるにつれてシュートの成功率は大きく下がり、またバスケットに近づくにつれてファウルが起き、フリースローが与えられる。

　ヴァンス・ウォルバーグ氏は、ポゼッション（1回の攻撃）ごとに各シュートの成功率に基づいて、どのくらいのポイントだったかを算出した。

・レイアップの成功率を60％とする場合＝1.2PPP。

・3ポイントシュートの成功率を35％とする場合＝1.05PPP。

・フリースローの成功率を70％とする場合＝1.4PPP。

　メンフィス大学がジョン・カリパリ氏の下でこのオフェンスに取り組む前に、彼らはミドルレンジのシュートを分析した結果、28％の成功率しかないことがわかった。PPPはわずか0.56であり、またそのときにはファウルももらえていなかった。

　重要なことは、メンフィス大学のレイアップは高いシュートの成功率であったとともに、よくファールをもらい、バスケットカウントによるボーナスショット（最もPPPが高い）やフリースロー（2番目にPPPが高い）を獲得できていたことである。

　初めのうちは、あなたのチームにおいてレイアップのパーセンテージが、期

待するより低いことに気づくだろう。これには2つの原因があると考えられる。

1）オフェンスプレイヤーが、プレッシャーのかかった状態で、こんなに多くのレイアップを打つことに慣れていないため。

この状況は練習によって劇的に向上できる。

2）オフェンスプレイヤーが、まだ、いつレイアップにいくべきか、他の誰かのよりよいシュートのためにパスすべきかの判断力を身につけていないため。

これも練習によって劇的に向上できる。

シュートセレクション

ただ闇雲にレイアップや3ポイントシュートを打てばよいわけではない。シュートセレクションのルールをチームに教え込まなければならないのである。

重要なことは、あるプレイヤーにとっていいシュートは、あるプレイヤーにとって悪いシュートであることもありうる。したがって素晴らしいシュートとは何なのかについて、プレイヤーと細部まで議論をする必要があるのだ。

いかなるシュートも許されるプレイヤーもいるが、逆にシュートが制限されるプレイヤーもいる。（1試合に2本しかシュートミスは許されないという制限もあり得る。）

シュートに関して、定期的にテストする必要がある。このことが、自主的に練習する姿勢を促し、チーム全体に良い影響を与えることになる。もし、誰かが劇的に成長したら、褒め称えるだけでなく、そのプレイヤーに、より多くのシュートを打たせてあげるとよいだろう。

前述の通り、私はカナダのカールトン大学のデイヴ・スマート氏に深く感銘を受けた。彼はシュートに関するテストで優秀な結果を出した場合には、そのプレイヤーがシュートセレクションの制限に対して不平を言うことを受け入れている。数字で表すことにより、スタープレイヤーといわれる選手が本気で脅威を感じ、練習に一層熱心に取り組むことにもつながるからだ。

誰がどのくらいシュートを打つことを許されるかを決めるのに、うってつけのドリルがある。ヴァンス・ウォルバーグ氏の「20分間3ポイントシュートドリル」である。彼の言わんとするところは、後述のドリルを参照にしてほしい。このドリルは、成功率を計算するだけの単純なシューティングドリルではない。このドリルでは、20分間もハードに、試合で実際に起こりうる様々なシチュエーションでのシュートを打たなければならない。これによってあなたの理想とするオールラウンドプレイヤーを育てることができるだろう。

ストリークシステム

ヴァンス・ウォルバーグ氏は、もし相手チームの得点が続くようなときは「ストリーク」とコールするシステムを用いていた。このときは、いつもより少しペースがスローダウンする。

この状況では、チームの1人か2人のベストプレイヤーが「ストリークブレイカーズ」としてシュートが許される。

「ストリーク」とコールされた時間帯で、唯一シュートが許されるベストプレイヤー以外の選手は、練習での「20分間3ポイントシュートドリル」によって決定される。基準は以下の通りである。

・**50本以下**：試合では3ポイントシュートを打つことが許されない。

・**50～65本**：1本のミスが限度。1本3ポイントシュートをミスすると、もはやシュートが許されない。

- **65 〜 80本**：「ストリーク」の状況を除き、オープンであればシュートをしてもよい。
- **81以上**：ベストプレイヤーでなくても、「ストリーク」な状況でもシュートをしてもよい。

ストリークシステムの例外

　ヴァンス・ウォルバーグ氏はレイアップと3ポイントシュートのルールにいくつかの例外がある。

　ベストプレイヤーは、常に厳しいディフェンスのプレッシャーを受けているため、ときおりプルアップジャンパー（＝ドリブルストップからのジャンプシュート）を打つことを許している。なぜなら1試合に1〜2本のプルアップジャンパーを打つことで、的が絞りづらくなり、ディフェンスのプレッシャーが和らぐかもしれないからである。

　また、フローターシュートも推奨している。その理由は、より詳細な説明が必要なため、後述したい。

プレイヤーの成長

　このオフェンスを機能させるためには、平均以上のボールハンドリング能力を持ったプレイヤーが必要である。プレイヤーはディフェンスのプレッシャーの中でドリブルをしながら、適切な判断をしなければならないため、コート上の全てのプレイヤーは、ドリブルも、ドライヴもできることが求められる。

　ヘルプディフェンスを引きつけるペネトレイターを生かすシューターも必要となる。

　しかしこのオフェンスは、それらのスキルがあるチームにしか機能しないということではない。もし、プレイヤーのボールハンドリング能力やシュート力が低かったとしたら、それは今までのチーム作りにおいて、スキルを高める必要がなかったからであろう。例えば、あなたのチームのオフェンスがスクリーンを多用する戦術を採用していた場合、プレイヤーがAからB、BからCへ走るような、ただ単に動き方だけを指導していたことになる。

　このようなことから、DDMを機能させるためには、まず必要となるプレイヤーを育成しなければならないという結論に達した。そしてそれは長期的な展望で考えると、チーム力の強化にもつながると強く感じている。私たちのクラブはDDMを採用した1年目のシーズンは、歴史上ベストなシーズンではあったが、成績がともなったわけではなかった。必ず将来の成功をもたらすと信じ、自らを奮い立たせた。

　バスケットに向かってドライヴをして、フィニッシュすることを求めると、プレイヤーは驚くほど急速に上達することだろう。日々の練習から自ら判断することを認めると、プレイヤーは新たな視点から試合を楽しみ始めることだろう。楽しさは世界で最もやる気を引き出すものであり、スキルの向上を促すことになる。

　そして、これらのことは、基本的なスキルを身につけさせるだけでなく、正確な判断をもたらし、バスケットボールIQを高くすることもできる。

　プレイヤーの育成には、チーム練習での育成と個人練習での育成の2つのアプローチがあると考えている。DDMはどちらの育成にとっても、本当に素晴らしいシステムなのである。

　チーム練習でのプレイヤーの育成は、多く時間がオフェンスシステムの動き

方に奪われてしまい、十分に基本的なスキルを指導する時間が確保できなくなる。DDMのように、プレイヤーのスキルと判断力を高めつつ、オフェンスシステムを導入することができれば、個人としてもチームとしても、より成長することができるだろう。しかし、ビル・セルフ氏のハイローオフェンス、リック・マジェラス氏のユタオフェンス、フレックスなどはそうではない。リック・マジェラス氏のオフェンスはとても複雑で、難しく、新入生には簡単にできないプレイもある。オフェンスシステムを指導することに、非常に多くの時間がかかるので、個人練習の時間を奪ってしまいかねない。

個人練習での育成のポイントは、プレイヤーにどんなスキルが必要なのか、どんなことに取り組まなければならないかを示すことである。私は以前、スクリーンプレイをベースとしたセットオフェンスを行っていたが、DDMとは異なり、プレイヤーが何に取り組むべきかを明確には示せていなかった。

自分自身の体験を通して、DDMがプレイヤーの成長にとって、どれだけ効果的かを知ることができた。1年前はシューターだったプレイヤーは、ドライヴのスキルを磨き、ペネトレーターだったプレイヤーは、3ポイントシュートが打てるようになり、インサイドだったプレイヤーはペリメーター（＝ペイントエリアの外側で3ポイントラインからは内側のエリア）でのスキルを向上させた。

このオフェンスの素晴らしさは、プレイヤーにどんなスキルが必要で、何に取り組まなければならないかを明確に示していることである。それによりプレイヤーが自発的に取り組むようになるのだ。

若いプレイヤーの成長とポジション

DDMはプレイヤーの成長に大きな効果をもたらすが、チームで1番背が高いからという理由だけでインサイドに固定してはならない。200cmを超えるマジック・ジョンソン、ラリー・バード、ダーク・ノビツキーはポストプレイヤーではない数少ないプレイヤーである。

私は11歳以下のプレイヤーには、5メンアウトのモーションオフェンスに取り組ませ、いろいろなポジションでプレイさせ、いろいろなスキルを身につけることが重要だと考えている。11歳以上になっても、背の高いプレイヤーの能力を最大限成長させるためには、インサイドに固定せず、ポジションをローテーションし、いろいろなスキルを身につけさせることが必要である。

DDMの短所

DDMを実践するために絶対に必要となるのは、ペネトレートできるガードプレイヤーがいることである。ボールハンドリング能力の高いプレイヤーなしでは、サギングディフェンス（＝プレッシャーのゆるいディフェンス）を攻めることも、プレスディフェンスを崩すことも困難だろう。

もしそのようなガードプレイヤーがいなければ、ペネトレートすることは難しい。ゆえに、クローズアウトをさせることができず、エントリーにも多くの時間を費やすことになる。その結果、プレイヤー個人の成長の時間を奪ってしまうことになる。

また、他のオフェンスシステムと同様に、2〜3人の3ポイントシュートを決められる良いシューターも必要である。

サギングディフェンス（プレッシャーのゆるいディフェンス）

　このオフェンスはサギングディフェンスを苦手とする。なぜならば、一歩後方に引いたディフェンスがペイントエリアのスペースをなくしてしまうため、ペネトレートしづらくなるからである。しかも、もしペネトレートができたとしても、クローズアウトの状況を作り出すことは難しい。

　これを克服するためには、次の2つが必要である。

1　ペイントエリアにオープンなスペースを作るためのエントリー
　（ブレイクダウンゾーン P.71, サギングディフェンスとスイッチディフェンス P.90, セットプレイ＆エントリー P.108参照)。
2　ペネトレートが上手でディフェンスのギャップを攻めることができるガードプレイヤー。

スキルの高いプレイヤー

　もし、素晴らしいペネトレートができるガードプレイヤーとシューターがいなかったらどうするのか？　プレイヤーに運動能力がなかったらどうするのか？DDMの利点を全て忘れて、いつもの通りのオフェンスをするのだろうか？

　第1に、プリンストンオフェンスに代表されるように、賢い者はしばしば運動能力の高い者を倒す。もし適切にDDMを遂行すれば、運動能力の差を解消することができるだろう。バックドアやスキップパス、そして繰り返されるペネトレートが、能力の高くないプレイヤーにも広い視野を与えることになるだろう。

　第2に、今はそのようなプレイヤーがいなかったとしても、このオフェンスはプレイヤーを確実に成長させる。ドライヴのスキルを伸ばすことができないスクリーンやカッティングのオフェンスに固執するのはやめにして、可能性をたっぷりと秘めた新入生たちを、素晴らしいボールハンドラーに育ててはどうだろうか？

　改めて自分のチームを見てみよう。シーズンを通じて素晴らしいペネトレーターに成長しそうなプレイヤーはいるだろうか。もしいるのであれば、このオフェンスを行うことに何の戸惑いもいらない。2、3月ごろまでには、DDMを上手に行う準備ができていることだろう。DDMを採用するとプレイヤーの成長の速度は驚くほど早くなるのである。

　素晴らしいペネトレーターがベンチメンバーにいなければ、練習にDDMを導入するよりも、まずはドライヴのスキルアップを徹底して指導すると良いだろう。素晴らしいペネトレーターは、即座に良い結果をもたらしてくれるだろう。彼らは、どんなチームオフェンスにも有利な働きをしてくれるからである。

　ジョン・カリパリ氏がメンフィス大学にDDMを導入したとき、全体を取り入れるのではなく、分解練習から始め、部分的に取り入れていった。そして翌年に完全導入を果たした。このことによりプレイヤーはDDMに徐々に慣れ、とても賢くプレイできているようだった。

　あなたのチームにおいて、DDMを段階的に導入することは、コーチがより上手にこのオフェンスシステムを指導できるようになるだけではなく、プレイヤーの成長にとても良い影響を与える。

　シーズンの最後に「来シーズンはDDMを導入する」とプレイヤーたちに宣言し、習得が必要なスキルを伝えてみてはどうだろうか。そして彼らが、オフシーズンにそれらのスキルアップに取り組むことを、私は期待している。

もし、シーズンを通して、良いペネトレーターを育てることができなければ、そのシーズンの導入は見送り、他のオフェンスを探した方がいいだろう。

不慣れなポジションでプレイするプレイヤー

もし、シューターでないペネトレーターと、ペネトレーターでないシューターがいたらどうするのか。

シーズンが始まる前から、シュートとペネトレートの両方ができるプレイヤーがより多くのプレイタイムを得られることをチームに伝えておくべきある。シーズン前の数ヵ月の期間に、シューターでないプレイヤーが、ハードワークによって素晴らしいシューターに変貌を遂げる可能性があるからだ。

もし、その期間にプレイヤーが成長しなければ、あなたは単にシューターにシュートを打たせ、ペネトレーターにペネトレートをさせれば良いだけのことである。

シューターがいないことに関してひと言。シュート力を身につけていないのに、そのプレイヤーがプレイタイムを確保できるようなオフェンスシステムを採用してしまってはいないだろうか？　そうすることで、そのプレイヤーが成長する機会を奪ってしまう危険性もあるだろう。

シュートのスキルがどんなに役に立つかを理解していなければ、彼らはずっとシュートが下手なままであろう。でも、もしシュート力がなければプレイタイムを確保できないことをシーズン前に知っていれば、彼らはスキルアップの努力をし、今頃はもう良いシューターになっているだろう。

結局、上達するために何をすべきかをこと細かく伝えるよりも、プレイヤー自身が自発的に取り組むように働きかけることが大切なのである。必要なスキルが明確なDDMは、この点においても有益である。

プレイヤーはコーチの期待に沿うように成長していく。もしコーチが、ペネトレートのできるプレイヤーに成長して欲しいと期待すれば、彼らはそのスキルを驚くほど早く向上させるだろう。

DDMの長所

DDMの長所は、シンプルでありながら無限にあるバリエーションである。ディフェンスに傷口が浅いヘルプを選択させつつ、最終的には、決定的に不利な状況を作り出す。

ディフェンスを読む

オフェンスプレイヤーはディフェンスの状況を的確に把握し、適切なプレイを選択する判断力を身につけなければならない。ペネトレートをヘルプすれば、誰かがオープンになってしまい、ヘルプをしなければ、レイアップを諦めなければならないという状況にディフェンスを追い込む。DDMの１つ１つの動きの目的は、ディフェンスにより良い判断をさせないことである。

リバウンド

メンフィス大学のジョン・カリパリ氏の試合を見るたびに衝撃を受けることがある。それは、彼らのリバウンド力であり、特にオフェンスリバウンドに優

れているという点である。彼らがアグレッシヴなのは間違いないが、どんな状況でもリバウンドのボールに1番先に触れている点に驚かされる。

　リバウンドが獲れるヒントは、このオフェンスの仕組みそのものにある。プレイヤーは、常にバスケットに向かって動き、いつもリングのそばにいる状況を作り出すからである。

　これがおそらく最も重要でありながらも、見過ごされているDDMの長所の1つである。

塚本コーチのここがポイント！

【ヴァンス・ウォルバーグ氏とジョン・カリパリ氏】

　ヴァンス・ウォルバーグ氏が、クロービスウエスト高校のヘッドコーチとして、このオフェンスを遂行したときの戦績は159勝18敗。2人の有能なガードの能力を最大限に引き出そうとして考案されたのです。後述していますが「AASAA（アタック、アタック、スキップ、アタック、アタック）」と呼んでいました。その後のフレズノシティ大学のヘッドコーチとして133勝11敗という輝かしい成績を残しました。

　一方、メンフィス大学のヘッドコーチだったジョン・カリパリ氏は、ヴァンス・ウォルバーグ氏の考え方を採用し「ドリブル・ドライヴ・モーション」と名づけました。そして、デリック・ローズらを擁してNCAAのファイナルに進出する快挙を成し遂げました。

　この2名のコーチの成功で、このオフェンスは一挙に全米中に広がり、多くのチームが採用したのです。

ファンダメンタル（基礎・基本）

どんなオフェンスを採用していたとしても、ファンダメンタルがしっかりしていなければ、素晴らしいチームにはならない。

前述の通り、DDMはオフェンスの積極性とファンダメンタルのドリルによって上達する。しかし、具体的にどういったファンダメンタルをプレイヤーに教えるかを、指導者が理解していることが重要である。

ここでは、ヴァンス・ウォルバーグ氏、ジョン・カリパリ氏、カナダのカールトン大学のデイヴ・スマート氏の考えに基づいて、ボールハンドリング、シュート、そしてフィニッシュに焦点をあてていきたい。

シュートのファンダメンタル

練習時間内だけで偉大なシューターを育てることは難しいが、練習時間外にプレイヤー自身でできることがある。重要なことは、良いショートフォームを身につけることである。寝転びながら1日に50～100本のシュートを打たせてみよう。

ポイントは

・全てのシュートでしっかりと肘を伸ばす。シュートの調整は足で行うものであり、腕の動作ではない。

・ボールが毎回同じところに戻ってくることを目指し、落ちてきたシュートの90％が10cm以内であること。

この2つができなければ、自らペナルティを課すなどするのもよいだろう。

リングに正対する

最も大切な2つのファンダメンタルは、ドリブルをするときに、プレイヤーは顔を上げることと、肩をリングに垂直に向けることである。

視線

コーチにとっても、プレイヤーにとっても、顔を上げることは当然のことである。しかし、ビデオを見ると、練習中も、試合中も、いいプレイヤーでさえ顔を上げて、リングを見る動作を怠っていることに気づくだろう。これは、1対0のレイアップドリルのときですら、その傾向がある。素晴らしいプレイヤーは、いつも顔を上げて、リングを見ているということを理解させなければならない。

シューターは肩をリングに垂直に向ける

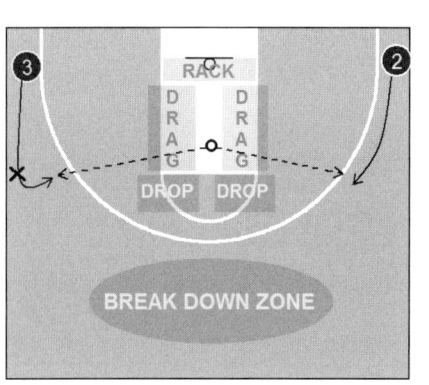

本当に特別なプレイヤーだけが、肩がリングの方向を向かなくても、全力疾走からボールをキャッチし、シュートを打つことができる。本当に数少ないコーチだけが、レジー・ミラーのようなプレイヤーをコーチできるのである。しかしDDMにおいては、シューターは肩をリングに垂直に向けることを徹底しなければならない。

これはコーチとプレイヤーの両方の努力が必要である。コーチは、シューターに肩をリングに垂直にするよう指示し、ドリルで実践させることも重要である。

図において＃2は3ポイントラインに沿ってカッティングし、ボールをキャッチしたとき、肩はコートの中央を向いていて、シュートを打つ状態にす

るためには肩をリングに向ける必要がある。

　＃3はサイドラインに沿ってカッティングし、ボールをキャッチする前に肩
をリングの方向に向けている。

ドライヴをするときのプレイヤーの肩の向き

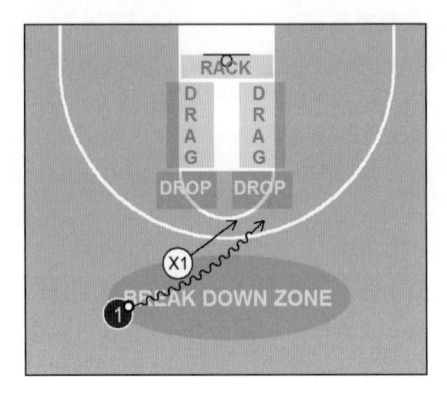

　ボディコンタクトを伴うプレッシャーを受けながら、バスケットに向かって
ドライヴをする場合、ほとんどのプレイヤーは肩をバスケットに向けることが
できない。結果としてバスケットと自分を結ぶ真っすぐなラインから押し出さ
れてしまう。

　ドライヴの際に、肩をバスケットに垂直に向けるためには、ディフェンスの
胸の前に肩を出さなければならない。それには、プレイヤーはディフェンスと
必ずボディコンタクトしなければならない。

　これを「クリップ・ザ・ヒップ」と呼ぶコーチもいるが、私はデイヴ・スマー
ト氏の「スイム・ムーブ」という呼び方のほうが好きだ。（後述したい）

　【注意】　ドリブラーは常に胸をリングに向けていなければならない。もしそ
れができないのであれば、ジャンプストップしてパスするべきだ。

スイム・ムーブ

　スイム・ムーブはプレイヤーに教えるべき最も重要なムーブの1つである。
1on1の状況でボディコンタクトが起きると、ディフェンスかオフェンスがファ
ウルを犯すことになるが、オフェンスファウルに関してはめったにコールされ
ない。だから私は、オフェンスにボディコンタクトすることを求める。オフェ
ンスは、ディフェンスを避けて通るのではなく、バスケットに向かうことによっ
てディフェンスを振り切ることが重要である。

　オフェンスのプレイヤーが大きなステップで一歩目を踏み出すとき、オフェ
ンスのプレイヤーのかかとをディフェンスの足の後ろに持って行くことを目標
とすると、ディフェンスのお尻にオフェンスの肩をぶつける「ショルダー・
トゥー・ヒップ」の状態となる。このとき、スイム・ムーブを利用して、ドリ
ブルしていない方の手でディフェンスを後方に押しこむような動きをすると、
よりディフェンスを苦しめことができる。

　厳密にいえば、それはポストにおける「チキン・ウィング」のようなファウ
ルに類似するプレイではあるが、実際はコールされることはないだろう。

プライマリームーブ（最初の動き）とセカンダリームーブ（その次の動き）

　オフェンスの最初の動きが対応されたときでも、その次の動きでディフェン
スを倒す方法を学ぶことが重要となる。

プライマリームーブ

（1）まだドリブルをついていない状態からの動き

　ディフェンスを倒すためのプライマリームーブは、フットワークから始まる。

①ピボットフット

若いプレイヤーに、シューティングフット（利き手と同じ側の足〈もし右手でショットを打つのであれば右足のこと〉）ではない方の足をピボットフット（軸足）としたとき、以下の3つを教えなければならない。

  A．トラベリングを未然に防ぐことができること。
  B．より効率的にショットを打つことができること。
  C．シューティングフットがリングに向かった、自然なショットができること。

もし、プレイヤーがシューティングフットでピボットをし、シューティングフットではない方の足でジャブステップを踏んだとしたら、結果としてバランスを崩したシュートになってしまうだろう。

②膝を曲げた低い姿勢でキャッチする

プレイヤーがボールをキャッチするときに重要なことは、膝を曲げた低い姿勢でキャッチしなければならないということである。直立してキャッチしてはいけない。

膝を曲げた低い姿勢でキャッチしなければ、ディフェンスのプレッシャーが激しかったり、ディフェンスが貼りついたりしている場合は、攻撃することができなくなる。本来、オフェンスはピボットフットに70％の体重をかけ、フリーフットとボールで素早いフェイクをかけることが重要である。フリーフットに体重がかかってしまうと、ピボットフットに体重を戻す必要があり、素早い方向転換や、素早い攻撃ができなくなる。

③ドロップ・アンド・チェイス（落として追いかける）

高い姿勢でドリブルをすると、ピボットフットが先に浮いてしまい、トラベリングになってしまうことがよくある。低い姿勢で2mほど先にボールを低く落とすようなイメージで、押し出さなければならない。キーワードはドロップ・アンド・チェイス（落として追いかける）である。

④フェイクを使って攻める

まずはスペースを作るために、動きたい方向と逆側にディフェンスを動かさなければならない。オフェンスプレイヤーはどこにオープンスペースがあるかを認識しなければならず、さらに多くのオープンスペースを作るためにフェイクを用いる必要がある。

  A．右利きの選手が右側に行くための3つの方法（左利きはその反対）

・左側にジャブステップを踏み、右側にドライヴする。
・左側にハードスウィープしてから、ロッカーステップをして、右側にドライヴする。
・シュートフェイクをしてディフェンスを近づけてから右側にドライヴする。

  B．右利きの選手が左側に行くための3つの方法（左利きはその反対）

・右側にジャブステップを踏み、スウィープして左側にドライヴする。
・右側にハードスウィープし、ロッカーステップして、左側にドライヴする。

・ただ左に行く。

C. シュートフェイク

・シュートフェイク…右側に行く。ボールは「C」を描く：右側に行くために左から下に。これが左足に体重をキープさせることにつながる。
・シュートフェイク…左側に行く。ボールは「J」を描く；左側に行くために真っすぐ下に。そして左へドロップ・アンド・チェイスする（体重が右足にかからないようにする）。

⑤クローズアウトしてくるディフェンスに対して

ディフェンスがボールを持っているプレイヤーにクローズアウトしてくる状況では、ディフェンスの重心を上げるためにシュートフェイクを用いればよい。

（2）ドリブルをついた状態からのプライマリームーブ

ドリブルをすでに開始している場合、プライマリームーブの基本ルールは変わってくる。ドリブルを行うときに最も重要なことは、とにかくトップスピードでアタックすることである。ディフェンスにとってトップスピードのドリブラーをファウル無しで止めることは、ほとんど不可能である。たとえディフェンスがドリブラーの前に立ちはだかることができたとしても、ドリブラーが急激な方向転換をするとやられてしまう。万が一、ディフェンスが前に立ちはだかり、ドリブルを止められた場合にのみ、次の動作に移行する。

スピードに乗った攻撃

ディフェンスを最初に崩すベストな方法は、スピードで崩すことである。

オフェンスプレイヤーにとって、このスキルを身につけることは簡単である。しかし実践で行われることは、まずない。ほとんどはスローダウンすることをコーチに指導され、他の動きで攻撃することになる。そのため、新たなスキルを身につけなければならない。

オフェンスプレイヤーは、スピードに乗った攻撃において（左右のクロス・オーバー・ドリブルなどを使い）、まるでディフェンスを真っすぐ通り抜ける

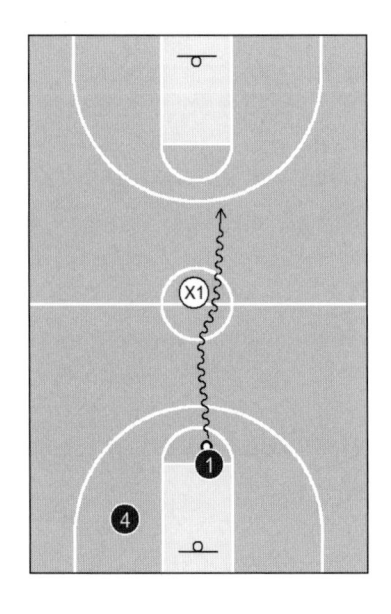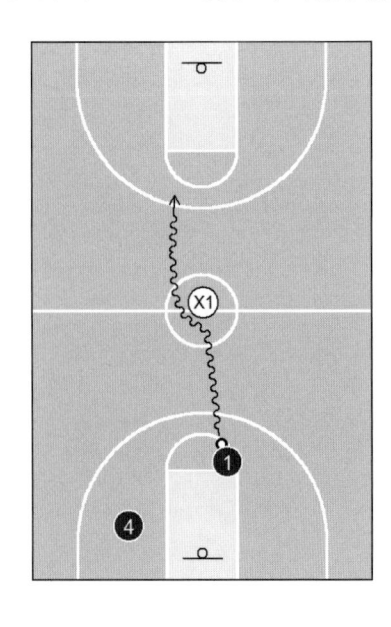

かのように抜き去るスキルを身につけなければならない。また、最後の数秒において も、この動きをスローダウンすることなく遂行しなければならない。

セカンダリームーブ

セカンダリームーブは、プライマリームーブをディフェンスが止めたときにのみ実行される。しっかりとしたプライマリームーブがなければ、有効的なセカンダリームーブなどありえない！

オフェンスプレイヤーがプライマリームーブでディフェンスを抜こうとしているときは、ディフェンスは即座にプライマリームーブを止めようとする。そのときこそがセカンダリームーブが実行されるときである。

オフェンスはプライマリームーブが止められたときには、ビハインド・ザ・バック・ドリブル、ロールターン、レッグスルーやヘジテーションなどを使って、すぐに方向転換しなければならない。

プライマリームーブの角度は必ずバスケットに向かっていなければならない。ディフェンスに向かって45度方向を変え、またバスケットに向かうように90度方向を変える。もし再びディフェンスに回り込まれたら、またバスケットに向かうように90度方向を変える（45度 →90度 →90度 ）

クローズアウトとヘジテーション

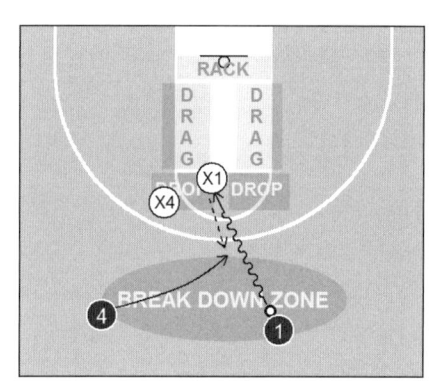

DDMのキーポイントは、クローズアウトの状況をたくさん作り出すことである。シューターまたはボールを持っているプレイヤーへダッシュしなければならない状況に、ディフェンスを追い込む。または、どちらか一方のオフェンスプレイヤーを諦めなければならないような苦しい状況に、ディフェンスを追い込むことである。

そしてクローズアウトの状況を最大限に活用することが重要である。DDMでは、いつもバスケットにトップスピードで向かうイメージがあるが、最優先すべきことは、ディフェンスがクローズアウトする状況を作り出し、オフェンスはそれを活用することである。ディフェンスがスイッチやサギングをしているときに、これは特に重要である。

オフェンスがボールをキャッチし、ディフェンスが近くにいなければシュートフェイクを用いてヘジテーションしなければならない。これによってディフェンスはオフェンスに向かわざるを得なくなり、オフェンスはディフェンスが向かってくる勢いを利用して、ディフェンスの横をドライヴすることができる(もちろんシュートを打つことも選択肢として持っていなければならない)。

サギングディフェンスに対するキックバックでX 4が＃ 4の近くにいないとき、X 4をクローズアウトさせるためにヘジテーションし、シュートフェイクをしなければならない。

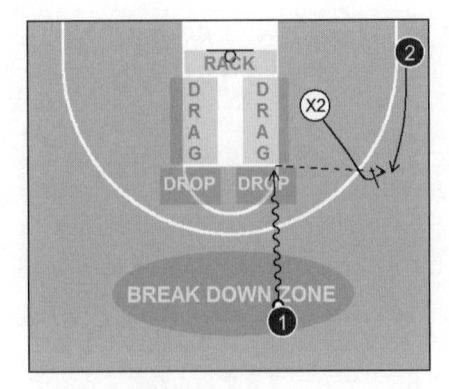

ヘジテーション

　X２が、＃１のミドルへのドライヴを守るために動くか、完全に＃１を守るために動くかの２つの選択肢に対して、＃１がドロップゾーンからキックアップしたとき、＃２はX２の動きを見ながら判断しなければならない。

シックスフット・フィニッシュ

　シックスフット・フィニッシュとは、オフェンスがゴール下のディフェンスの反応を見ながら、どこでフィニッシュするかを予想させ続けてフィニッシュすることである。

　ゴール下のディフェンスに対して、両手を活用した様々な方法でフィニッシュできるし、異なる角度からの様々なフィニッシュパターンでディフェンスを崩せるということを指導すべきだろう。

　最初のディフェンスとヘルプにきたディフェンスの両方に対して、オフェンスは様々な方法でフィニッシュをしようと試みるだろう。大切なポイントは、ヘルプディフェンスが来たということは必ず味方の誰かがオープンになっているということ。このことに、全てのプレイヤーは気づいて欲しいのである。

　運動能力だけに頼らず、ゴール下での様々なフィニッシュができるスティーブ・ナッシュやマヌ・ジノビリなどを参考にしてほしい。

シックスフット・フィニッシュの指導

　１回の練習で１つのフィニッシュを指導するべきである。１つのフィニッシュを確実にマスターできるようにし、スクリメージの中でそれを使えるようにしてから、次のフィニッシュを加えていくべきである。プレイヤーのなかには他のプレイヤーより進歩が早く見られるプレイヤーもいるだろう。しかし、チームとして確実にマスターしていくことが最優先である。

　両手を活用するシックスフット・フィニッシュのリリースについて

①ハートサムワン…リングに向かって激しく攻撃する（45°でフィニッシュする）。
②フリーズムーブ…ディフェンスの胸の中へドライヴするように、最後の１・２ステップで脇にジャンプし、ディフェンスをフリーズさせる（ジノビリムーブ）。
③スプリット…オフアームをリングに向かって伸ばし、クイックリリースする。
④ジャンプストップとステップスルー…アップアンドアンダー。

ポストプレイヤーのファンダメンタル

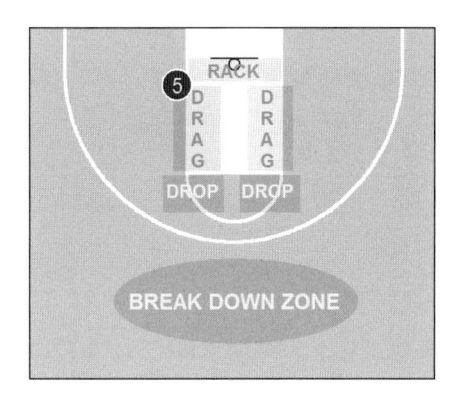

DDMにおいて、ポストプレイヤーは以下のようなファンダメンタルを、高いレベルで備えていることが必要不可欠である。

クイックリリース（ボールは常に上に）

ポストプレイヤーは自分のマークマンがヘルプに動いたとき、たびたびパスを受けるだろう。その際、ローテーションのヘルプディフェンスは、急いでマークマンに戻ってくるディフェンスに止められないよう、素早くシュートを打たなければならない。シュートの前にボールを下げてしまうと、ブロックの餌食になるので、ボールを常に上に上げておくことを指導すべきである。

連続ジャンプ

自らのミスシュートへのリバウンドに対しては、ポストプレイヤーに連続ジャンプを教える。シュートしたとき、すぐにもう一度跳ぶように指導すべきである（この方法は、ポストプレイヤーが他のプレイヤーよりチップインを決めやすいからである）。

チップイン

オフェンスの中でも大きな割合を占めるのが、ポストプレイヤーのチップインである。空中で確実にボールをキャッチし、フィニッシュすることはチームに多くの得点をもたらす。

ポストプレイヤーのスキルアップのためのヴァンス・ウォルバーグ氏のドリルはP.176を見て欲しい。

指導者がDDMを理解せずして、このオフェンスを指導することはできない。

私はまず、この本をしっかりと読むことをお薦めする。このオフェンスの動き方を理解してから、指導方法の細かいところの議論をすればいいだろう。

このオフェンスの発展とドリルは「第4章 セットプレイ＆エントリーとDDMの指導」に続く。

このオフェンスでのシュートは、レイアップかスリーポイントのどちらかである。

レイアップが最良のオプションではあるが、もしできなければオープンの状態で3ポイントシュートを打つことが望ましい。

ゾーン

DDMにおける判断を簡単にするためにコートを4つのゾーンにわける。

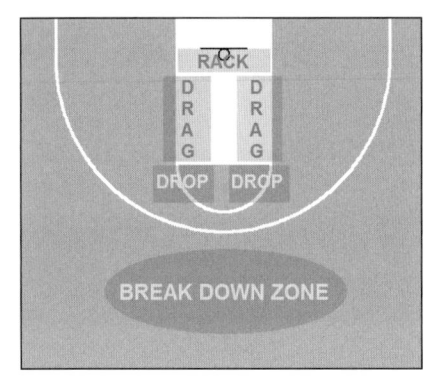

①ブレークダウンゾーン：ガードプレイヤーがフロアの中央でディフェンスを崩そうとするとエリア。

②ドロップゾーン：フリースローライン上。マークマンを抜けずにフリースローライン上に達したら、ドロップゾーンでストップし、他のプレイヤーでプレイを展開するようにしなければならない。

③ドラッグゾーン：ドロップゾーンとラックゾーンの間。判断ミスをしてドロップゾーンを越えてしまい、ラックゾーンにも到達できなければドラッグゾーンで止まり、ウィークサイドか後方にボールを回さなければならない。

④ラックゾーン：レイアップをするか、ポストプレイヤーにパスをしてシュートをさせる。

5番目のゾーン

5番目のゾーンは、ファストブレイクにおいて重要となるブローアウトゾーンである。このゾーンは、パスやドリブルで、できるだけ早く突破しなければならない。

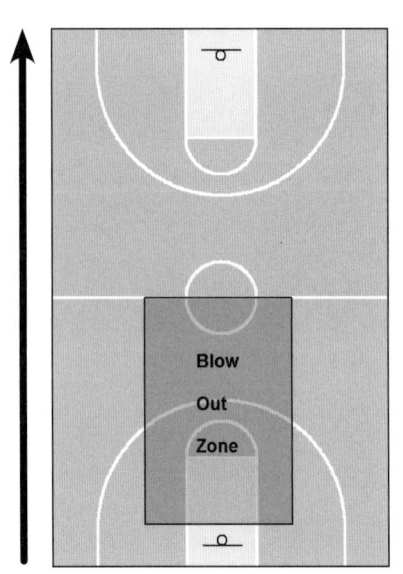

プレイヤーの役割と動き方

　ヴァンス・ウォルバーグ氏は、バスケットボールの基本と異なるナンバリングを用いるが、多くのプレイヤーは、これを紛らわしいと思っているようだ。

　そこで私は、本書ではできるだけ一般的なプレイヤーのナンバリングを試みている。ポイントガード、シューティングガード、スモールフォワード、ポストプレイヤーは普通の1、2、3番そして5番と記述している。

　しかし、システムとしては、シューティングガードのポジションに、セカンドペネトレーティングガードが配置される。このセカンドペネトレーティングガードを4番と表記するので（通常はパワーフォワードが4番）、初めは紛らわしいかもしれないが、最終的には、これが最も整合性があるナンバリングとなる。

ドライバー

　#1は、全ての動き出しをコントロールするポイントガードである。このプレイヤーはコートの中央に向かって右寄りにセットする（ディフェンスのプレッシャーでサイドライン側に寄らないようにしなければならない）。常にマークマンにアタックし、レーンに侵入しなければならない。もし彼がリングまで完全に到達できなければ、最低限として「ドロップゾーン」に到達することが目標である。

　#4は、2番目のポイントガードか、背の高い「ラックアタッカー」である。このプレイヤーは#1がドライヴするスペースを空けるため、#1と対照となる左側にセットし、さらにサイドライン方向にセットする。

　#1と#4が考えることはドライヴが1番、シュートは2番である。

シューター

　#2と#3はシュートが1番で、「ラックアタッカー」が2番である。主な仕事はディフェンスを広げることである。一般的には、#2によりよいシューターを配置するが、もし同じくらいシュートが入るのであれば、よりドライヴが上手な方を#2に配置する。

　#2と#3が配置されるべき所に関しては、ヴァンス・ウォルバーグ氏とジョン・カリパリ氏では異なっている。両者の違いについては、のちに説明するが、どのようにペネトレーションに対して連動するかである。

　もしあなたがヴァンス・ウォルバーグ氏に賛同するならば、#2はコーナーに、#3は#2よりも一歩センターライン寄りに配置される。第1の利点は、両方のプレイヤーがシューティングポジションにいて、ボールをキャッチしてすぐにシュートが打てる。第2の利点は、スキップパスのために#3がフリースローラインの延長線まで素早く上がることができる。

　欠点はディフェンスによいヘルプポジションをとらせてしまうことである。

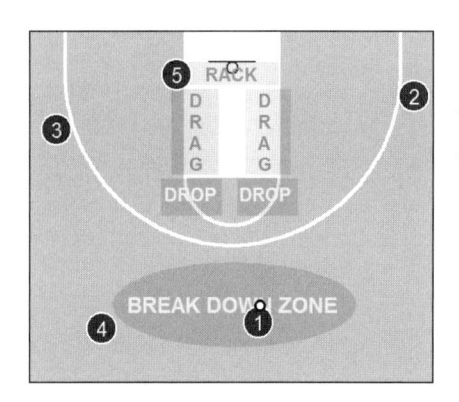

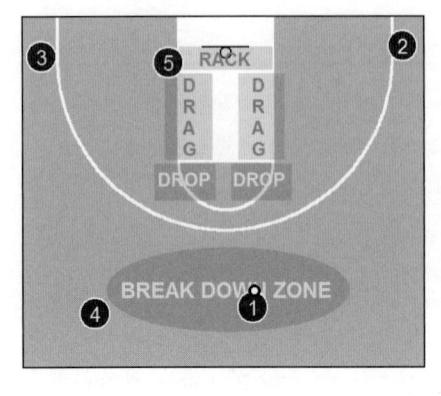

ジョン・カリパリ氏は＃2と＃3をベースライン沿いに配置する。

これによってペネトレートのためのスペースは広がるが、＃2と＃3がシュートする動き出しのタイミングを認識しなければならない。

また、＃2と＃3はスキップパスが予測されるたびに、フリースローラインの延長上にあがってこなければならない。しかしパスを受けられなければ、元の場所に戻らなければならず、運動量が多くなる。

どちらの考えを採用するかに関しては、メリットとデメリットについてよく考えなければならない。ヴァンス・ウォルバーグ氏の方法は、おそらくプレイヤーにとって理解しやすく、早く学ぶことができるが、レベルの高いプレイヤーにとってはジョン・カリパリ氏の方法がより躍動的である。

ポストプレイヤー

＃5は、リングに向かって走るプレイヤーであり、オフェンスが成功する最も重要な鍵を握っている。ポイントガードがウィングにボールをパスできるように、常に全速力でフロアを走らなければならない。

＃5は、このオフェンスを本当に理解していなければならず、いつ「クリーンアップ」し、「Tアップ」し、「リロケート」するかを知っていなければならない。

多くの人々が考えていることとは逆に、このオフェンスにおけるポストアップの種類には多くのオプションがある。このことについては後述する。

＃5は、ボールが見えるように、ブロック（ニュートラルゾーン）の下に両足をつける。

4番プレイヤー（パワーフォワード）と5番プレイヤー（ポストプレイヤー）を同時にプレイさせること

DDMにおいては、パワーフォワードを「3コーナー」もしくは「4スポット」でプレイさせることが可能である。これは能力が高い2人の高身長選手を同時にプレイさせなければならないときに、非常に有効的である。

このことについては「P.98 2人のビッグマンを同時に起用する方法」を参照。

<u>この本におけるポジションについて</u>

【注意】　ドライヴからの動きは、そのスポットでプレイしている全てのプレイヤーに適用される。

DDMはモーションオフェンスであるため、プレイヤーが本来とは異なるポジションにいる可能性がある。しかし判断すべきことは同じである。

例えば、シューティングガードではない他のプレイヤーが「2コーナー」にいる場合が多いが、もし図や説明が2番プレイヤーの動きをしていたとしても、「2コーナー」にいるプレイヤーがその動きをしなければならない。

床へのマーキング

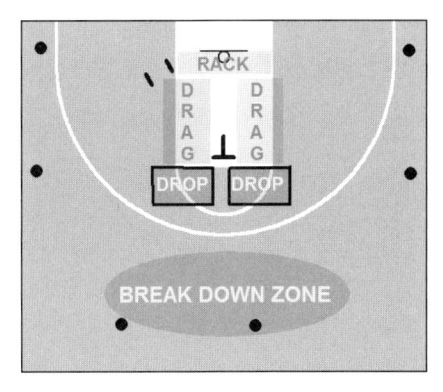

　練習時にプレイヤーを配置したい位置、ドロップゾーンを示す場所にテープを貼ることをお薦めする。

　＃2と＃3の配置に関して、ヴァンス・ウォルバーグ氏とジョン・カリパリ氏のどちらのフィロソフィーに賛同するかによって、コーナーの適切な位置にマーキングするとよいだろう。

　フリースローラインの延長上のウィングは、サイドラインの近くでなければならない。これらのマーキングは、プレイヤーが配置される場所ではなく、3ポイントラインに向かって足をターンさせる場所である。これによりプレイヤーは常にリングに胸を向けることができる。

　また、これらのマーキングはプレイヤーが、他のプレイヤーとのスペースを理解するのに役立つ（シングルギャップ、ダブルギャップ、トリプルギャップ）。

　さらに2つのテープを、ポストプレイヤーが長く立つ場所を示すために、左側のローブロックの外側と真下に貼るとよいだろう。

　Tアップポジションにマークを貼るのもよいだろう。

コーナー

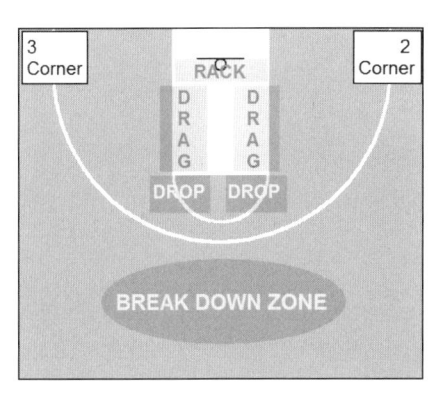

　プレイヤーが、どちらのコーナーについて話しているのか常に理解できるようにするために、コーナーに名前をつけることは重要である。

　どのプレイヤーが、どちらのコーナーに配置されているかで名前をつける。したがって右側のコーナーが「2コーナー」で左側が「3コーナー」である。

カッティングとスペーシング

　　DDMの成功は、コート上のプレイヤーの配置と、カッティングを通して生み出される適切なスペースを作ることでもたらされる。

ペネトレートするためのギャップを作る

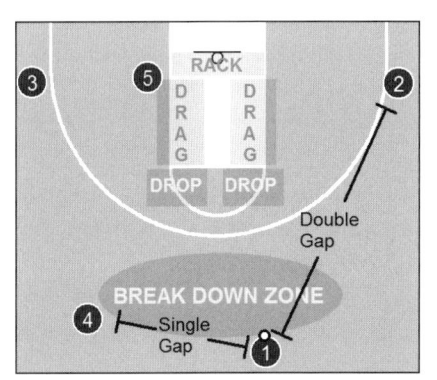

　ほとんどのオフェンスのプレイヤーが15〜18フィート（4.5m〜6m）でスペースを開け、そこにギャップを作る。DDMでは、オフェンスのためにセットされた一般的な15〜18フィートのプレイヤー間のスペースを「シングルギャップ」と定義する。ペネトレートをするためには「ダブルギャップ」や「トリプルギャップ」を作らなければならない。

　ヴァンス・ウォルバーグ氏は「本当に偉大なプレイヤーだけがシングルギャップで相手を抜ける。いいプレイヤーならダブルギャップで抜けるだろう。しかし、トリプルギャップなら誰でも抜けるのだ」と口癖のように言っている。

　それゆえにオフェンスの大部分はペネトレートするために、ダブルギャップやトリプルギャップを作ることである。素晴らしいスペースを保つために、ボールをもっていないプレーヤーがペイントエリア内に留まる時間を最小限にする必要がある。3ポイントラインの内側でのあらゆるカッティングは、バスケットに向かい、その後速やかにペイントエリアから出なければならない。

ダブルギャップを作る

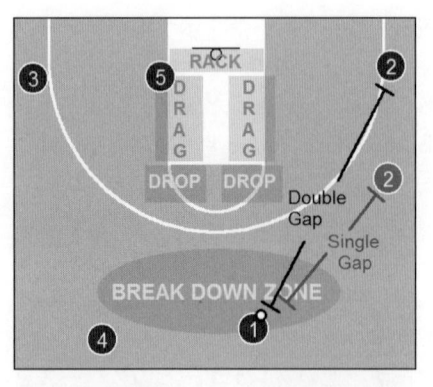

通常はバスケットボールにおいて、ウィングにプレイヤーを配置する。しかし、DDMの最初の配置では＃2と＃3をウィングからベースライン寄りに動かす。これにより＃1と＃2の間に「ダブルギャップ」が作られる。

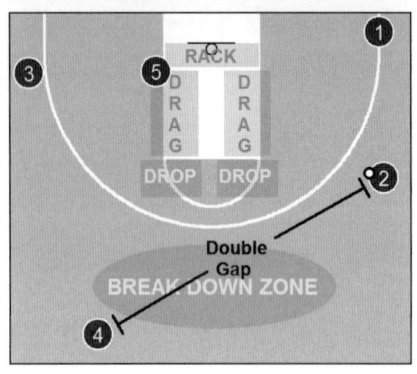

DDMでは、ペネトレートできる多くのダブルギャップが存在する。

ボールがウィングにあるとき、ストロングサイドにポイントガードを置かないことによってダブルギャップができる。

ダブルギャップを保つために、ウィークサイドのポイントガードが、あまり早くパスを求めて動かないことが重要である。

トリプルギャップを作る

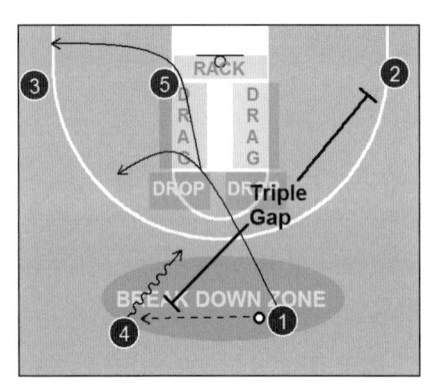

攻撃的なドリブラーにとって、究極のギャップともいえるのが「トリプルギャップ」である。ガードの1人がフリースローラインにカッティングし、トップに出てくるかリングに向かい続け、その後コーナーに出ることによってできる。

これでもう1人のポイントガードとコーナーの間にトリプルギャップができる。

スペシャルギャップ

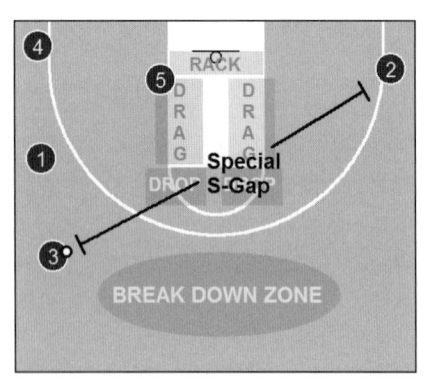

ヴァンス・ウォルバーグ氏は、最新のビデオの中で、"究極のギャップ"ともいえる「Sギャップ」を紹介している。これはトリプルギャップよりも広く、スペシャルギャップもしくはスーパーギャップと呼んでいる。

ポジティブまたはネガティブなカッティングとパス

　DDMでは、ポジティブまたはネガティブなカッティングやパスという観点がある。ポジティブなパスとは、レシーバーがバスケットに向かうことができる位置に出すパスをいう。ネガティブなパスとは、パッサーがレシーバーのペネトレートの邪魔になる位置に出すパスをいう。

　レシーバーは、パッサーが2番目のディフェンスにならないように、同じ高さもしくは、より高い位置にいなければならない。それによりスイッチしたディフェンスを無力化できる。

キックバック

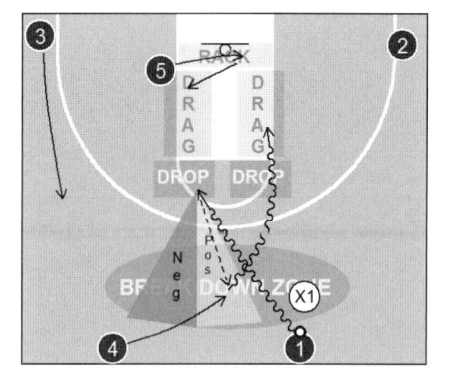

　トップ・オブ・ザ・キーからのドライヴに対して、ドリブルの後方へカッティングするプレイヤーへのパスをキックバックと呼ぶ。ここでは#1がミドルに向かい、#4にキックバックしている。

キックアップ

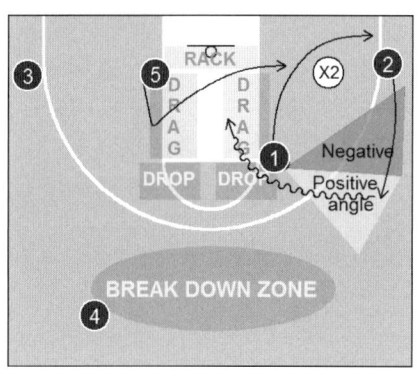

　同様の原則がウィングにも適用され、これをキックアップと呼ぶ。ここでは#1がミドルに向かい、#2にキックアップしている。パッサーである#1は、#2がポジティブアングルにダッシュしてくるまで、辛抱強く待たなければならない。

　ウィングでのポジティブなペネトレートはとても重要であり、これを確実にする方法は、プレイヤーにエルボーよりも内側（ペイントエリア内）に入るように指導すべきである。

パスとカッティングのルール

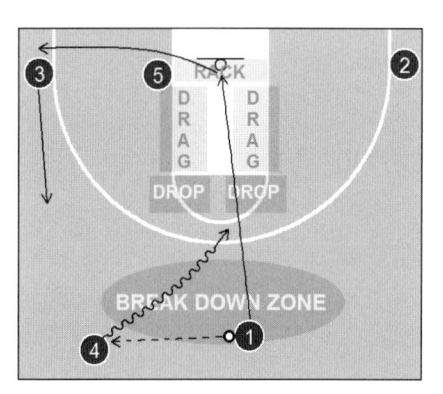

　トップ・オブ・ザ・キーでパスをしたとき、バスケットに向かってカッティングしてペネトレートの逆側に動くことは一般的なルールである。ここでは#1が#4にパスをして、バスケットに向かってカッティングし、左コーナーに動いている。

　しかし、これには例外もある。

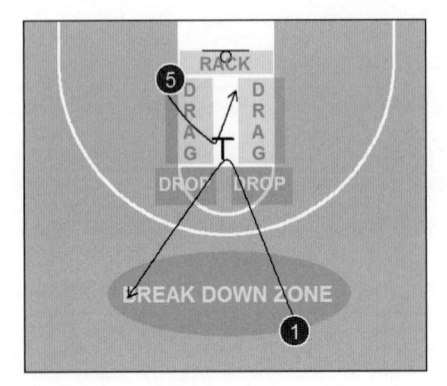

TアップまたはTカット

　TアップまたはTカットは、ファウルライン（フリースローライン）の内側へのカッティングをいう。

　ガードとポストプレイヤーが、他のプレイヤーにペネトレートやバックドアをさせるためのスペースを作る動きである。

ペネトレート

　キー（ドロップ・ドラッグ・ラックゾーンを含むエリア）へのペネトレートこそ、オフェンスを機能させるものである。

　基本的なペネトレートとそこから展開される動きは、以下の3つである。

　○レーン・ペネトレーション
　○ミドル・ペネトレーション
　○ウィング・ペネトレーション（ベースライン・ペネトレーション）

　ペネトレーションから展開する動きの詳細は後で説明する。

　ブレイクダウンゾーン、クイック、ラックゾーン、ドロップゾーン、ドラックゾーン。

○レーン・ペネトレーション： いずれかのサイドからまっすぐにレーンを進むペネトレート。

○ミドル・ペネトレーション： ミドルラインを横切るペネトレート。これはトップとウィングの両方から行われる。

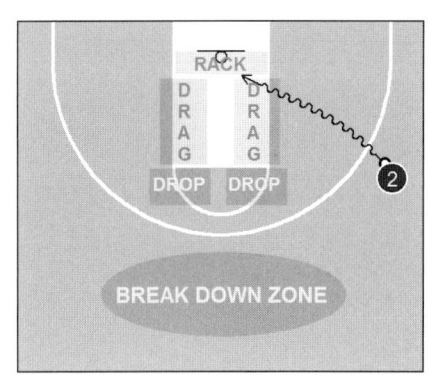

○ベースライン・ペネトレーション：ベースライン側でのペネトレート。
これはウィングからのドライヴにのみ使われる。

ドラッギング

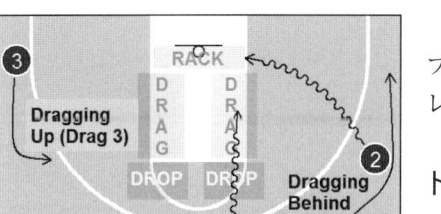

ドラッギングはヘルプディフェンスを利用するため、またはドライヴをしたプレイヤーが止まってしまった場合に、パスの選択肢を与えるためにペネトレートの後方にカッティングする動きのことをいう。

ドラッギング・ビハインド

ドラッギング・ビハインドは、ペネトレートの後方にドラッグし、ドライヴをするプレイヤーが真後ろへのパスを出すのを可能にする動きのことをいう。この動きを「ドラッグ4」ともいう。

ドライヴするにあたって、もしドリブルを止めてしまった場合でも、ジャンプストップし、ピボットし、パスを真後ろに出せることを分かっておくべきである。

ドラッギング・アップ

ドラッギング・アップとは、ペネトレートの反対サイドのウィングが3ポイントラインに沿ってドラッグして上がる動きのことをいう。

ここでは、＃3がドラッギングアップを行った場合は「ドラッグ3」と呼び、＃2が行ったときは「ドラッグ2」と呼ぶ。

バックドアは、DDMの大きな特徴であり、これにはいくつかのルールがある。

最初のルール（最も重要なルール）は、迷っていたら、バックドアをしなければならない。

よくあるケースとしては、バックドアにいかないプレイヤーが、ウィングでボールをもらうこともできず、その場に立ち止まってしまい、他のオプションの邪魔となりオフェンス全体を止めてしまうケースである。

2番目のルール（パス・フェイク）は、パッサーのいかなるパスフェイクにもレシーバーはバックドアをしなければならない。これによりパッサーに、レシーバーを遠ざけて他のオプションに移行すべきかを選択させることができる。

3番目のルール（ストレート・ライン・バックドア）は、パッサーがどのタイミングでレシーバーにバックドアさせるかを図るものである。もしディフェンスがボールとレシーバーを結ぶ直線状にいたら、バックドアはいつでもできるはずだ。そのことをパッサーとレシーバーは理解していなければならない。

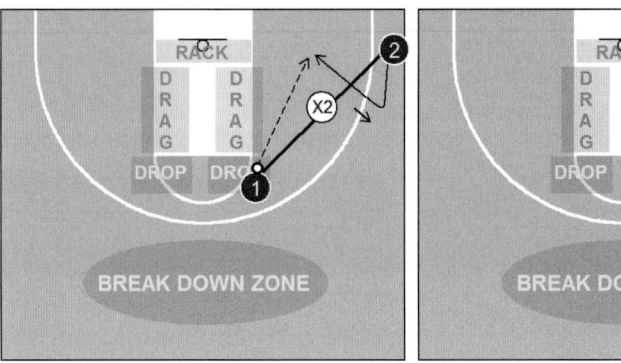
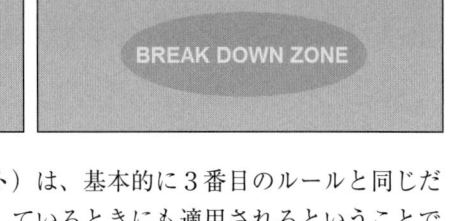

4番目のルール（ドリブル・アット）は、基本的に3番目のルールと同じだが、それをボールマンがドリブルをしているときにも適用されるということである。

ここでは、＃1がパスをするために＃2を上げようとしている。そして＃1がパスの角度をよくしようとドリブルするが、X2がパスを防いでいる。ここで、バックドアへの糸口となるのはカッターに向かう激しいドリブルであり、＃2はバックドアを自動的に行わなければならない。

バックドアへのパスは片手で行われるべきであり、ディフェンスの足元の後方でバウンドするべきである。

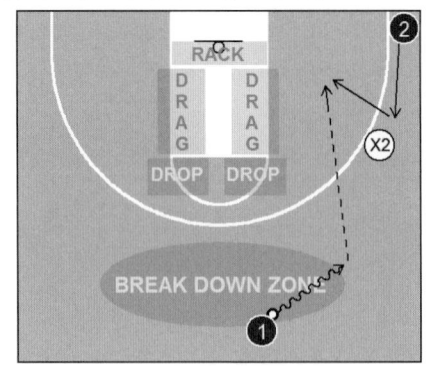

ポストプレイヤーの動き

ペネトレートに対するスペースを作り出すために、ポストプレイヤーの動きと、ポストプレイヤーがボールをキャッチしたときの動きに、いくつかのルールがある。

Xルール

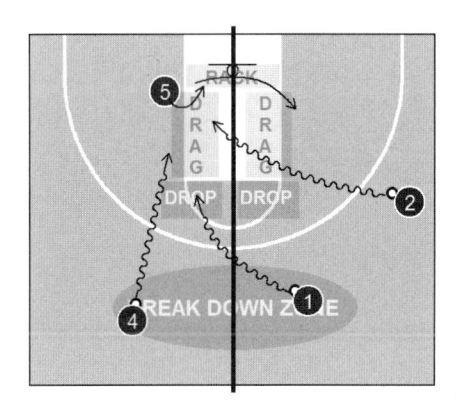

ポストプレイヤーの動きは以下の3つようにデザインされている。
1）ペネトレートのレーンを空ける
2）ポストプレイヤーのディフェンスがヘルプに行ったときに、ペネトレーターからポストがオープンな状況が見えるように動く
3）最適なリバウンドポジションをとる

ポストプレイヤーは左側のブロックからスタートするが、ペネトレートが自分側へ来たら、ウィークサイドへ移動するようにする。

もしドリブルしているプレイヤーがコートのミドルラインを横切ってきたら、ポストプレイヤーはリングの下を回ってサイドを変えなければならない。外側の足から踏み出せば2歩でそこに到達するだろう！

ミドルラインを横断するパスに対しては、ポストプレイヤーはすぐにウィークサイドに移動せず、味方のペネトレートを待たなければならない。ペネトレートがどの方向に行われるか見極める必要がある。

ボールを呼ぶ

ペネトレートが行われたときに、ポストプレイヤーのマークマンがヘルプディフェンスに行くのを見たら、ポストプレイヤーは手を上げてロブパスを要求すべきである。

ポストプレイヤーへのパスが行われたときの動き

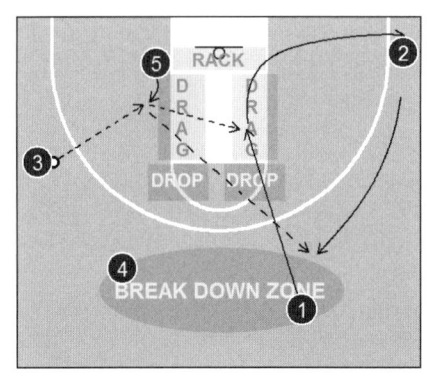

ポストプレイヤーへパスが通ったとき、ポストプレイヤーは逆サイドのダイブと、対角線上に上がる動きの両方を見なければならない。ここでは＃1のダイブと＃2の対角線上に上がる動きを見るということである。

もし＃5が、ゴールに向かってドロップステップをしないのであれば、センターライン側に向かってフロントターンし、＃1がダイブするのを待つか、＃2が対角線上に上がってくるのを待つ。

【注意】　＃1は＃5がターンするタイミングに合わせてダイブする。

エントリーパスからの動き

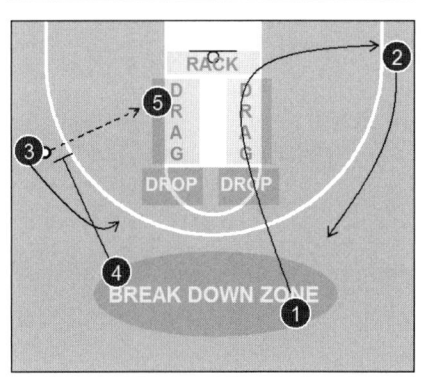

＃3から＃5へのエントリーパスの後、＃3はウィングに留まるか、コーナーに動くか、もしくは＃4のスクリーンを使ってもよい。この3つ動きにより、＃3がフリーでシュートを打つことができる。

この動きは、＃3をフリーにさせると同時に、＃5へのヘルプに行きづらくさせる。

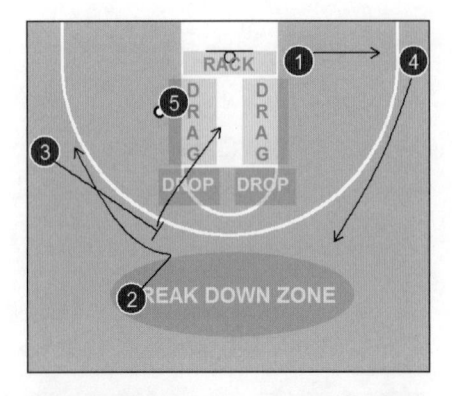

エントリーパスの後、ベストシューターである#2が、ボールサイドのトップにいるのであれば、#3は常にスクリーンをかけにいくべきである。

#3は、#2のスクリーンに対して、ディフェンスがどのように対応するかを判断すべきである。#1に続いて、キー（ドロップ・ドラッグ・ラックゾーンを含むエリア）を通ってカッティングするチャンスがあるかもしれない。

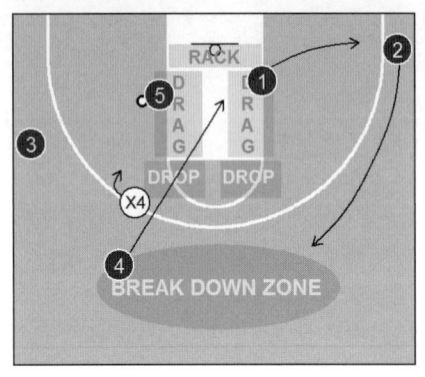

X4が頭の向きを変えたのであれば、#4はバックドアすべきである。

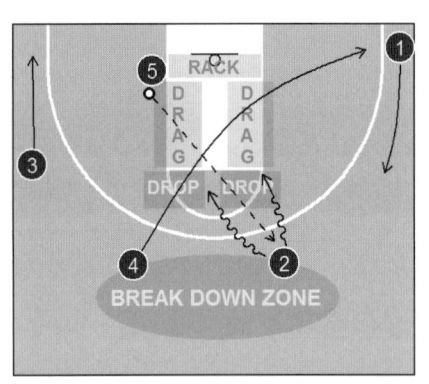

対角線上に上がってきた#2に、#5からのパスが展開されたら、#2はシュートを打てる。

#4は、リバウンドもしくは、#2に対してトリプルギャップを作るために、逆サイドのコーナーにカッティングしなければならない。それと同時に#3はコーナーに動かなければならない。

#2がドライヴをしてきたら、#5は適切な位置に動く。

プレイとオプションのコール方法

ヴァンス・ウォルバーグ氏は、DDMのシステムだけではなく、プレイとオプションのコール方法も考案した。

ギャップ：ダブルギャップを生み出すエントリーには、"46"などのように2桁のナンバーが用いられる。またトリプルギャップを生み出すエントリーには、"414"などのように3桁のナンバーが用いられる。

セットアップ：最初の番号がペリメーター上のプレイヤーの数を決める。例えば"4xx"は4メンアウトのことである。

関係するプレイヤー：最後の2つの番号が主体となるプレイヤーを表している。つまり、"414"は4メンアウトのエントリーで、#1から#4へのパスを含むものであり、トリプルギャップから始まるものである。

コールされたプレイとプレイヤーの判断

DDMには、あらかじめ型が決められたプレイと、ディフェンスの反応に基づいて、プレイヤーが判断してプレイするエントリーがある。

ラックゾーン、ドロップゾーン、ドラッグゾーン、およびウィングからのオフェンス

　これから先の説明は、ラックゾーン、ドロップゾーン、ドラッグゾーンにおける状況判断の方法と、ウィングからのオフェンスをどのように行うかについてである。これらの状況判断こそDDMの成功を左右するものである。

ラックゾーン

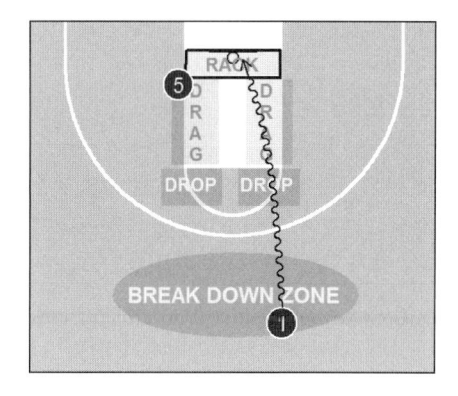

　DDMの目的は、レイアップをするためにバスケットに向かうことである。DDMのシュートは60％がレイアップなので、ラックゾーンに到達することこそ、最大の目的である。

ラックゾーン（ウィズ・ザ・ボール）

　ラックゾーンでの動きには、多くの選択肢はない。ラックゾーンに入ったら、ボールを持ったプレイヤーはシュートをしなければならない。プレイヤーは、的確にシュートチャンスを判断できるように練習を積まなければならない。もしラックゾーンでシュートできなければ、オフェンスは困った状況になる。

　ラックゾーンでは、何らかの理由により、オープンでレイアップやダンクができなくても、ブロックショットされないように、シュートをしなければならない。もしバックボードにボールを放らなければならなくても、ブロックショットされるよりはマシだ。なぜならビッグマンである#5がリバウンドできるポジションにいるはずだからである。

ラックゾーン（ウィズ・アウト・ザ・ボール）

　ペリメーターのプレイヤーがラックゾーンにドライヴするときは、#5は、常にバスケットの反対サイドにいなければならない。#5はドリブラーからのパスを予測し、またシュートミスをした場合のリバウンドに備えなければならない。

　ラックゾーンから展開する他の動きはない。一旦ラックゾーン内に入れば、ただシュートを決めることだけだ。

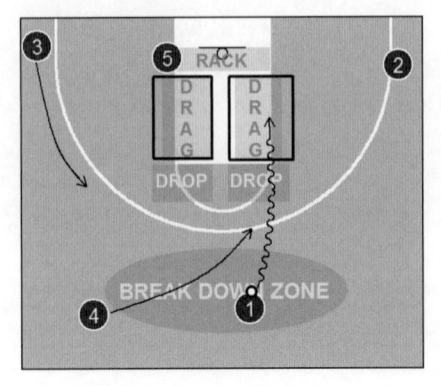

ドラッグゾーンのドラッグとは、ペネトレートの後方に「引っぱられる」プレイヤーを指す。ここでは#1のドラッグゾーンへのドライヴに対して、#4が「引っぱられる」ことを示している。ドラッグゾーンでは、ポイントガードが、ディフェンスX2、X3、そしてX5の動きを読まなければならないため、力量が試される。

ドラッグゾーンでもドリブルをしている状態であれば、よいパスのオプションもあるが、一旦ドリブルを止めてしまうと、パスのオプションがあまりよくないので、ドラッグゾーンでドリブルを止めることは望ましくない。プレイヤーはドロップゾーンで止まるか、ラックゾーンまで行ってシュートをするべきである。どういった場合に、ラックゾーンでシュートを打つことができるのか。あるいは、どういった場合に、手前のドラッグゾーンで守られてしまいラックゾーンまで行くことができないのか。それぞれのケースをプレイヤーが認識できるように指導していくことが重要である。#1はマークマンを抜き去り、ヘルプを引きつけられる場合にのみ、ドラッグゾーンへ進入すべきである。

【注意】 プレイヤーの判断を早くさせるために、練習では、ドラッグゾーンで止まると自動的にターンオーバーとしたい。これはドラッグゾーンで止まった場合に限ったことであり、止まる前にドラッグゾーンからパスをした場合は違う。

ドラッグゾーンでの判断

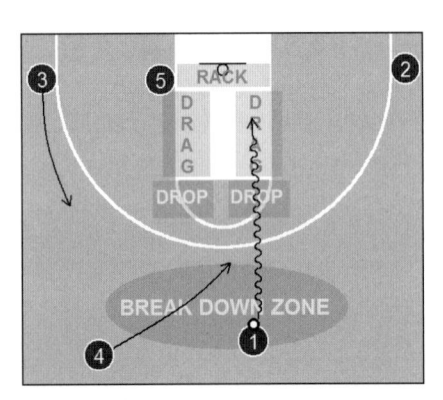

#1がしなければならない最初の判断は、ラックゾーンまで行くか、ドロップゾーンで止まるかである。どちらの判断もドラッグゾーンで止まってしまうよりよい。

ひとたびボールマンがドラッグゾーンに入ってしまえば、X3とX5への2つのパスのオプションがある。

#1はX3とX5の動きを、#5はX5がどのように動くかを読まなければならない。

ボールサイドのウィング

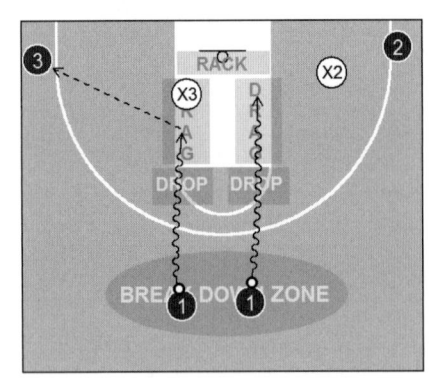

ボールサイドのシューターをオープンにすると、自由にシュートを許してしまうことになるので、ほとんど、どこのチームでも、ボールサイドのシューターをオープンにしないことをルールとしている。

ストロングサイドへのドライヴのときには、ウィングのプレイヤーはコーナーにいることが大切である。

図ではX2が#2と共にコーナーにステイしていることで、#1がドライヴするためのレーンが空く。

X3が#1のペネトレートに対してヘルプすると、#3がオープンでシュートを打つことができる。

【注意】 #2と#3はコーナーでじっと待たなければならない。

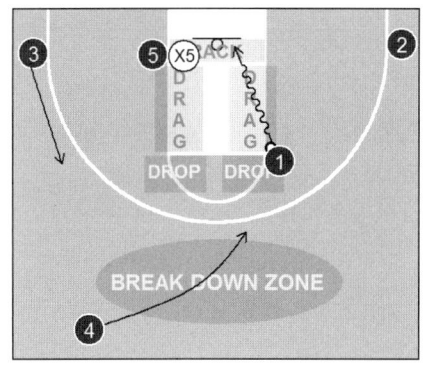

ラックゾーンのペネトレート（#5が守られる場合）

　このオフェンスにとって一番いい状況は、X5が#5に張りついていることだ。

　これによってラックゾーンへのレーンがオープンになり、#5はリバウンドに集中することができる。

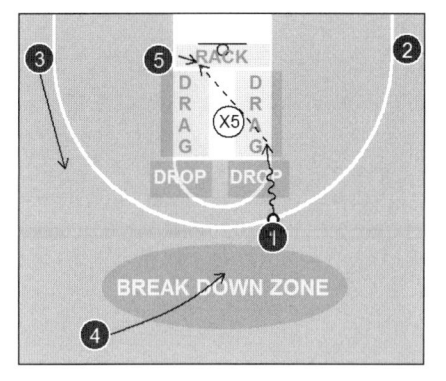

X5をドライヴで引きだし、ロブパス　〜X5がゾーンのようなポジショニングでディフェンスをしている場合〜

　もし、X5がゾーンディフェンスのように、高い位置でキー（ドロップ・ドラッグ・ラックゾーンを含むエリア）を守っている場合、#1はドライヴしてロブパスを狙う。

　#5は、左手を上げ、オープンであるというサインを、#1に出さなければならない。

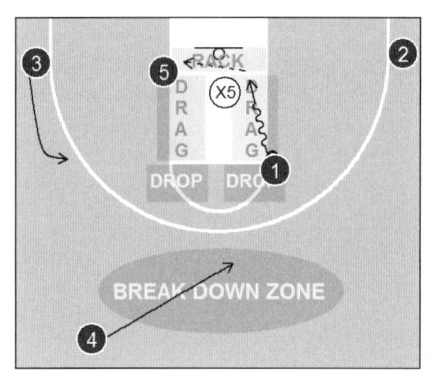

ドラッグゾーンへのレーンドライヴ　〜X5がフラットにプレイしている場合〜

　もし、X5がフラットにプレイするならば、#1はシュートを狙うか、#5にロブパスをする。

　当然、#5はリバウンドができるポジションにいなければならない。

　【注意】　パスはシュートが放たれようとする直前に来るかもしれないし、ロブパスかもしれない。もしくは#1がバックボードを使ってパスするかもしれない。この状況で#5は非常に良いリバウンドポジションがとれているので、#1は絶対にブロックショットされてはならない。

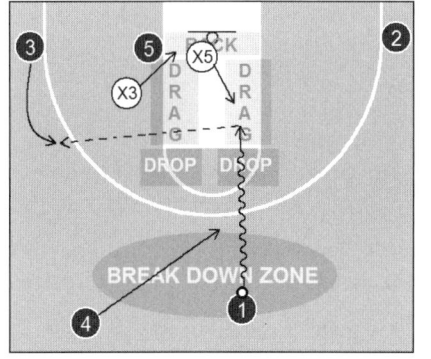

ドラッグゾーンへのレーンドライヴ　〜ドラッグ3〜

　#1がドロップゾーンに入ったら、#3は「オープンウィンドー」と呼ばれるぽっかりと空いたウィングにドラッグして上がる。このことによって、#1と#3の間にディフェンスがいないオープンなスペースができる。これを「ドラッグ3」と呼ぶ。

　これは、X5がペネトレートをヘルプし、X3が#5のヘルプをするためにキー（ドロップ・ドラッグ・ラックゾーンを含むエリア）に動くときに起こる。

　#1が最初に見るのは常にラックゾーンへのドライヴであり、次に見るのは#5である。そして最後に、X3が#5のヘルプに動いたら、ウィングに上がってきた#3を見る。多くの場合、#1はドラッグゾーンに入ってから早い段階で#3へのパスを判断する。

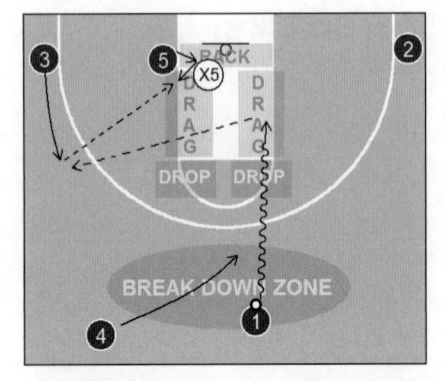

ドラッグ3からインサイドプレイへ

　#1から#3へパスが展開されたとき、#5はX5をシールして押しこまなければならない。

　#3は#5のインサイドを見なければならない。もし、X5が#1のドライヴに向かってステップしていたら、#5がローポストでとてもいいポジションをとれているかもしれないからである。

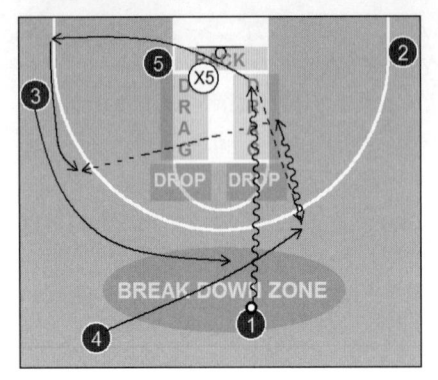

ダブルドラッグ

　#1が、ドラッグゾーンの奥深く（ほぼラックゾーンの近く）にペネトレートし、後方へドラッグする#4にパスをしなければならない状況をダブルドラッグという。

　もし#4が、シュートを打たなければ、再度ドライヴでアタックする前に、ヘジテイトもしくはシュートフェイクをしなければならない。

　#1は3コーナーからドラッグする。#4はドラッグの早い段階で#1にパスしてもよい。

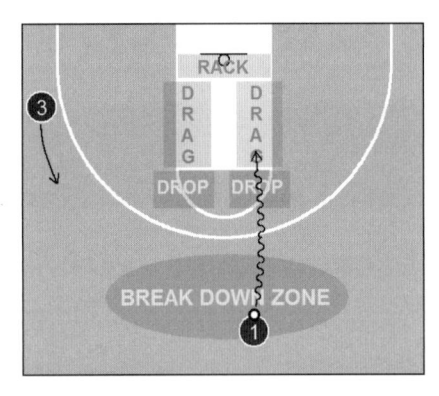

ドラッグのタイミング

　2番と3番をどこに置くかの選択が、ドラッグをどう使うかに大きく影響する。

　ヴァンス・ウォルバーグ氏が好むように、もしベースラインから1歩もしくは2歩のところに2番と3番をセットすると、ドライヴしたプレイヤーがドロップゾーンに入ったときにドラッグを始める。ボールをキャッチするのに十分な時間があるからである。

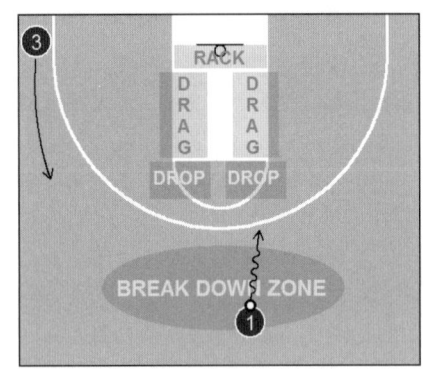

　もし2番と3番が、ジョン・カリパリ氏のようにコーナーの本当に低い位置にセットされていたら、より早いタイミングで動かなければならない。

　ペネトレートが行われたら、すぐにコーナーのプレイヤーはドラッグし始めなければならない。そうしなければパスをもらえるタイミングでポジションに到達できないからである。このケースでも2番と3番へのパスはドラッグゾーンから出すことになる。異なる点は、#3が早く動き始めることである。

　これはジョン・カリパリ氏のケースでは、2番と3番の動きはよりアクティブであり、より賢いプレイヤーを必要とする。例えば、もしドロップゾーン内で早めにペネトレートがストップしたら、動き始めていたコーナーのプレイヤーは、もう一度コーナーに戻らなければならない。こうした複雑な状況判断が要求される。

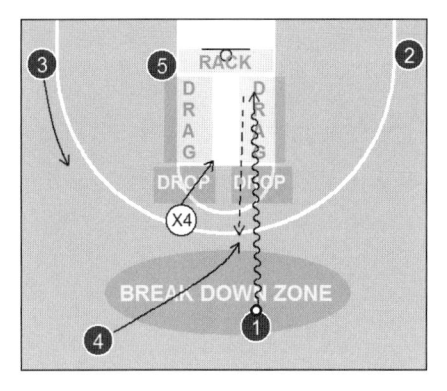

ドラッグゾーンへのレーンドライヴ　〜ドラッグ4〜

　＃1がドライヴでドロップゾーンに入ったときは、常に＃4は＃1の後方にドラッグしなければならない。もし＃1がいいシュートを打てなかったり、＃5にパスできなかったりしたときは、＃4にパスを出すことができる。＃4は3ポイントシュートを打つか、ドライヴするか、スイングするかの選択肢がある。ディフェンスはペネトレートに対して、下がって守るように教えられているため、＃4は常にオープンであろう。

　＃4は＃1の後方をドラッグする。もし＃1がドラッグゾーンの奥深くで止まったら、まずはシュートフェイクをして、ファウルを誘う。その後、リバースピボットをし、＃4にパスをする。これを「ドラッグ4」と呼ぶ。

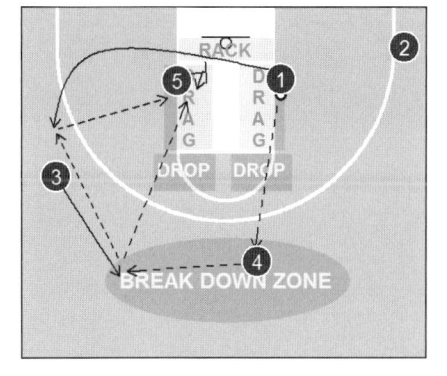

　ドラッグ4から、＃5のスクリーンもらい＃1はコーナーに向かってダッシュする。

　そして、＃4から、＃3にパスをすることは、非常にいいオプションである。＃3から＃5へダイレクトパスもできるし、あるいは＃5のスクリーンから抜けてきた＃1へパス、さらに＃5へと展開をすることができる。

ドラッグゾーンへのミドルドライヴ

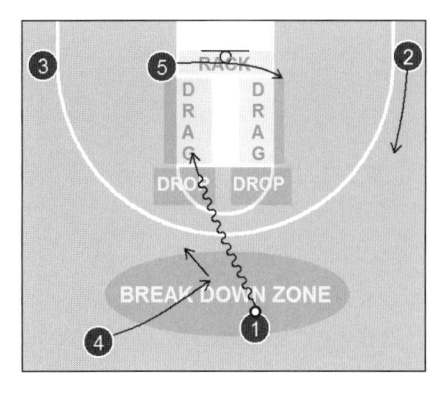

　ドラッグゾーンへのミドルドライヴはレーンドライヴの逆になる。＃5は、＃1がミドルドライヴを始めたことに気づいたら、すぐにロブパスやリバウンドのために逆ブロックにポジションをとらなければならない。＃2は上がり、＃1からのスキップパスを受けられる場所に動く（レーンドライヴでの＃3と同様）。＃3はコーナーにステイし（レーンドライヴでの＃3と同様）、＃1からのパスで3ポイントシュートを狙う。＃3はコーナーでじっと待たなければならない。＃3はディフェンスが低い位置でヘルプに動いたときにのみボールがもらえる。ミドルドライヴが始まると＃4は＃1の後方に2〜3メートルのスペースをとりながら動く。＃1がドロップゾーンに入ったら、＃4は後方にドラッグし、いつでも＃1からのパスを受けられるように準備をする。

ドラッグゾーンからの脱出（判断）

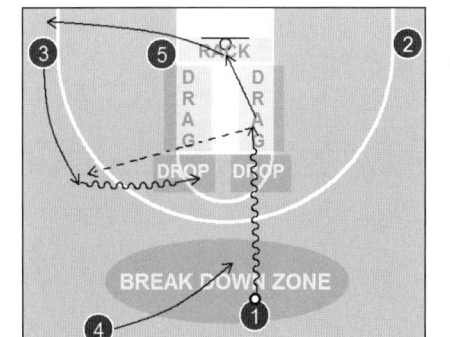

　ドラッグゾーンで＃1が＃3にパスをした後、ボールを受けた＃3が何をするかによって、＃1はその後のプレイを判断しなければならない。

　通常、＃1は次の動きの判断をするためにリング下でヘジテーションする。

　ここでは、＃3がミドルへドライヴするので、＃1がペネトレートの後に3コーナーへカッティングする。これによってX1を遠ざけ、＃3のペネトレートのスペースができる。

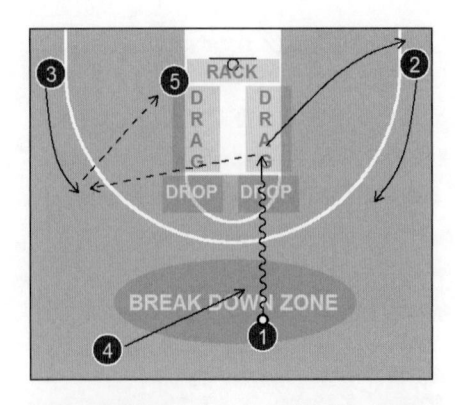

もし#3が、#5にパスをしたら、#1は逆サイドにカッティングする。これによって#5がプレイするためのスペースができる。また#1をコーナーでオープンにすることができないため、X1は#5に寄ることができない。

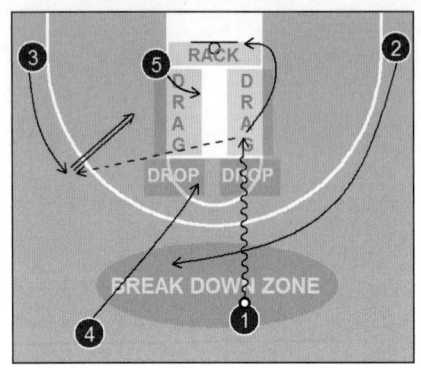

もし、すぐに#3がシュートを打ったら、#1にもリバウンドの責任がある（P.103 オフェンスリバウンド参照）。ここでは#1がウィークサイド側からリバウンドに向かう。

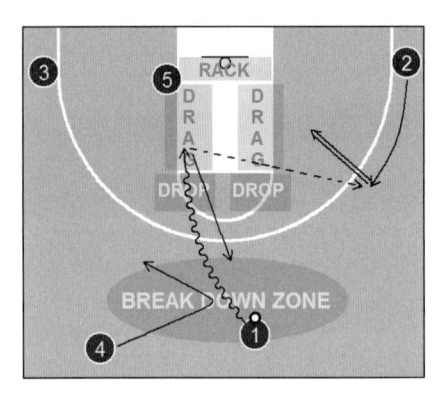

もし#2が、シュートを打ったら、#1はセーフティに戻る責任があり、3ポイントラインの外側にカッティングしなければならない。

他の脱出（判断）方法

ドラッグゾーンからのパスの後に、キー（ドロップ・ドラッグ・ラックゾーンを含むエリア）から脱出するためには、プレイヤーの判断によるところが大きい。パッサーはレシーバーの動き、そしてどのくらいのスペースがあるかに反応しなければならず、パッサーの判断に周りのプレイヤーが反応しなければならない。

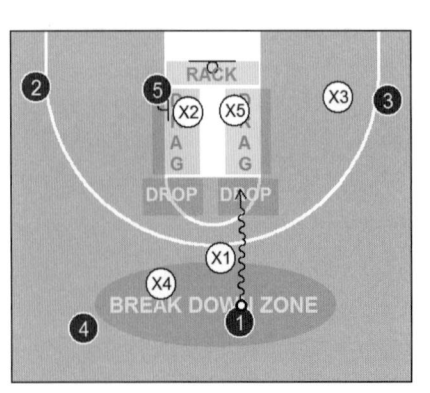

#2と#3のスイッチ

X2は、X5が#1のペネトレートに対してヘルプに行ったときに、#5をヘルプする。このようなケースは非常に多い。

このような状況が起こるときに、ベストなシューターを3コーナーに配置すると、3コーナーのプレイヤーがスキップパスでオープンになることが多い。

ここでは、ベストなシューターが#2だった場合、図のように配置することが有効だろう。

ドラッグゾーンからのフローター

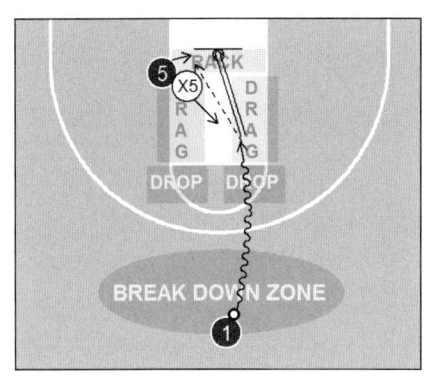

　レイアップもしくは3ポイントシュートのルールに関する例外は、シュートもしくはパスとしてのフローター（＝ドロップパスやドロップシュートなどの浮かし）である。

　片足踏み切りでのランニングフローターは練習可能で非常に効果的であり、#5へのシュートだけでなくロブパスも出せるアドバンテージがある。

　実際に、ラップ・アラウンド・パスは守られやすいので、小さいガードにとって、背の高いX5をこえて#5にパスをする唯一の方法といえる。#1はフローターで、#5にすぐにシュートできる高さでパスができる。

　X5が#1のドライヴに対してヘルプしたとき、ドライヴした#1はフローターでシュートするか、#5にロブパスするかの選択肢がある。これは、X5がヘルプに行くタイミングをより一層難しくさせる。

ラックゾーンへのペネトレート（リバース・アンド・キック）

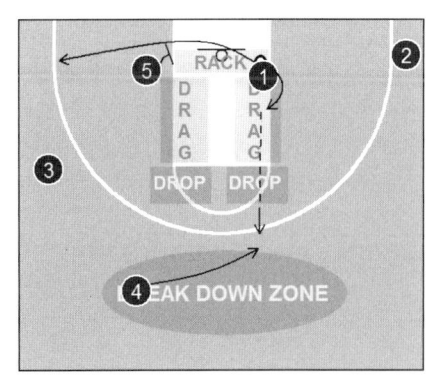

　もし、#1が、ラックゾーンに入ったもののシュートできないとき、リバースピボットをし、後方にドラッグしてきた#4にパスをするだろう。

　キー（ドロップ・ドラッグ・ラックゾーンを含むエリア）へ、ディフェンスがヘルプで収縮しているので、#4はオープンになっているはずである。

　#1はパスの後、#5のスクリーンを使いコーナーへ動く。

　【注意】　もし#4へのパスができなければ、#1に再びシュートを狙わせる。そのためには、日頃からカウンターピボットなどの練習をさせておくとよいだろう。

ドロップゾーン

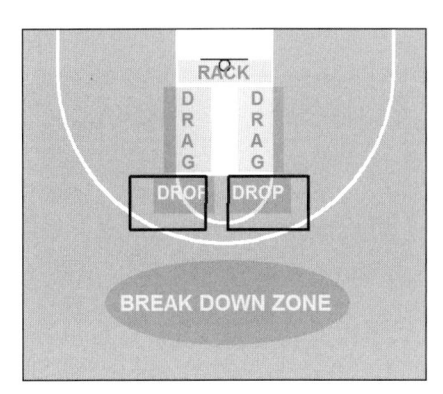

　もしプレイヤーがマークマンを抜くことができず、ラックゾーンへ到達できなかったら、次の選択はドロップゾーンで止まることである。DDMにおいては、多くのオフェンスはドロップゾーンでボールが止まったところから始まる。ここに2つのオプションがある。

　○ドロップゾーン・バックドア
　○ドロップゾーン・キックアップ

　【注意】　選択肢はバックドアが守られたときのキックアップのみである。したがってキックアップが成功しなければ、オフェンス全体が行き詰まってしまう。

ドロップゾーン・バックドア

　ペネトレートしたプレイヤーがドロップゾーンでストップせざるを得なかった場合、最初に狙うことはウィングのバックドアである。これはフロアの両サイドで行うことができる。

ドロップ2

　ドロップ2は、コート上での2番側でのストップのことをいう。図では、#1が2番側のドロップゾーンでストップしているが、それはどのプレイヤーでもおこりうる。3番側では、全ての動きが反転し、ドロップ3という。

　#1がドロップゾーンで止まり、#5がTアップしボールを呼ぶ。この動きで、#2がバックドアをするためのスペースを空ける。#2がバックドアをしたら、#5はレーン側に一歩踏み出す。

　#1がドロップゾーンでドリブルを止めたのを確認するまで、#2はコーナーにステイする。

　#2は、X2のポジションにより、まっすぐバックドアに行くのか、ディフェンスを引きつけてからバックドアに行くのかを決める。もしX2が、ドライヴを止めるために高い位置でプレイするならば、リングに向かってまっすぐバックドアをする。#2が動き出すタイミングは、X2が#1のドライヴに目を向けた瞬間である。

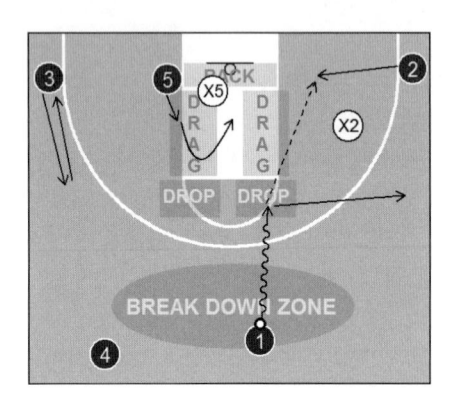

　#1から#2へのパスは、基本的にロブパスかバウンズパスである。

　【注意】　バックドアは、スペーシングがよければ成功率は上がる。ドロップゾーンの高い場所の方が、ドロップゾーンの低い場所より、スペーシングがよくなり、バックドアの成功率は高くなる。

　もし、X2が、#2にタイトにディフェンスをしてきたら、ボールに向かって、勢いよくステップを踏みながら「ボール！」と叫び、それからバックドアをする。#1は必ずバウンズパスを出す。

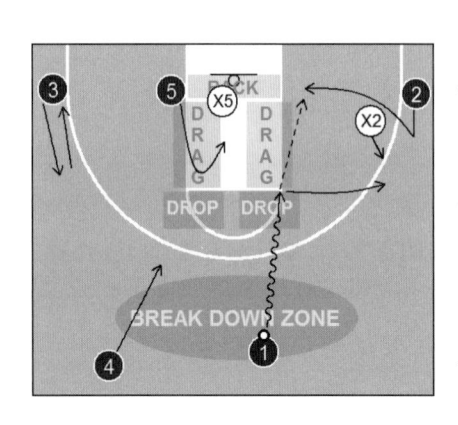

　#1は、バックドアをする#2にはバウンズパスを、#5にはリングに向かってカッティングさせ、ロブパスを狙う。

　【注意】　もし、#2と#3がウィングの低い位置でスタートするならば（ジョン・カリパリ氏の方法、詳細はP.26文頭）、#1がペネトレートするのにあわせて、X3がキー（ドロップ・ドラッグ・ラックゾーンを含むエリア）にサギングする可能性があるので、#3はドラッグしてあがる。これで#1はどんなドライヴからでもスキップパスを出すことができる。#1が止まったら、#3はコーナーに戻り、ベースライン上のスキップパスに備える。

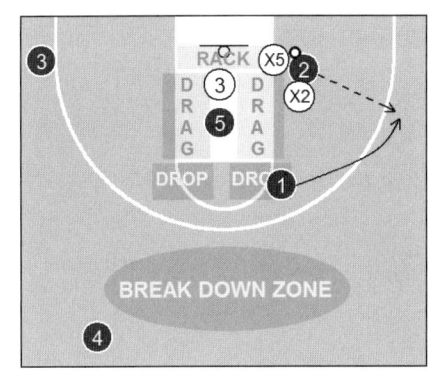

ドロップ2からのドラッグ

　＃2がバックドアをしたときに、X5に守られてしまうことがある。このような場合、＃1がパスをした後に、＃2の後方にドラッグすることが重要である。

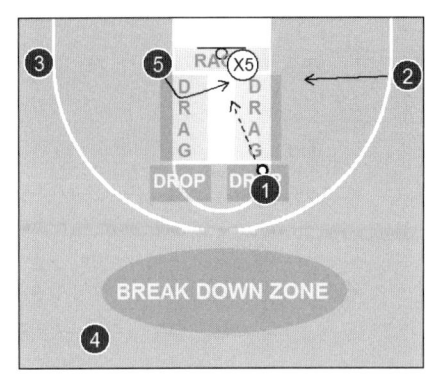

ドロップ2からのポスト

　X5が＃2にバックドアをさせないように下がってヘルプをする場合、＃5はダックインして、X5を動けなくする。しかし、もしこれが成功しなければ、オフェンスをストップさせてしまうので、＃5は我慢強くタイミングを狙う必要がある。

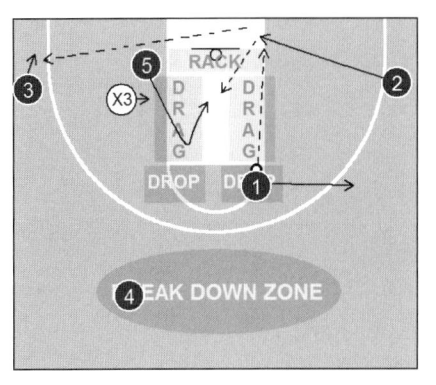

ドロップゾーン・バックドアからのパス

　バックドアでボールを受けとったプレイヤーには、いくつかのパスの選択肢がある。

　ドロップ2から＃3：＃2はバックドアの過程で、X3がヘルプに来たら、コーナーの＃3に、片手でのジャンプパスでアシストできる。

　ドロップ2からTアップ：＃2は＃5のTアップに対しても、リング方向にボールを放つことでアシストできる。

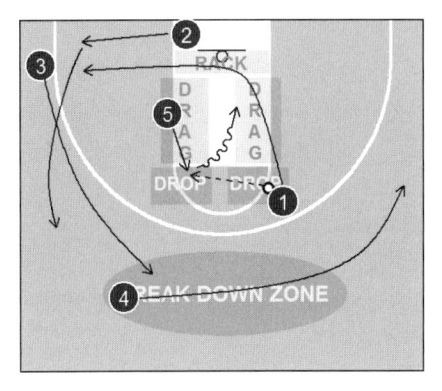

ドロップゾーンからのハイポストへの展開

　もし、＃2が、バックドアでパスをもらえなければ、そのまま3コーナーへ移動する。そのタイミングで＃5は、素早くハイポストに移動し、＃1からのパスを受ける。＃1は3コーナーへカッティングし、＃5のためにキー（ドロップ・ドラッグ・ラックゾーンを含むエリア）を空ける。

　【注意】　＃2が、バックドアをしなければ、2コーナーにいることになり、X2にこのオフェンスの全てのオプションを邪魔されてしまう。だからこそ、よほどのことがない限り、＃2はバックドアをしなければならない。もしバックドアでパスをもらえなくても、3コーナーからウィングにドラッグすることにより、キックアップのパスを確実にもらうことができる。

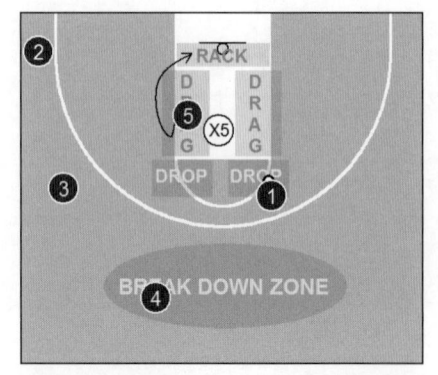

#5のバスケットへのダイブ

　もし、X5が、ハイポストの#5へのパスに対して、激しくディフェンスしてきたならば、#5はディフェンスを1歩高い位置に連れ出し、ロブパスを狙ってバスケットにダイブする。

　ステップは、外側の足でステップバックすることであり、ドロップステップとほぼ同様の足の運びである。

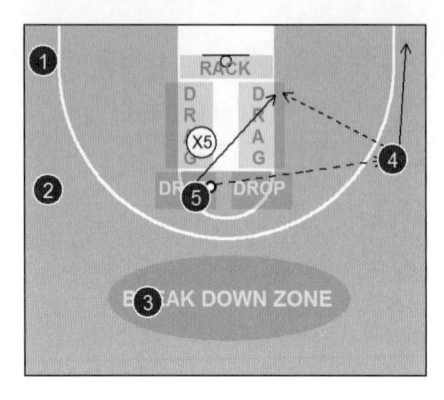

ポストでのギブ＆ゴー

　もし、#5がドリブルでX5を抜けなければ、真っすぐにカットするかポストアップを狙い、#4とギブ＆ゴーをする。

　仮に#5がボールをもらえなかったとしても、#4がドライヴするためのスペースを空ける。

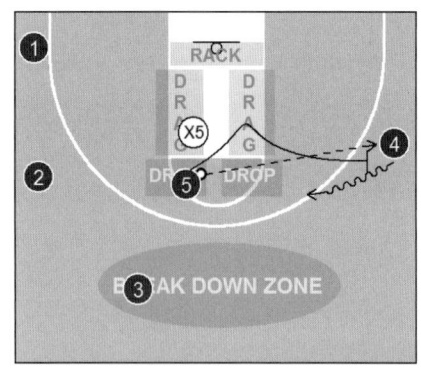

ドロップゾーンからのピック＆ロール

　#5は#4へのパスを選択し、ピック＆ロールを行うこともできる。

　#5は、ローポスト側に動くフェイクをし、その後、全速力で#4にスクリーンをセットしに行く。

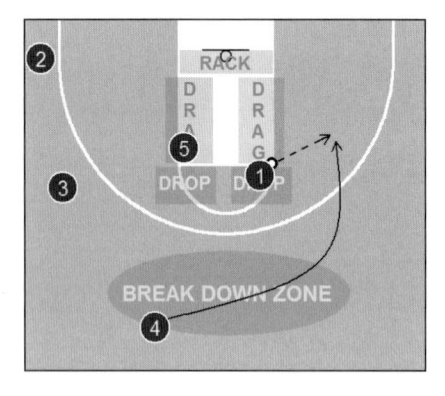

ドロップゾーンからのキックダウン

　もし、#1が、#2のバックドアにも#5にもパスできなければ、#1の外側をカットする#4にキックダウンする。

　これはポジティブな前方へのパスであることが重要である。ロブパスやバウンズパスを含む、いくつかの方法でパスを出せる。

　#5はリングへダイブし、ロブパスを狙う。

　【注意】　これは、素晴らしいドライヴ能力を有するプレイヤーを、アイソレーションの状態にするベストなオプションである。

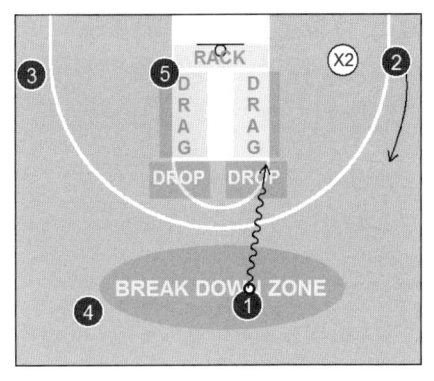

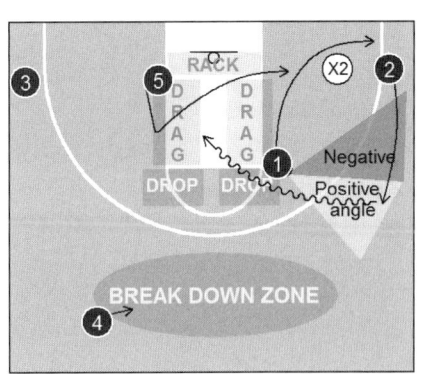

ドロップゾーンからのキックアップ

　ドロップゾーンからのキックアップは、私がDDMで教える最後のプレイである。素晴らしいオプションではあるが、同時にプレイヤーが、安易に選択しがちになり、ドリブルハンドオフに流れてしまう危惧もある。

　ディフェンスがバックドアを警戒し始めたら、コーナーのプレイヤー（＃2か＃3）がウィングに上がり、キックアップをする。これは、バックドアが過度に警戒され、コーナーのプレイヤーがウィングで確実にボールを受けられるときにのみ選択してほしい。

キックアップ（ポジティブパス）

　＃1がドロップゾーンでストップしたら、＃1と＃2の2メンゲームになる。＃2はX2がバックドアを守るのでウィングに上がる。

　【注意】　パッサーは、ドライヴの邪魔にならないようにポジティブパスを出すことにより、スイッチしたディフェンスを無効化できる。

　＃1は＃2のコーナーを埋める。＃3はコーナーでじっと待つ。＃4は、＃2に大きなギャップを作りだすために辛抱強く待たなければならないが、＃2がドライヴまたはシュートをしない場合はボールを受ける。

ドロップゾーンからのキックアップ（ポストの動き）

　＃5がこの状況でどのように動くべきか、2つの選択肢がある。

　ヴァンス・ウォルバーグ氏は、上の図のように、＃2へのパスと同時に＃5をボールサイドのローポストにカッティングさせる。これによって＃2がミドルへドライヴするスペースができる。

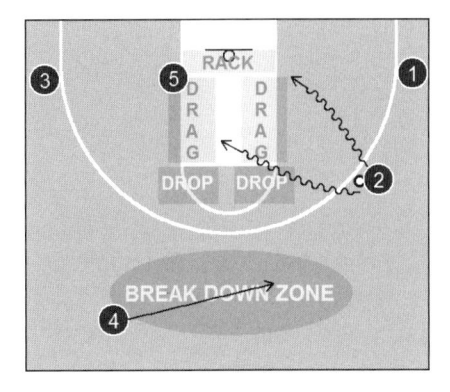

　＃1がキックアップし、ボールを受けるのを見てすぐに、＃5はスペースを作るためにポジションを変えなければならない。＃2はバスケットに向かうか、3ポイントシュートを打つ。

　ジョン・カリパリ氏は、＃5にヘジテーションさせ、＃2がミドルにドライヴした場合にのみ、ボールサイドのローポストにカッティングさせる。

　＃2は、ミドルにもベースラインにもドライヴでき、＃4はディナイされた場合、バックドアのチャンスもある。＃2がドライヴしなければ、＃4がディナイされた場合のバックドアを狙えない。

　試合ごとの決断になるかもしれないが、プレイヤーとチームにとって最も適切だと感じるポジショニングを選択してほしい。

　ペリメーターをアグレッシヴにディナイしてくるチームと対戦するときは、＃4がスイングしてから、バックドアのチャンスが増えるため、カリパリバージョンを選択することもある。

　もし、ウィングへのパスを簡単にさせてくれるチームや、ポストプレイが有効であると感じたチームと対戦するときは、ウォルバーグバージョンを選択することもある。

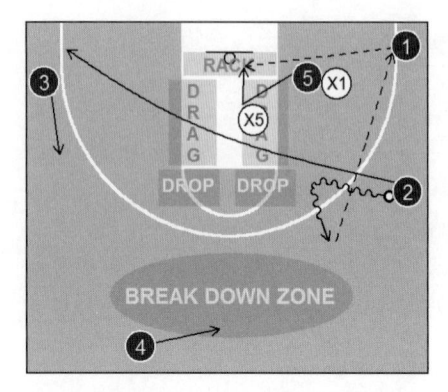

キックアップ（チート〈＝ずる賢い〉ディフェンスを利用する）

　もし、X5が、ゾーンのようにインサイドで構え、X1がポストへのパスをディナイするポジショニングをするのであれば、#2はプルバックし、コーナーの#1にパスをする。

　#2がプルバックしたときに、#5は#1からのパスを受けるために、よりインサイドにシールし、X5を動けなくする。

　#2は#1へパスをしたあと、#1がミドルにドライヴできるスペースを作るために、3コーナーに動く。

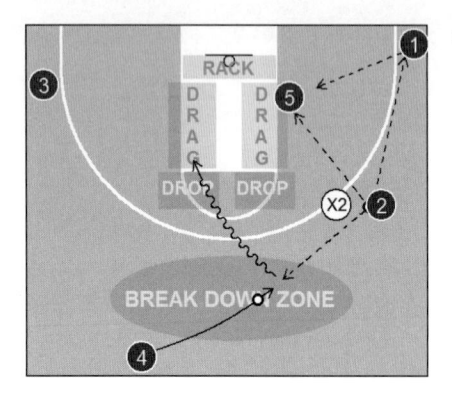

キックアップ（パス＆ミドルアタック）

　もし、#2がドライヴしなければ、以下の選択肢がある。
・ローポストの#5にパスする。
・#5のインサイドを見ながらコーナーの#1にパスをする。
・#4にパスをして#4はミドルをアタックする。

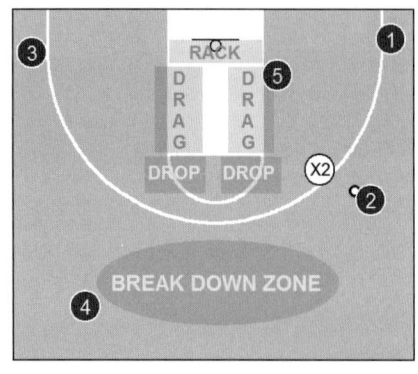

キックアップ（ヘジテーション）

　もし、ディフェンスが#2に対してサギングしてきたら、すぐに攻めてはならない。ヘジテイトやシュートフェイクを使い、ディフェンスをクローズアウトさせ、ドライヴをするか、その場でシュートを打つ。

<u>ドリブルハンドオフ</u>

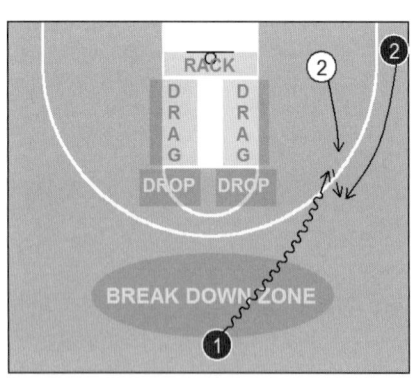

　もし、#1のドライヴが、ドロップゾーンより少し外側にはじき出されても、ドリブルハンドオフを選択できる。

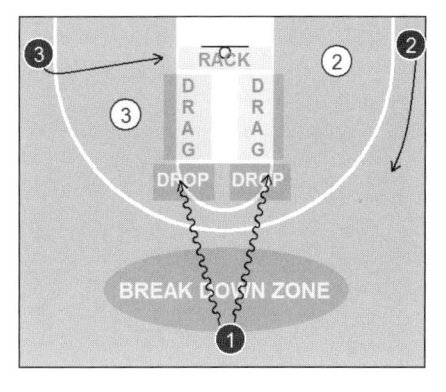

ドロップゾーンのスカウティング

コーナーに対してディフェンスがどのように対応するかで、何を選択するかが決まる。

3コーナーのようにディフェンスがドライヴを警戒するのであれば、バックドアが有効である。この場合#3は、一旦ディフェンスに近寄ることなく、直接バックドアできる。

2コーナーのようにディフェンスが低くプレイするならば、キックアップが有効である。

ウィングオフェンス

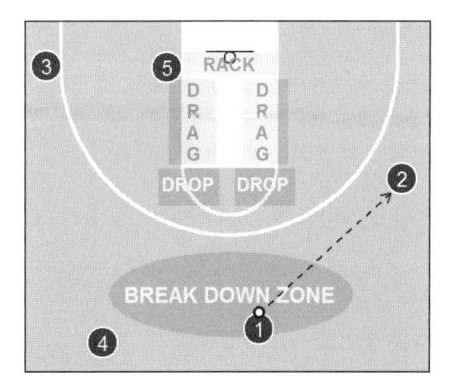

DDMには、ボールがウィングにセットされたら、いくつかオフェンス方法がある。

トランジションもしくは、クイックオプションを選択すると、ボールサイドのコーナーにプレイヤーがいない状況を作り出す。

ウィングが上がってきたときの、ダイレクトなパスをクイックと呼び、これはファストブレイクとセットオフェンスの両方で用いられる。

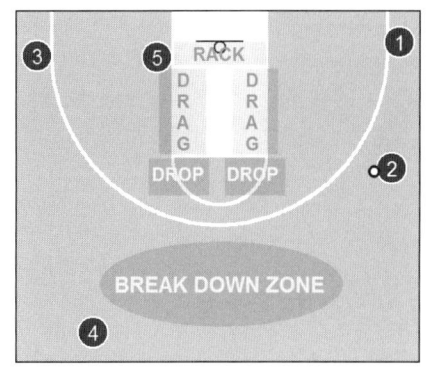

ドロップゾーンキックアップやファストブレイクで、#1が2コーナーに動いた場合、コーナーにプレイヤーがいる状況を作り出す。

ペネトレートとパスのためのオプションは、コーナーにプレイヤーがいるかいないかで多少異なるが、原則は同じである。

最初に、ウィングからのドライヴがどのように行われるか見てみよう。次にドライヴ以外のオプションにはどのようなものがあるか見てみよう。最後にクイックオプションの詳細を見てみよう。

ボールサイドのコーナーにプレイヤーがいるときのウィングプレイ

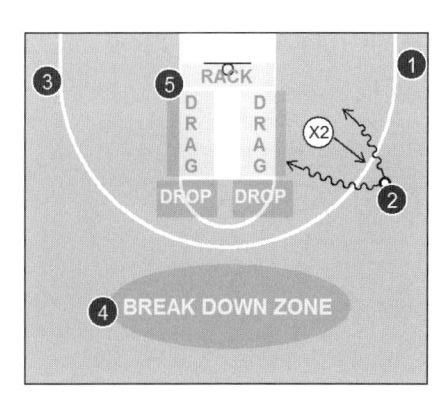

コーナーにプレイヤーがいる状況で、#2にミドルだけドライヴさせるのか、もしくはミドルとベースラインの両方にドライヴさせるかは、コーチの考え方次第である。

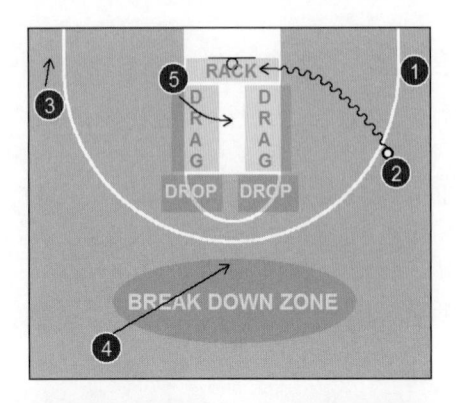

・＃２のベースラインドライヴで＃１がコーナーで待つ。
・＃５はＴアップする。
・＃４はトップ・オブ・ザ・キーにドラッグする。
・＃３はベースラインパスを受けるためにコーナーに動く。

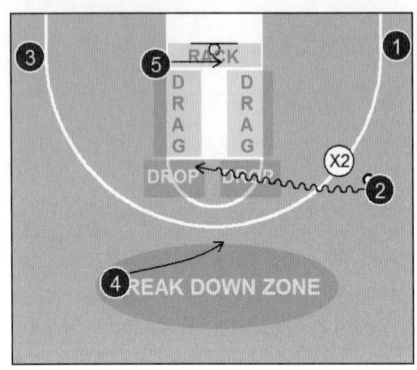

　もし、＃２が、ミドルにドライヴすれば、＃４はキックバックでパスを受けられる位置に動かなければならない。この状況で＃４がバックドアをしても、＃２にパスのオプションはない。
・＃１はコーナーにステイするか一歩上がる。
・＃５はポジションを変える。
・＃３はコーナーにステイし、＃２がドロップゾーンで止まったらドロップゾーンオプションを狙う。

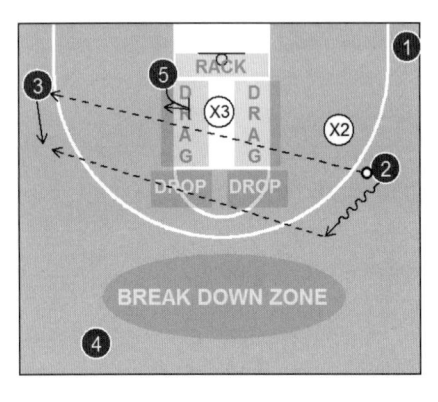

＃３へのスキップパス

　もし、Ｘ３がヘルプサイドのディフェンスをしたら、＃５はＸ３にスクリーンをセットし、＃３へスキップパスができるようにする。

　＃３へスキップパスがされたとき、＃３はＸ３にシールしている＃５を見なければならない。

　＃２がワンドリブルをして少し高い位置に上がるか、＃３が少し高い位置に上がることで、スキップパスをより確実に成功させることができる。

クイック（オープンコーナーからのオプション）

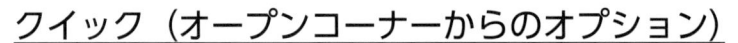

　このオフェンスのクイックのオプションは、ポイントガードがウィングへのパスを狙い、それからカッティングをし、判断するものである。クイックは、バックドア、異なる角度からのドライヴ、スキップオプションを行うためのいくつかの良いオプションがある。

　ここでは、セットオフェンスにおけるクイックのオプションを見てみよう。ファストブレイクでのクイックはファストブレイクの章で後述したい。

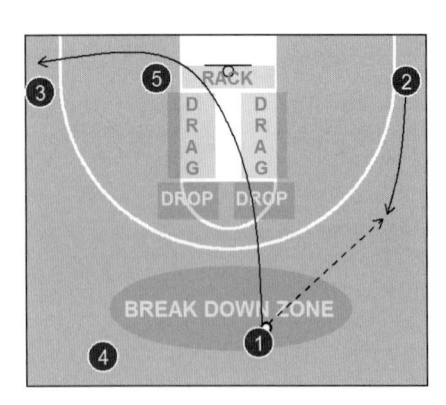

　もし、＃１がドリブルをしすぎて、オフェンスがワンパターンになってしまったとき、ウィングをあげて、クイックを行い、変化を加える。

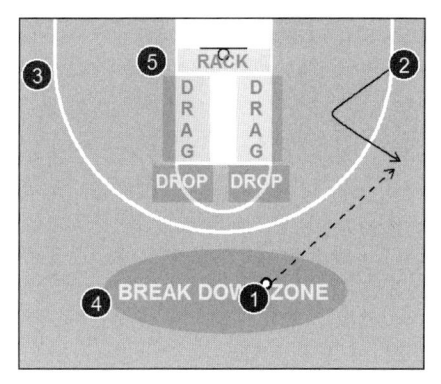

基本のオプション

　クイックの基本となるオプションは、上がってきたウィングへのトップからのパスであり、その後、トップが3コーナーに向けてカッティングする動きである。

　この動きがウィングのプレイヤーにダブルギャップを作り出す。

　ここでは、ハーフコートオフェンスでのクイックを中心に紹介していく。クイックの基本は、トップからウィングへのパスから始まるが、ディフェンスがウィングへの容易なパスを常に許すわけではない。その場合は、どのようにボールを受けるかを確認していこう。

Vカット

　DDMにおいて、Vカットは多用されないが、クイックでの使用は、例外の1つである。もし＃2がボールを容易にもらえなければ、オープンになるためにVカットしなければならない。

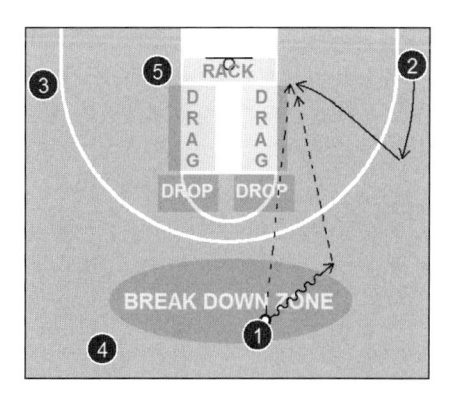

クイック（バックドア）

　ディフェンスが＃2にプレッシャーをかけてきたら、＃2はバックドアを選択することができる。

　もし、＃1が、パスフェイクをしたら、＃2は即座にバックドアし、＃1は強いドリブルからワンハンドでバウンズパスを出す。

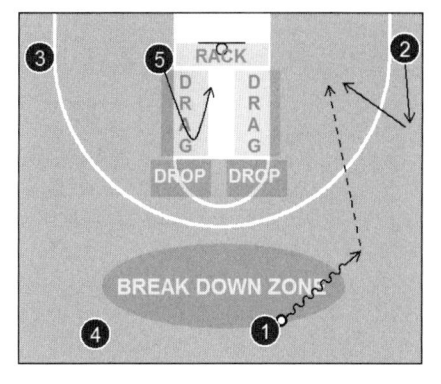

クイック（ドリブルアウトからのバックドア）

　＃1は、＃2に向かって強いドリブルをつくことで、＃2をバックドアに行かせ、ドリブルからのワンハンドでのバウンズパスを狙う。

　＃5は、Tアップをすることで、＃1のレイアップか＃2のバックドアをするスペースを、ゴール下に作ることができる。

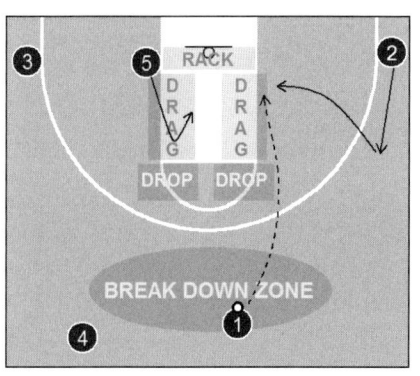

クイック（パスフェイクからのバックドア）

　ディフェンスが＃2にプレッシャーをかけてきたら、＃2はバックドアを選択することができる。

　もし、バックドアができなければ、＃1はリングに向かってアタックする。

　＃5はTアップをすることで、＃1のレイアップか＃2のバックドアをするスペースをゴール下に作ることができる。

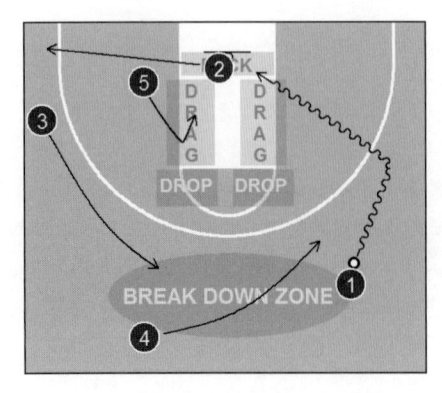

クイックバックドア（ペネトレートへのドリブルアウト）

　もし、#1がバックドアへのパスができなかったら、#2が3コーナーにカッティングしたことによって生まれたトリプルギャップにペネトレートする。#2がカッティングすると、ディフェンスはパスをカバーするために、#1に背中を向けてしまうことになる。そこで#1はディフェンスの背後を追いかけるように、ペネトレートからレイアップを狙う。

　#1は、ドリブルでウィングに動いたら、#4を視野に入れるためにドリブルチェンジし、その後、切り返してベースライン側を鋭くドライヴする。

　・#4は後方をドラッグする。
　・#3はオープンの位置に動く。
　・#5はTカットしリングの前へ動く。

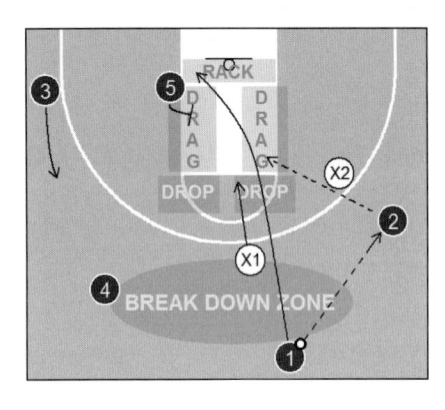

クイック（ウィングへのパス）

　もし、ディフェンスが下がっていて、#2がバックドアを狙えないとき、#1は#2とのギブ＆ゴーを狙う。

　#1は3コーナーに向かってカッティングすると、#2はアイソレーションのような状況になる。#2は#1のカッティングにより、X2が不注意となることを狙ってドライヴする。

　【注意】　#1は、パスをした瞬間にカッティングを始めるべきである。それにより#2は、#1のカッティングよりも先にドライヴを始めることはない。しかし、ファストブレイクの状況では、#1のカッティングより先に#2がドライヴを始めることもある。（詳細はP.66文末）

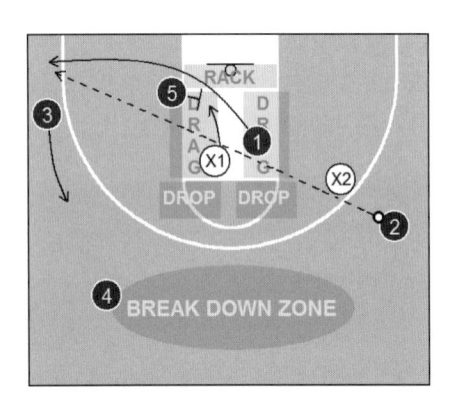

　もし、#1が、カッティングしてボールをもらえなければ、#5のスクリーンをもらい3コーナーにカッティングする。#5は誰かが自分のもとにカッティングしてきたら、毎回スクリーンをかける。

　#2は、#5のスクリーンを使って3コーナーに動いた#1にスキップパスを狙う。

　#4は、#2にダブルギャップをペネトレートさせるため、2秒ほど待つ。

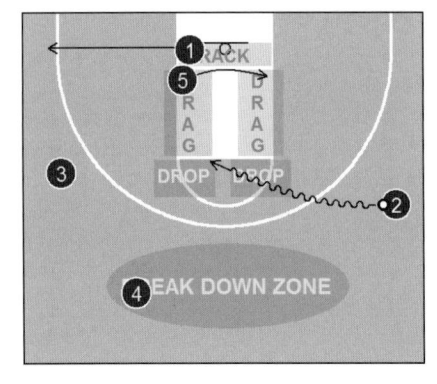

クイック（ミドルへのペネトレーション）

　#2がミドルへペネトレートをするとき、#1が3コーナーにたどり着くまで十分に待ってからドライヴを始めなければならない。もし#1が、3コーナーにたどり着いていないと、ゴール下は混雑し、#5がポジションを変えるスペースがなくなってしまうからである。

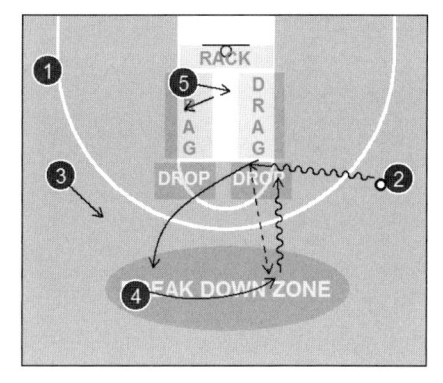

クイック（キックバック）

　もし、#2が、ミドルにドライヴしたら、オプションはファストブレイクにおけるクイックと同じである。

　#2のドライヴが、レイアップにもちこまれる場合、#5はキー（ドロップ・ドラッグ・ラックゾーンを含むエリア）を横切ってポジションを取り直さなければならない。しかし#2のドライヴが95%の確率で#4にキックバックされることを予測すると、#5はキー（ドロップ・ドラッグ・ラックゾーンを含むエリア）の中央でヘジテーションしなければならない。

　#4はキックバックを狙うが、楽な角度ではないので、キックバックから#4のオープンシュートに結びつくことはほとんどない。

　しかし、もし#4にパスが出た場合、レイアップを狙うか、#2にパスを展開する。

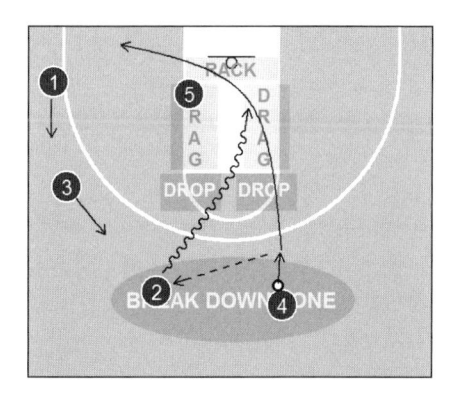

　#4はドライヴができなければ、ギブ&ゴーのルールに則って、#2にパスをし、3コーナーに向かって動く。

　これによって#2がラックゾーンにドライヴすることができる。

クイック（#3へのキックバック）

　もし、#2が、ドライヴから#4へパスが出せなければ#3を狙う。これは素晴らしいオプションである

　#2が、ミドルライン上に達するのと同時に、#3は#2の真後ろでオープンとなり、キックバックを受けられる状態になる。

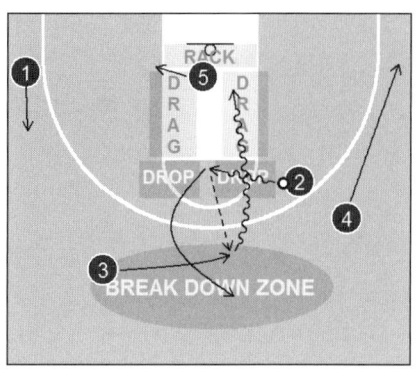

　#3は、ヘルプがいない状態でリングに対して直線的なドライヴをしかけられる。

　#5は、ドライヴの妨げにならないように、3サイドのローポストにポジションを移動する。

　#3は、X2がヘルプに来たら、当然シュートを狙うが、X5がヘルプに来たら#5にロブパスを狙う。

　ドライヴしてくる#2に対してX3の意識がいくか、実際にヘルプに行けば、#3はバックドアをするチャンスがある。

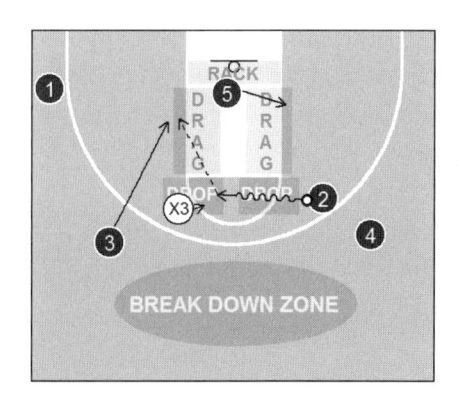

　もし、X3の意識が、#3にある状態であれば、#4へのキックアップが最初で、#3へのキックバックが2番目のオプションである。

　もし、#2が、ドロップゾーンでストップしたら、以降の動きは他のドロップゾーンストップと同じである。

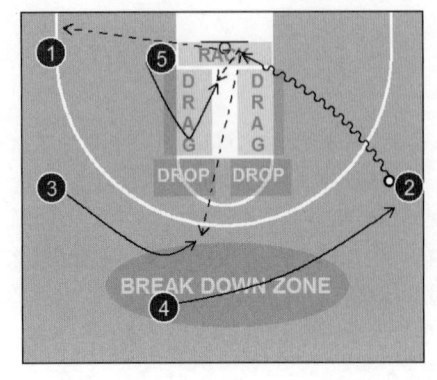

クイック（ベースラインペネトレーション）

　もし、＃2が、ベースラインにドライヴしたら、＃5はTアップして、フリースローラインの近くまで上がり、ロブパスを狙ってリングまで戻る。

　＃1は、3コーナーに動き、＃2からのベースラインスキップパスを狙う。

　＃4は、後方にドラッグしアウトレットとなる。

　＃3は、パスのスペースがあるオープンの位置に動く。

　【注意】 ミドルドライヴにおいて＃2は、＃1がコーナーへ移動する時間を稼ぐために、ヘジテーションする必要があるが、ベースラインドライヴにおいては、その必要はない。＃1がバスケットに向かってカッティングすると、多くの場合、X1は＃2から目を離してしまう。特に＃1が＃5のスクリーンを利用して、3コーナーに移動するときは、よくそうなる。だから、その後ろから来る＃2のドライヴはヘルプされにくくなる。ベースラインドライヴのデメリットは、3コーナーに移動する＃1へのベースラインパスが出しづらいことである。

クイック・リプレイス

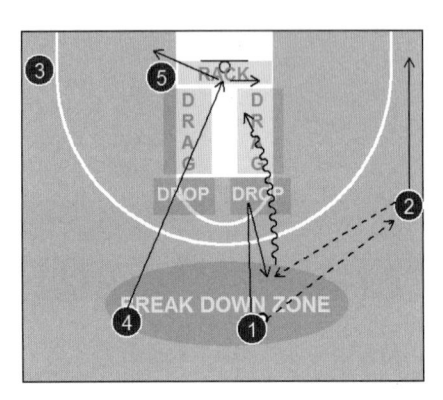

　クイックシリーズの他のオプションはリプレイス・カットである。

　＃1は＃2に上がるようにコールし、＃2にパスをした後、カッティングするふりをして元の場所に戻り、リターンパスを受ける。このアクションはプルバックドリブルと同じなので、＃4はリングに向かってカッティングすべきである。

　＃2はコーナーに動き、＃1はレーンドライヴかミドルドライヴをする。＃4はゴール下でヘジテーションをし、＃1のドライヴに対して、逆サイドのコーナーにカッティングする。

クイック・リプレイス・ドラッグ

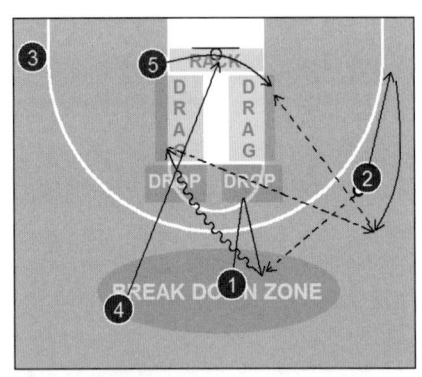

　リプレイスでも、ドラッグでも、普通のオフェンスと同様のオプションが使える。

　ドラッグをしたときに＃2は、シュートか＃5へパスをする。

クイック・リプレイス・フィスト

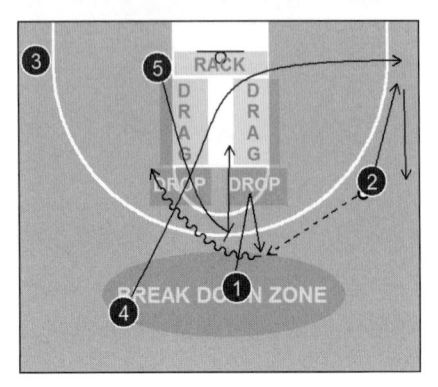

　リプレイス・フィストはコールプレイであるため、手順が決まっている。

　ここでは、＃1がリプレイスすると＃5はダッシュで＃1にスクリーンをセットしにいく。そのときに＃5は、2コーナーにカッティングする＃4の真後ろを走り、X5に対するスクリナーとして利用する。

　＃1は、＃5とピック＆ロールをする。

クイック （強力なポストプレイヤー）

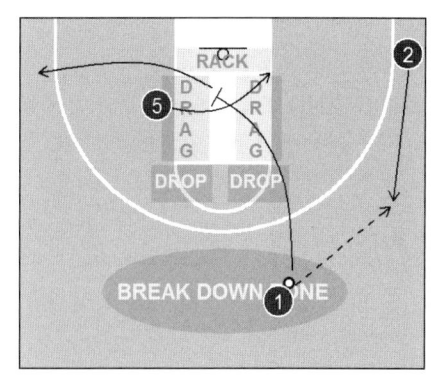

　強力なポストプレイヤーがいれば、ポストプレイヤーにスクリーンをかけるのは、良いオプションである。

　小さいプレイヤーが大きいプレイヤーにかけるスクリーンとなり、スイッチするのが難しい。

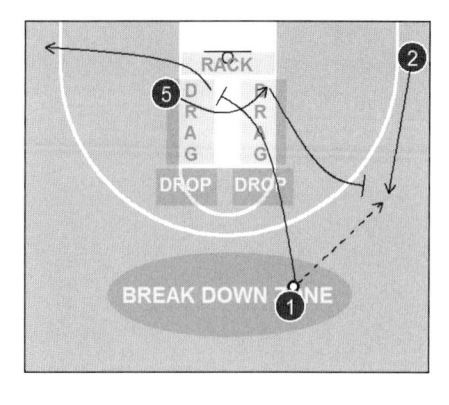

　インサイドスクリーンに対して、ポストが高い位置に動いて、＃２とピック＆ロールをすることも可能である。詳細はピック＆ロールの章で後述する。

クイック （Xカット）

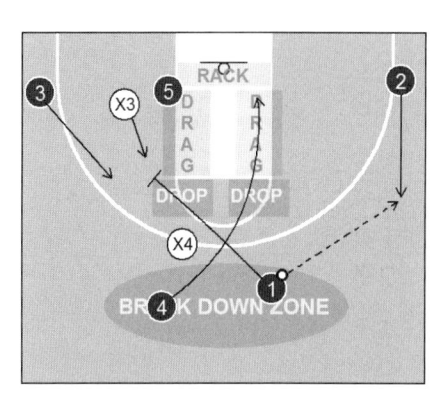

　クイックからのXカットエントリーは、"414"（P.74参照）の素晴らしいオプションを行う前に、＃１は以下のようなプレイを選択することができる。

　＃１は上がってきた＃２へパス。＃１はX４の後ろへ体をこすりつけるかのようにしてカッティングし、キー（ドロップ・ドラッグ・ラックゾーンを含むエリア）へ＃４がブラッシングしてフリーになるようにする。＃４は＃１のすぐ後ろをカッティングし、マークマンを離し、リングへのレーンを開こうとする。

　＃１は、そのまま走り、＃３にスクリーンをセットする。

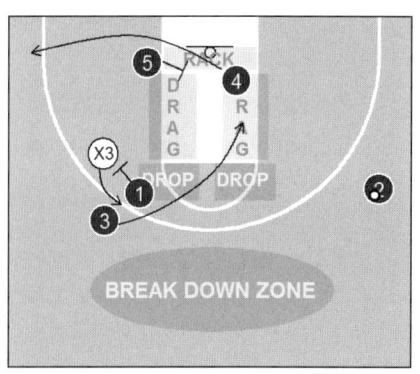

　＃４は、カッティングした後、＃５のスクリーンをもらい３コーナーへ動く。

　＃３は、スクリーンのディフェンスの状況を判断する。

　もしX３が、スクリーンの前に入り＃３についてきたら、＃３はバスケットに向かってカッティングをする。

　もし＃３が、ボールをもらえなければ、＃１はボールをもらうためにトップへ動き、ボールをスイングするかアタックする。

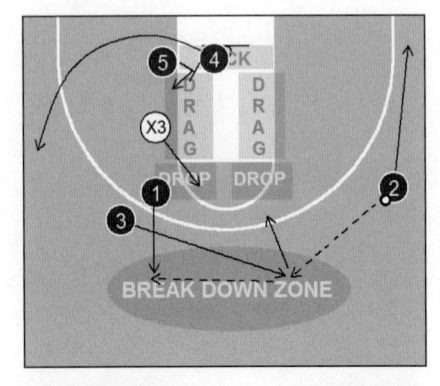

もしX3が、スクリーンの後ろを通れば、#3はボールサイド側のトップにまっすぐ動く。

#1はトップでボールを受け、ウィングに上がってきた#4にパスを展開し、#5へのパスを狙うか、そのままバスケットにアタックする。

#3から#1にスイングパスをした後、#3は以下のようなカッティングをしなければならない。スルーカット、ブラッシュカット、Tカットなどがある。

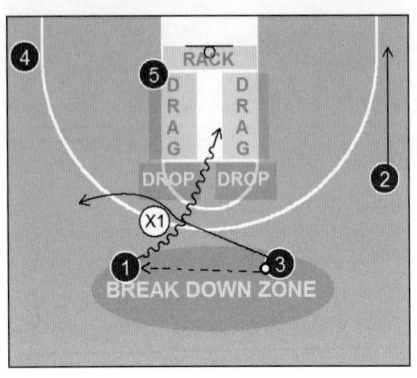

ここで"414"の例を示す。

#3は、#1へパスすることで、"414"を選択することになり、ブラッシュカットをすることで#1にトリプルギャップを作ることになる。

#2は2コーナーへ動き、シュートに備える。

ウィング・ペネトレーション（クローズドポストと左サイド）

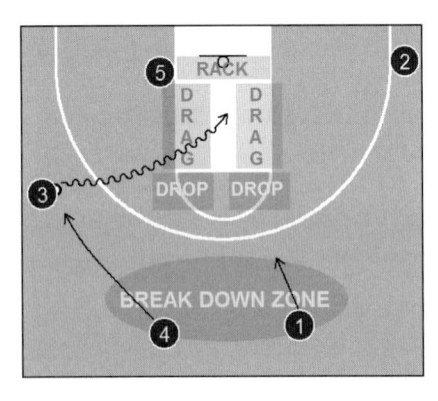

ボールサイドにポストプレイヤーがいるとき、本来は、ポストがベースラインのスペースを占めているので、ウィングがミドルにドライヴするべきである。

これにはいくつかの理由がある。

第1に、ミドルドライヴは、より多くのパスのオプションがあるため、ベストなオプションである。

第2に、多くのプレイヤーが右利きであるため、左手でベースラインパスを出すのは難しい。もし、左手でドライヴするのが上手なプレイヤーがいたら、左サイドからのドライヴをさせてもよいだろう（2サイドからは、全てのミドルドライヴが左手でなされることを思い出してほしい）。

ウィング・ベースライン・ペネトレーション（ストロングサイドのポスト）

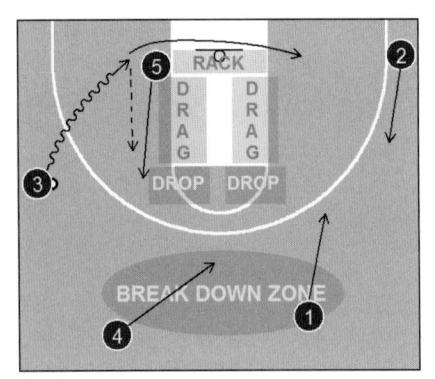

今までのことを踏まえると、ポストがベースラインのスペースを占めていても、ポストのプレイヤーに高いシュート力やピック＆ロールのスキルがある場合は、ベースラインドライヴからの良いオプションがある。

それらのオプションは、リック・マジェラス氏から影響を受けた。

ポストにプレイヤーがいるベースラインドライヴでは、ポストプレイヤーはハイポストに移動し、ベースラインにスペースを空ける。#3は、レイアップができなければ、#5にパスをする。ポストプレイヤーは、シュートをするか、ドライヴをするか、#4に対してパスをするか、ドリブルハンドオフをする。

#4と#5は、広く空いたスペースでピック＆ロールをする。

#1、#2、#3で、マッチアップが優位なプレイヤーか、優れたローポス

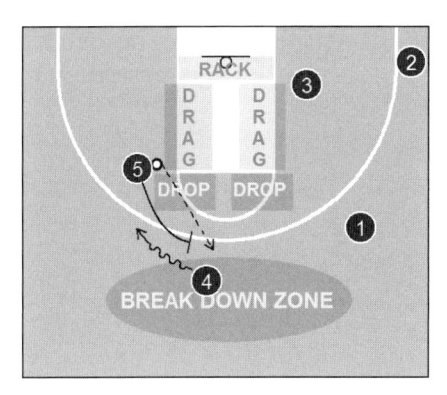

トスキルがあるプレイヤーがローポストでポジションをとる。

　ここでは＃3がポストに行き、他の2人は適切なスペースを取り、シュートに備える。

塚本コーチのここがポイント！

【トラベリングについて】

　2018年4月に、トラベリングに関するルール変更*がありました。いわゆる「0ステップ」の追加です。このステップが世界のバスケットボールに、大きな変化をもたらすことになるでしょう。DDMを行うときも、＃1のレーンアタックだけでなく、流れの中でボールをもらったら、積極的にバスケットにアタックできる可能性が広がりました。DDMの基本を身につけて、強く、鋭くバスケットにアタックすることを指導しましょう！

　*2018年3月30日に日本バスケットボール協会（JBA）から刊行された「2018〜 バスケットボール競技規則」の「P.34 第25条 トラベリング 2.ルール 2-1の【補足】」ならびに「P.173【参考資料】トラベリングについて」をお読みください。

第2章

ファストブレイク

ディフェンスからオフェンスへの切り替え

ラック、ドロップ、ドラッグゾーン内でどのようにプレイするかを知ることは、DDMを実行する上で、前提となるが、まずはこれらのゾーンにたどり着くことが重要である。

全てのドリブルドライヴは、ファストブレイクからスタートする。これは非常に重要かつ、不可欠な部分であり、クイックオプションへと直接つながるところでもある。

この章では、ディフェンスからオフェンスへの切り替えと、適切なオプションを選択し、それらのゾーンにたどり着く方法について説明する。

ファストブレイクこそDDM

ファストブレイクこそ、DDMであるといっても過言ではない。

ケンタッキー大学のアシスタントコーチのジョン・ロビック氏は、このようにいっている。

> 「世間のコーチたちは、セットされたトランジションゲームを過大評価していると思う。コーチ陣が、それを作ることに時間を割きすぎてしまうと、ディフェンスが予期せぬ対応をしてきたときに、そのトランジションは、まったく機能しなくなってしまう。私も以前、他のチームのヘッドコーチをしていた時代に、カロライナブレイク、ダブルアウェイといったほとんど試合で使えないようなセットプレイの練習に、かなりの時間を割いてしまった記憶がある。あれは本当に時間の無駄だった」
>
> （John Robic Kentucky All Access DVD のコメントから抜粋）

プライマリーブレイク、セカンダリーブレイク、そしてセットオフェンスを、それぞれ分けて教えるのは時間の無駄である。DDMはこれらを同時に練習することができ、効率的に時間を使うことができる。

ディフェンスがセットしてしまった後では、ペネトレートするためのギャップを作ることは難しくなる。常にディフェンスにプレッシャーを与えるためにも、ファストブレイクを狙うことは重要である。

ファストブレイクは、素早くハーフコートオフェンスに移行することが全てである。DDMのファストブレイクのオプションは、ハーフコートオフェンスのオプションと同じなので、ファストブレイクの練習自体がハーフコートオフェンスを教える素晴らしい教材となる。

ファストブレイクの基本

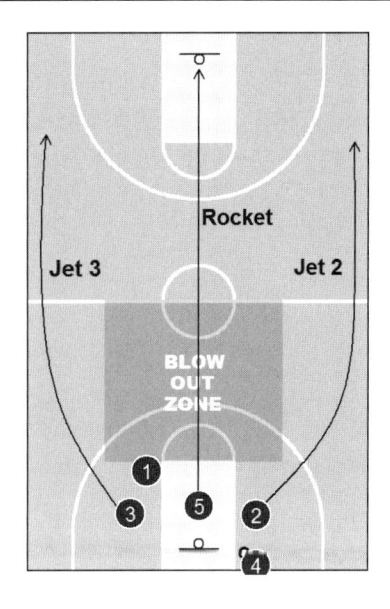

　シュートを決められたら、80%の確率で＃4がインバウンズパスを出す。ボールは＃1と＃4が扱い、他のプレイヤーはすぐに走り始める。このルールによって、＃1はよりコートを広く使うことができ、オープンでパスを受けられるようになる。

　スピードを強調するために、＃5を「ロケット」と呼び、＃2と＃3を「ジェット」と呼ぶ。コート上を素早く駆け抜けるプレイヤーを表すには、うってつけの名前だろう。

　ロケット＃5は、ゴール下まで全速力で走り、他のディフェンスを引きつける。これによりペイントエリアで脅威となり、ウィングへのパスも出しやすくなる。

　右ジェット＃2は右のウィングを走り、左ジェット＃3は左のウィングを走る。ジェットは、素早く動きながら、コートのどこでパスがきても受ける準備をしていなければならない。

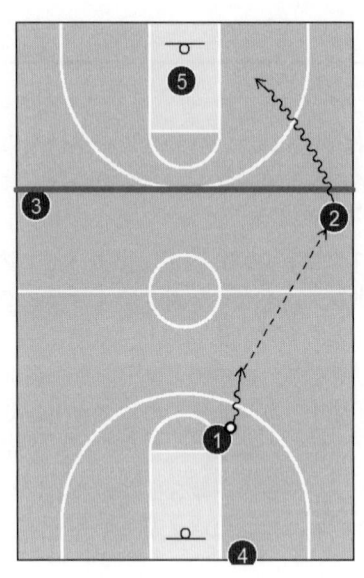

アーリーパス

　もし#1が、ドリブルせずに#2か#3へそのままパスができるのであればパスをする。もしパスができなければ、フロアバランスを整えたり、ウィングへのパスレーンを作ったりするために、ブローアウトゾーンでドリブルをする。

　ロングパスを苦手とするポイントガード、全体を見る判断力がまだ身についていないポイントガードにとって、ブローアウトゾーンでドリブルをするということは良いアイディアの1つである。

ジェットのポジショニング

　ボールがバックコートにあるとき、ジェットである#2と#3は、3ポイントラインの延長線上より深く進んではいけない。それは下記のいくつかの理由による。

　第1に、それより深く進むとボールを受けることが難しくなる。距離の長いパスになり簡単にインターセプトされる可能性が高くなる。

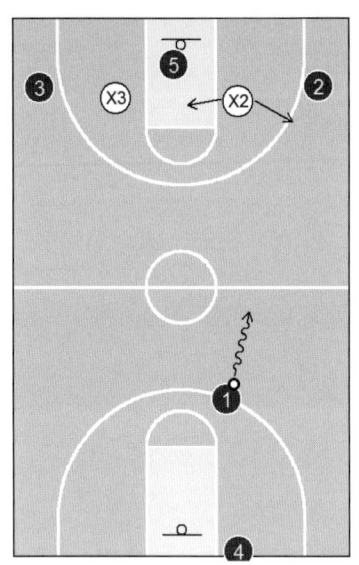

　第2に、ジェットの位置が深すぎると、1人のディフェンスが2人を同時に守ることができる。図でも分かるように、X2のポジションは、双方へのパスレーンをカバーしながら#2と#5へのパスの両方をインターセプトできるようになっている。

　もしジェットが3ポイントラインの延長線上で留まれば、ディフェンスはポストかウィングのどちらを守るか選ばなければならない。

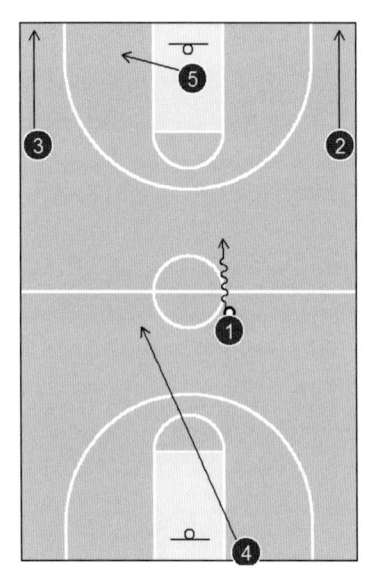

トランジションからハーフコートオフェンスへ

　#1がジェットやロケットにパスを出せなかったら、#1はミドルをアタックする。

　#1がセンターラインを越えたら、ジェットはコーナーまで下がり、#1がDDMのルールと判断に基づいて攻める。

　【注意】　改めてセットオフェンスの準備をする必要はなく、#1はリングにアタックする攻撃的な気持ちを持ってドライヴし、他のプレイヤーはその動きに合わせれば良いのである。

　#2と#3は、#1がドロップ、またはドラッグゾーンで止まった場合に、素早く反応する準備をしておかなければならない。

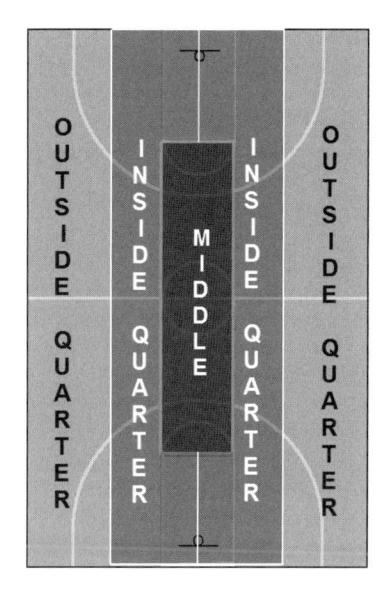

多くの指導者は、サイドライン側でボールを運ぶよりは、コートの中央で進める方が、より多くのオプションがあるので望ましいと考えている。

このことをプレイヤーに説明するために、コートを左のアウトサイド・クウォーター、右のアウトサイド・クウォーター、左のインサイド・クウォーター、右のインサイド・クウォーターと4分割している。

ポイントガードが、左右のアウトサイド・クウォーターに追いやられると、ディフェンスにトラップされる、パスコースが限定されるなどの問題が生じる。

ミドルを制する

良いポイントガードは、インサイド・クウォーターを通ってボールを進めることができる。インサイド・クウォーターであれば、トラップされにくく、また、パスもしくはドリブルを使ってどちらのサイドにもいくこともでき、より良いオプションを展開できる。ゆえに素晴らしいポイントガードは、ミドル（コートの中央）を制するのである。

インバウンドパスをするプレイヤー

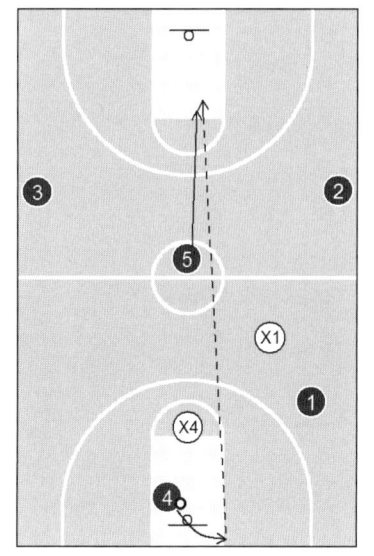

必ず、#4がインバウンドパスをするというルールにすることもできるし、プレイのケースごとに決めておくこともできる。#4にインバウンドパスをさせることは、ボールを前に進めるためには、1番速い方法であると考えられるが、場合によってはできないときもあるのでその場合の準備も必要だろう。

また、インバウンドパスをさせるサイドを事前に指定しておくと、#1がCカットしてボールを受けるときに迷うことがない。

インバウンズパス

#4は可能な限りボールを速くコート内に入れるようにしなければならない。2歩でコートの外に動き、顔を上げ、#5へロングパスをするか、Cカットする#1へのパスをするかを即座に判断する。

#4がネットから落ちてきたボールをすぐに取り、インバウンドパスで直接#5にベースボールパスやオーバーヘッドパスを投げられれば、あっという間に得点できる。もし#5にパスできなかったとしても、#1がCカットでパスを受け、ファストブレイクにつなげられる。

Cカット

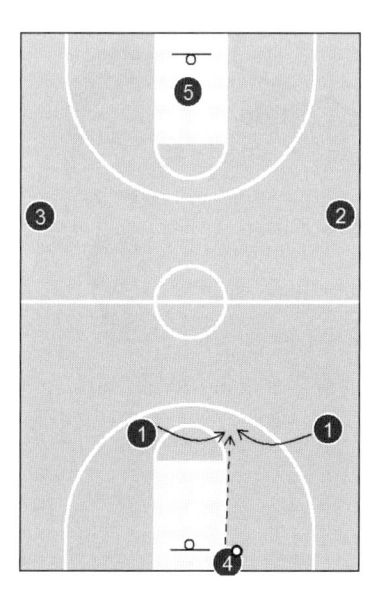

ファストブレイクのカギはブローアウトゾーンを素早く抜けることなので、#1と#4は、#2と#3へのパスを最初の選択肢とする。

#1は走りながらボールをもらわなければならない。もし、じっと立った状態でボールを受ければ、ディフェンスの格好の餌食となるだろう。ポイントガードにはCカットしてボールを受けることを徹底的に教え込むべきである。Cカットはマジック・ジョンソンがやっていたカットであり、Cの文字を描きながらスピードに乗ってボールを受けると同時に、コート全体を見ることができるカットである。

ポイントガードがボールを受けるときに、どれだけベースラインに近づくべきかを判断できるように指導することも非常に重要である。

ポイントガードは、できるだけコートの進んだところでボールを受けるべきであるが、#4と#1の間にディフェンスが入らないようにしなければならな

い。

　Cカットする#1にパスをする前に、#4はパスフェイクをする習慣を身につけなければならない。それにより、ディフェンスを半歩、フェイクの方向に動かせ、#1をオープンにできる。

　コーチの考え方によって、#1のCカットの動きは異なる。#1がボックスアウトから、すぐCカットする方法と、一旦サイドライン側に動いてからCカットする方法がある。

塚本コーチのここがポイント！

【強い！　強い！　気持ち】

　ジョン・カリパリ氏がヘッドコーチとしてケンタッキー大学で指導しているとき、「ボールを持ったら、目の前の相手を毎回打ち負かせ！」と話し、同大学のアシスタントコーチのジョン・ロビック氏は「毎回レイアップを狙いなさい！」と話しました。この2人の言葉からもわかるように、ボールを持ったプレイヤーには、とにかく強い気持ちで、バスケットにアタックすることを求めています。ファストブレイクを指導するときに絶対に忘れてはいけないことは、強い！　強い！　気持ちでバスケットにアタックさせることです。そして、レイアップを狙わせることです。

4番のポジショニング

＃4は、＃1の進路によって自分が走るコースやペースを選択をする。

また、＃1がディフェンスに捕まったときは、＃4がアウレットパスを受ける必要がある。

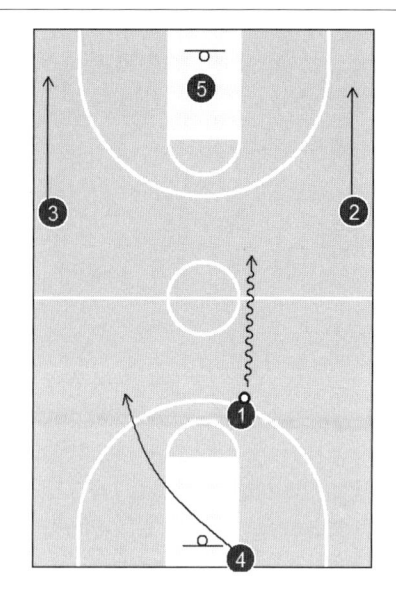

コートを進みながら＃4はスペースをとり、＃1とのギャップを作る。＃1がインサイド・クォーターに入ったら、＃4は違うサイドのインサイド・クォーターにスペースをとる。

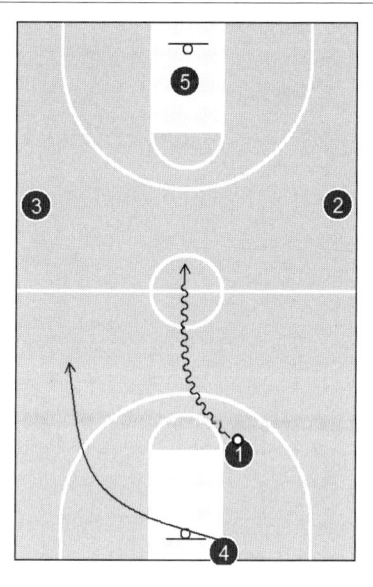

＃1が、ミドルを攻略したら、＃4は、左アウトサイド・クォーターに動く。

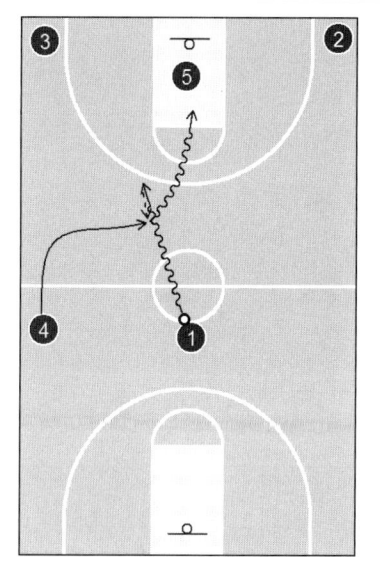

＃1がミドルを、そして＃4がサイドラインを走る利点は、＃1から＃4へのキックバックの角度が非常に良くなることである。

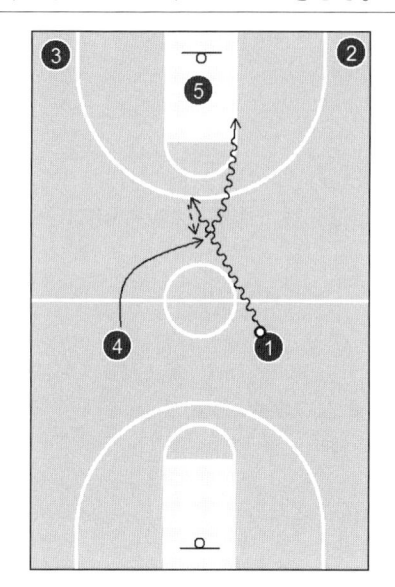

＃1がミドルライン上に留まってしまうと、＃4へのキックバックの角度が悪くなり、＃1はキー（ドロップ・ドラッグ・ラックゾーンを含むエリア）の外側へと押し出されてしまう。

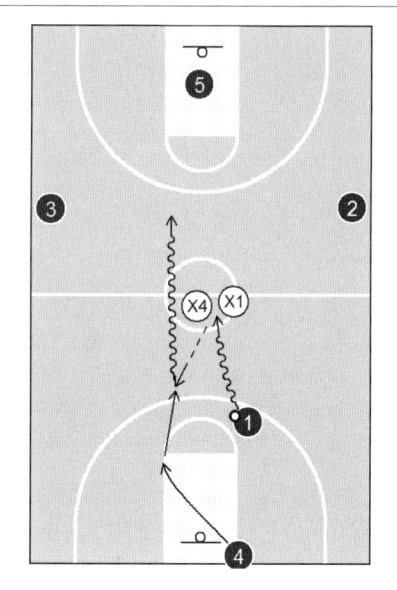

＃4は、＃1の後方を追いかけるので、＃1が止まっても、＃4にボールを戻すことができる。この図の状況では、＃4が全速力でボールをキャッチし、ディフェンスのそばを素早く通り過ぎるようにする。

ガード陣は、ブローアウトゾーンを攻略する方法を身につけるために「ブラッドドリルとテキサスドリル」を毎日練習する。

ファストブレイクでポストを使う

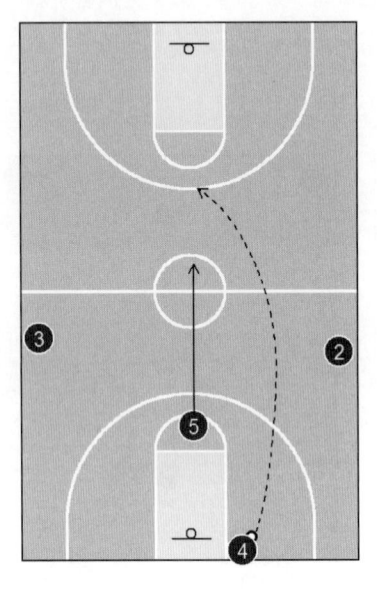

ファストブレイクではポストプレイヤーが非常に大事な役割を担っている。

前述した通り、ポストプレイヤー＃5は全速力でコートを駆けあがらなければならない。多くの場合、ディフェンスはこれに対応できない。それは大きい選手がボールを出すケースが多いからである。

＃5は、コートの中央を越えたとき、肩越しにパッサーを視野に入れ、頭上を越える長いパスをもらおうとする。頭上を越えるパスであれば、＃5はスピードを落とすことなくパスを受けられるからである。

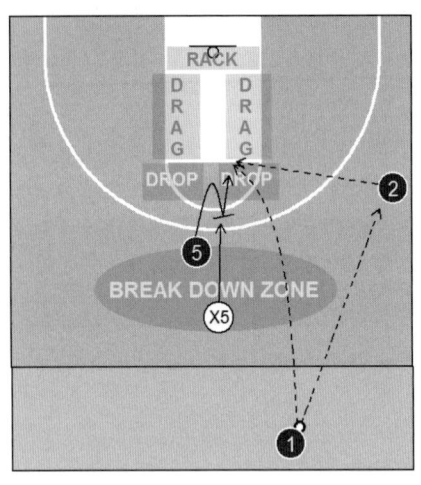

＃5のディフェンスが、後方から追いかけてくる状態であれば、＃5は3ポイントラインとフリースローラインの間で、X5にコンタクトし、そしてダイヴし、＃1かウィングの＃2からパスを受ける。

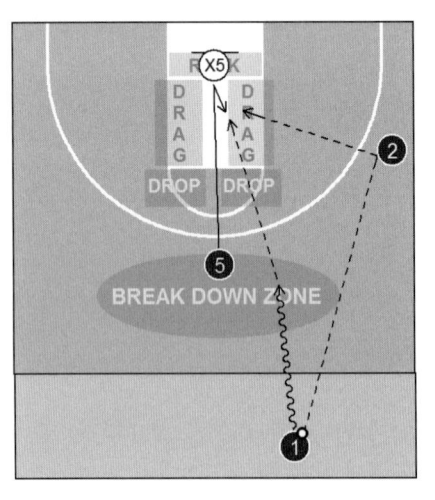

X5が、ゴール下に戻っていたら、＃5はまっすぐX5に向かいポストアップする。

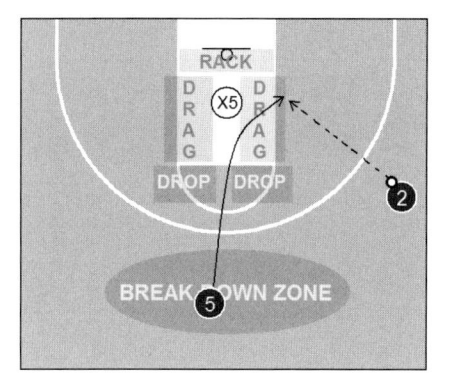

　＃5の1on1のスキルが高ければ、ストロングサイドを走りポストアップする。
　ここで重要なのは、ポストプレイヤーは無理にボールサイドでポストアップしないことである。もしＸ5がフロントに回れば、＃5はウィークサイドに動く。また、＃2からエントリーパスをもらえなくても、＃5はウィークサイドに動く。それにより＃2がドライヴするためのスペースを、ゴール下に空けることができる。

アーリーウィング・オフェンス

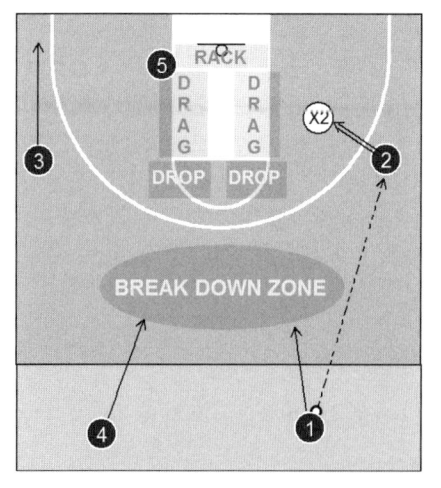

　ファストブレイクにおけるアーリーウィング・オフェンスのオプションは、クイックにおけるオープンウィングのオプションと全く同じである。
オプションは

　・アーリーショット（リバウンドポジションを思い出してほしい）。
　・ベースラインドライヴ。
　・ミドルドライヴ（キックバックとバックドアのオプション）。
　　・Ｘ3がヘルプにきたときの＃3へのスキップパス。
　　・＃2がすぐに動かなかったとき、＃1はバスケットへカッティング（Ｘカット、ストレートカットを含む多くのオプションがここにある）。

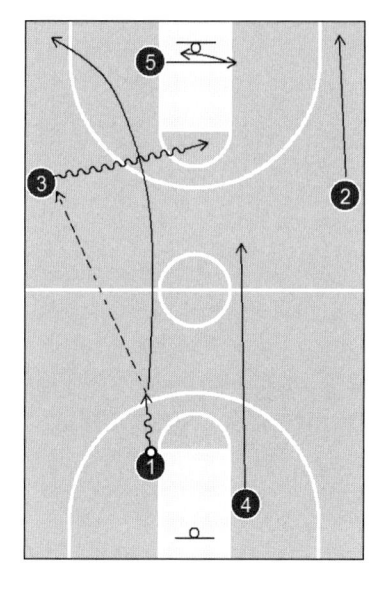

3コーナーへの＃1の動き

　3サイドへのアーリーパスで攻めるとき、ヴァンス・ウォルバーグ氏は＃1にボールサイドである3コーナーへカッティングさせる。
　そのときに＃3は、＃1をスクリナーとして利用できる。
　プレイヤーのスキルにもよるが、このオプションは両サイドで使えるはずである。
　2サイドと3サイドの違いは、＃1のカッティングにより、ウィングからのベースラインドライヴが難しくなるということである。
　3サイドに、右利きのプレイヤーがいれば、右手でミドルへのドライヴができる。
　万が一＃1が、2コーナーにカッティングしたら、＃3は右手でのベースラインドライヴができなくなる。
　＃3が左利きの選手の場合、＃1を3コーナーにカッティングさせないというルールを作っても良いだろう。
　ここで生じる問題は、プレイヤーたちに対して2つの異なることを教えなければならず、必要以上に練習時間を奪われてしまうことである。

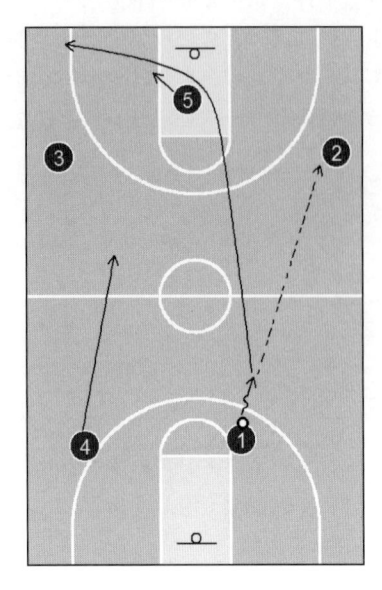

ジョン・カリパリ氏はDDMを教えるときに、いくつかのオートマチックを用いる。これらのオプションは、プレイヤーが簡単に判断できるプレイで構成されている。基本的には、プレイヤー自身が判断し、実行してほしいオプションである。

クイックオートマチック

クイックはオートマチックの最初のオプションで、サイドラインへのパスから始まる。クイックはハーフコートのセットプレイでも用いられるが、ファストブレイクで用いられるときには、いくつかの新たなオプションがある。

ハーフコートのセットでは、#1は#2にパスした後、素早くカッティングする。ハーフコートのセットでは、このカッティングは毎回必ず行うことにする。しかしブレイクのときには、#2は#1がカッティングする前にシュートやドライヴする時間があるので、オフェンスは#2のオプションに対応しなければならない。

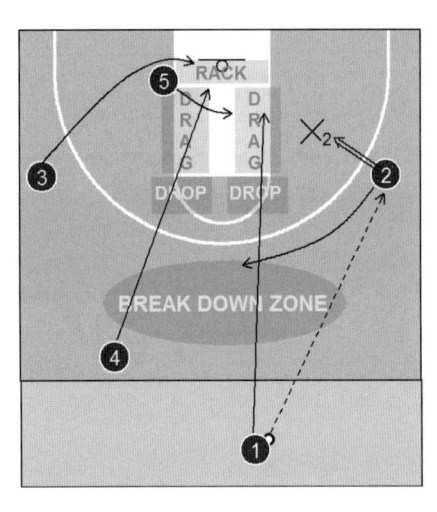

ウィングへのダイレクトパス

ボールがトップからウィングにパスされたとき、ウィングは積極的にシュートチャンスを狙う。

ここでのシュートは、レイアップか3ポイントシュートであることを忘れてはいけない。レイアップは好ましいオプションである。しかし、もしX2が、3ポイントシュートを警戒していなければ、#2は積極的に3ポイントシュートを狙っていって良い。

リバウンドのルールは他のシュートと同様である。

- #1は、ストロングサイドのリバウンダー。
- #2は、セーフティ。
- #3は、ベースラインのリバウンダー。
- #4は、#3と#5のギャップでリバウンド。
- #5は、ミドルでリバウンド。

即座にドライヴ

オフェンスの一般的なルールは、パスをしたらカッティングする。ここでも同じように、#1は#2にパスをした後に、カッティングを狙う。

しかしファストブレイクにおいては、#2は、#1のカッティングを待たずに、即座にドライヴすることが可能なので、#1は#2の動きを確認しながら次のプレイの判断をする。

もしX2が、あまりに早くクローズアウトしてきたら、#2はどちらにもドライヴできる。

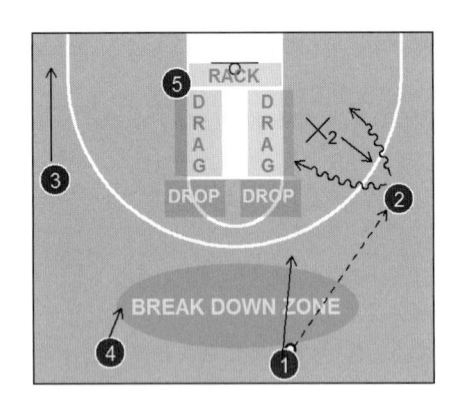

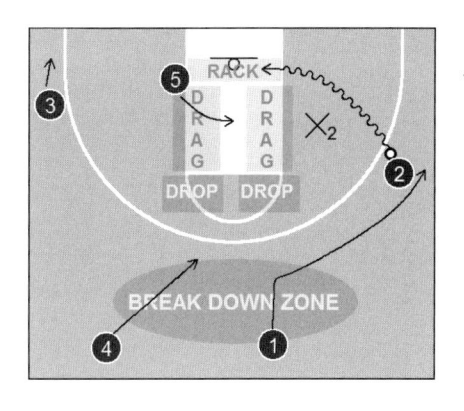

#2のベースラインペネトレートに対して、#1はペネトレートの後ろをドラッグする。

#5は、Tアップする。

#4は、ワイドオープンの位置に動く。

#3は、スキップパスを狙いコーナーへ動く。

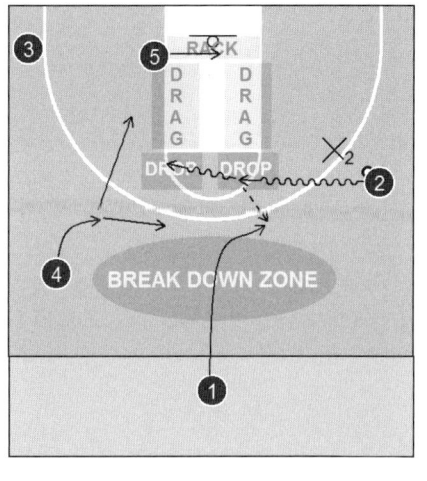

もし、#2がミドルドライヴをしたら、#1は最初のキックバックのオプションとなる。

#5は、ポジションを変える。

ほとんどの場合、#2はキックバックするが、もしマークマンが目を離したら、#4はバックカットができる可能性があるので辛抱強く待つ。

#3は、3コーナーにステイする。

X2が#2を上手く守り、#2がシュートもドライヴもできない場合、#1が、カッティングを狙っている段階で、他のプレイを考えなければならない。

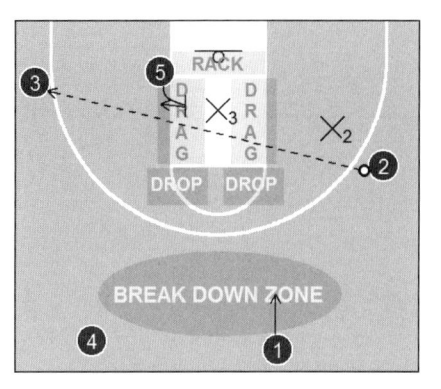

#3へのスキップ

#2が他に考えなければならないプレイには、まず最初に#3へのスキップパスがある。もしX3が、ヘルプサイドを守るのであれば、#5はX3にスクリーンをかけ、#3にスキップパスをさせる。

スキップパスが出たら、#5はターンし、X3の前にポストアップをする。どのポストのエントリーにおいても、カッティングとルールは同じである。

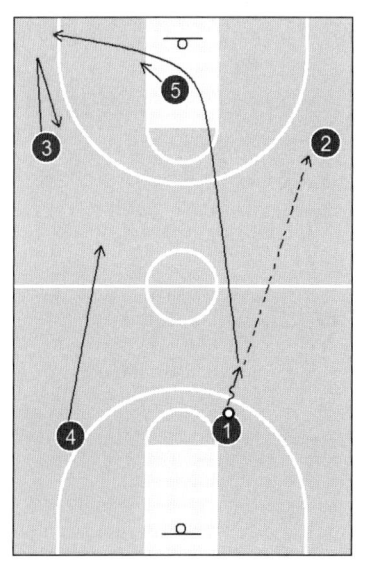

#1のカッティング

もし、#2がヘジテーションし、#1がカッティングをするならば、オプションは通常のクイックと同じである。

もし、#1がカッティングしてボールをもらえなければ、#5のスクリーンをもらって3コーナーにカッティングする。#2は#1へのスキップパスを狙う。

#3は、ポジションを上げる。

#1がカッティングした後、#4は#2のドライヴを可能にするために、2秒ほど待ち、ボールを受けにいく。

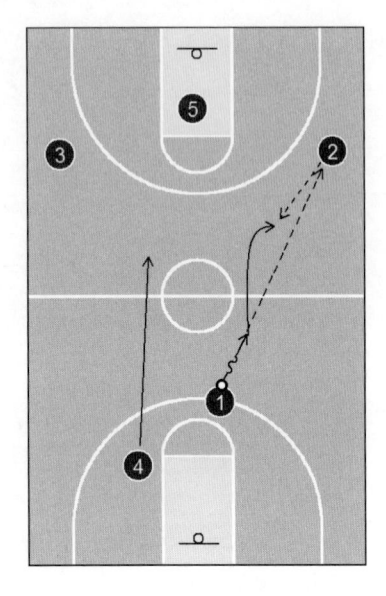

ホールド・オートマチック

　ホールドは、クイックとは反対のエントリーである。ホールドでは、＃1はカッティングせずに、その場に留まり、＃2にパスを戻させる。

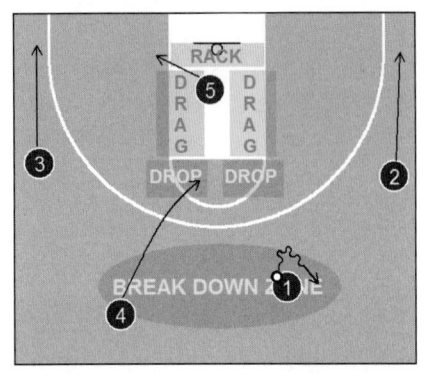

　＃2、＃3と＃5は、2コーナー、3コーナー、ウィークサイドのローポストに移動する。

　＃1は、ボールを持ったらすぐにプルバックをして、＃4にTカットをさせる。

　ここからは＃1の判断となり、レーンドライヴかミドルドライヴかを選択する。

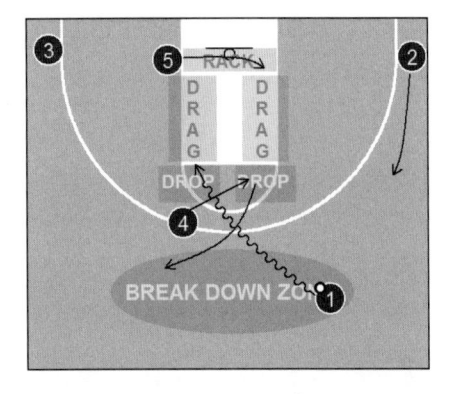

　ミドルドライヴの場合、＃4のすぐ後ろをドライヴし、＃4をスクリーンに使う。

　＃5は、ポジションを変える。

　＃2は、ドラッグして上がる。

　【注意】　＃1がドライヴで＃4を抜けたとき、＃4はＸ1にスクリーンをセットしたような状態になっている。そこで＃4がダイヴをすると＃1のドライヴを守ろうとするＸ1と動きが重なるため、＃4は後方へステップバックしなければならない。さもないとイリーガルスクリーンと判断される場合がある。

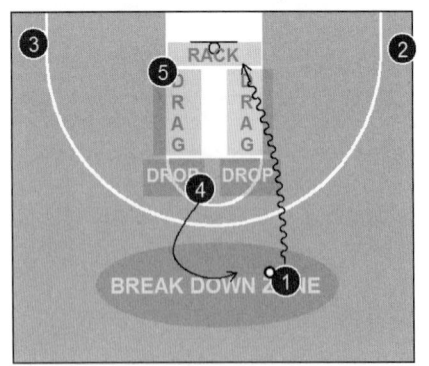

　もし＃1が、レーンドライヴを始めたら、＃4は単に外へ出て、後方をドラッグする。

ポストドラッグ・オートマチック

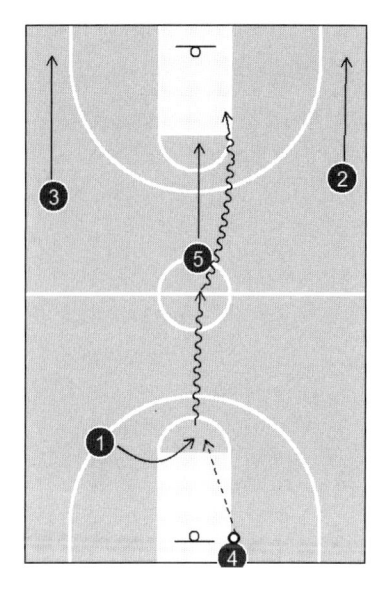

　＃1が適切なタイミングでボールを持ち、フロアを早く上がっていけるとき、＃1は単に＃5をスクリーンとして使い、＃5を追い越すというオプションがある。

　これは相手のビッグマンに＃1をカバーさせるので、＃1にドライヴで得点できるチャンスがある。とくに相手チームのビッグマンの動きが遅いときに効果的である。

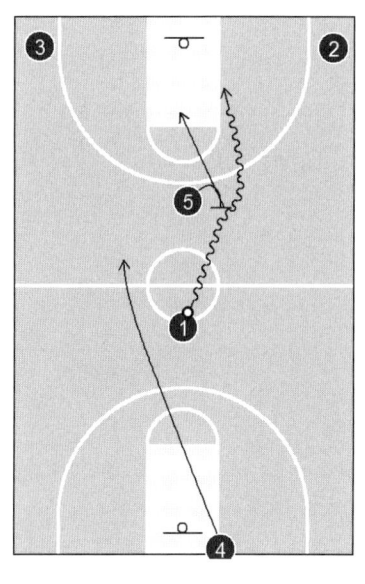

　＃1は「ドラッグ」と叫んでコールする。＃5が、かなり前方にいるときにコールした方が良いだろう。「ドラッグ」の声とともに、＃5は、スクリーンをセットする。

　＃1は、スクリーンのどちら側のサイドへも行くことができ、＃5はスクリーンからダイヴもできる。

　以下のオプションは、DDMを熟知しているか、多くの練習時間があるチームにのみ推奨するものである。その理由は、完成までにかなりの時間が必要であるからだ。もし、まだチームがDDMを熟知していないのであれば、むしろシステムの奥深さを学ぶ時間に費した方が良いだろう。

スイング

　スイングは、ビッグマンを有効的に活用するプレイであり、そのスタートは判断でもコールでも良い。
　スイングは2通りの方法で始まる。

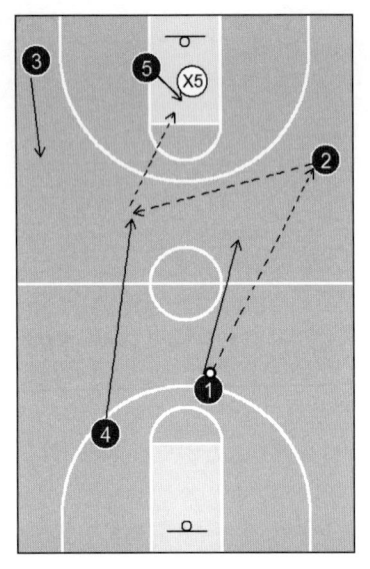

①＃1からパスを受けた＃2は、＃4にスキップパスをする。
　＃4は、X5にシールをしている＃5を見る。
　＃3は、全力でウィングに上がり、自分のマークマンを引きつけ、＃5にヘルプさせないようにする。

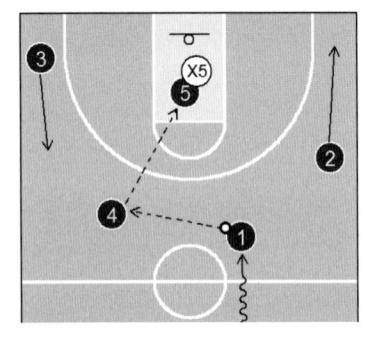

②＃1から＃4に直接パスを展開する。＃4は＃5を見る。

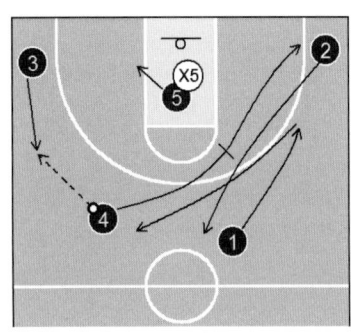

　＃4が、＃5にパスをしなければ、＃3にパスをし、＃1と＃2のためにスクリーンをセットする。
　＃3は、＃5を見て、＃1にパスを戻す。
　＃4が、2コーナーに行くと同時に、ハーフコートオフェンスに移行する。

ブレイクダウンゾーン

ブレイクダウンゾーンにおいてガードは、レーンに、そしてラックゾーンに到達するため、ディフェンスを打ち破る努力をしなければならない。

もし、ディフェンスが強力であれば、レーンへのドライヴは簡単ではない。そのためにディフェンスを打ち破る、いくつかのスキルと動きを紹介する。

ワンマン・ツーガード

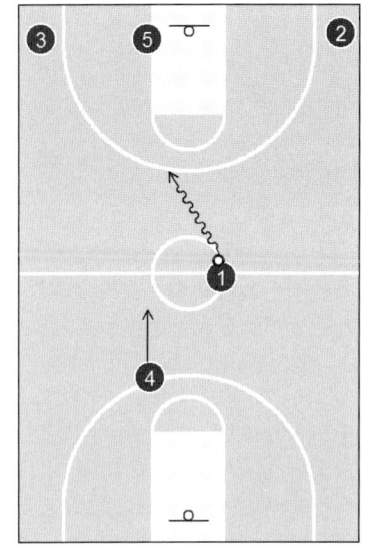

DDMにおいて重要な点は、4メンアウトオフェンスではあるが、2人のプレイヤーがツーガードの状態でプレイするわけではない。

#4は、ペリメーターにポジションをとる。常に#4が#1の後方を追いかけるか、カッティングするかによって、3メンアウトよりも大きいギャップを作ることができる。

【注意】　このルールの例外は、特定のセットやポストエントリーのために、ボールがスイングされる場合である。

コートを上がってくるとき、#4は常に#1の後方を追いかけ、オフェンスはワンガードの状態になる。

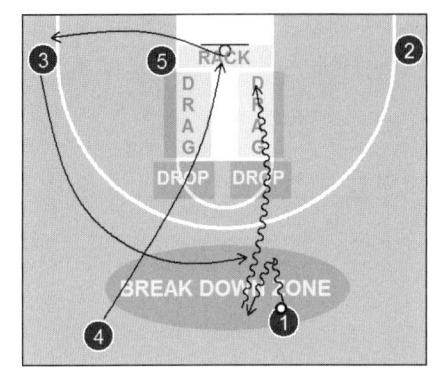

ワンガードのためのカッティング

もし、#1と#4が、トップの位置で重なってしまった場合、ワンガードの状態にする方法がいくつかある。

ワンガードの状態を作るために、#1と#4のうち1人が、その場からカッティングしてクリアするか、もしくはパスからカッティングすることもできる。

ここでは#1が、プルバックをしたら、#4はワンガードの状態を作るためにカッティングをする。#4がラックゾーンに到達すると、一旦ストップして、#1が何をしているかを確認する。

図では、#1がドラッグゾーンへドライヴしたら、#4は3コーナーに移動しなければならない。

これにより#3は、#1がドラッグゾーンに入ったら、#1の後方をドラッグするプレイヤーとなる。そして#3は#4の役割を引き継ぐ。

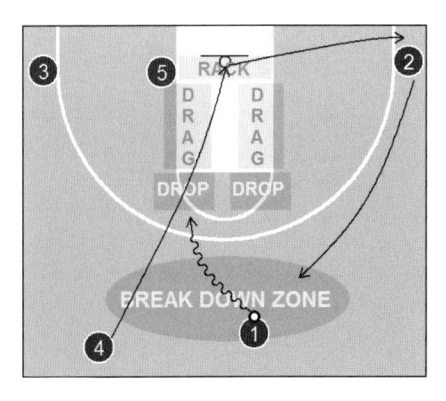

もし、#1がミドルへドライヴしたら、#4は2コーナーに動き、#2は#1がいた場所に動く。

ワンガードを作るパス＆カット

パス＆カッティングでワンガードの状態を作ることもできる。そしてこの動きによって、トリプルギャップが生まれる。

サギングディフェンスに対するTカット

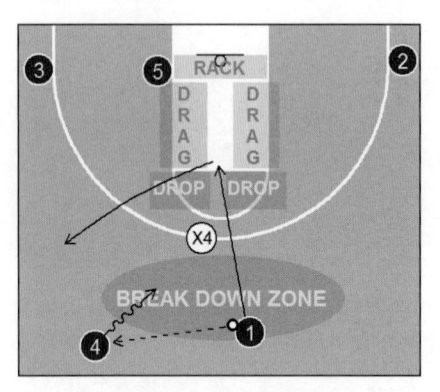

サギングディフェンス（プレッシャーのゆるいディフェンス）をしてくる相手に対してTカットをし、スペースを作る。X4が#1のヘルプのためにサギングしている状態では、まず#1は#4へパスをする。それからギャップを作るためにTカットする。Tカットによって、X1が、#1のオープンのシュートを諦めない限り、#4へのヘルプができなくなる。#4はX4に対してスピードに乗ってアタックし、マークマンを抜き去るべきである。

ディフェンスのスイッチに対するカッティング

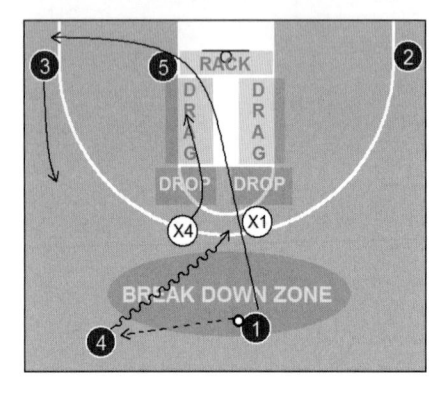

DDMに対して相手チームは、トップのエリアをゾーンディフェンス気味に守ってくることがあるだろう。

X1とX4がどのペネトレートに対してもスイッチしてくる場合、X1がドライヴする#4を捕まえて、X4がカッティングする#1を捕まえる。

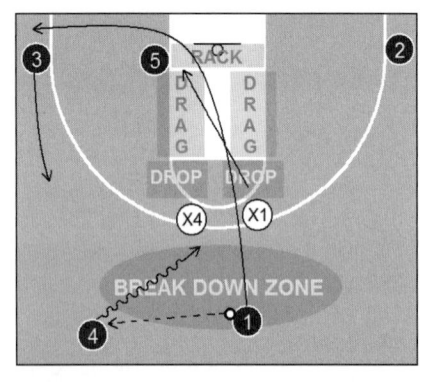

そのようなスイッチにあったら、#1は#4へパスし、どちらかのコーナーへカッティングする。これにより、X1は#1にコーナーでオープンショットをさせないために、#1についていかなければならず、ディフェンスはスイッチできるなくなる。

パスがディナイされたとき（スペースを作るためのバックドアカット）

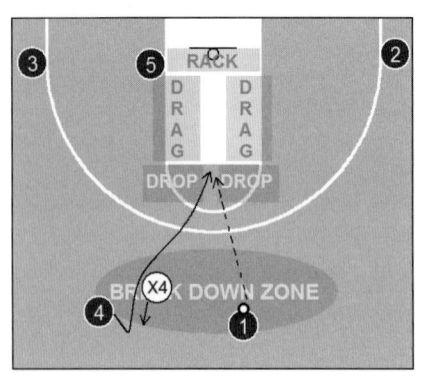

もし、X4が、パスをディナイしたら#4はバックドアする。#4は一旦上がってボールを呼ぶフェイクをし、鋭くミドルへカッティングする。

そこで重要なのは、キー（ドロップ・ドラッグ・ラックゾーンを含むエリア）の中央へカッティングすることであり、レーンを真っ直ぐに進んではいけない。それはもし#4が、レーンを真っ直ぐに進めば、#4へのパスは難しくなり、#5が邪魔になる。

#4のカッティングに対してヘルプが来たとき、#4は#2と#5への両方にパスができる。

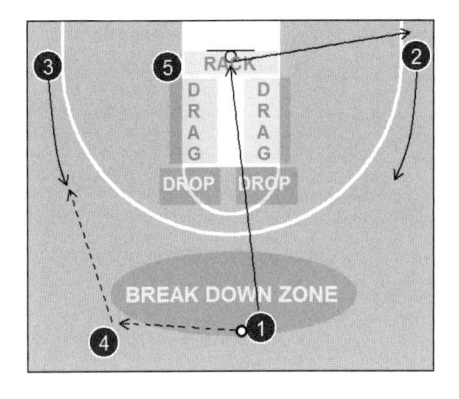

#1は、#4がウィングに上がってきた#3にスイングするのを見たら、ポストへのパスを予測しながら、ウィークサイドにカッティングしなければならない。

1回だけのTカット

ヴァンス・ウォルバーグ氏のTカットは、1回のオフェンスにつき1回というルールを設けている。ガードが1回Tカットをしたら、その次は他のプレイを選択しなければならない。

ガードは繰り返しトップに上がる。#2と#3はオフェンスに積極的に絡んでいく。

ブレイクダウンゾーンでの動きとエントリー

ブレイクダウンゾーンにおいて、クローズアウトとペネトレートの状況を作るために、多くの動きとエントリーがある。

キックバック

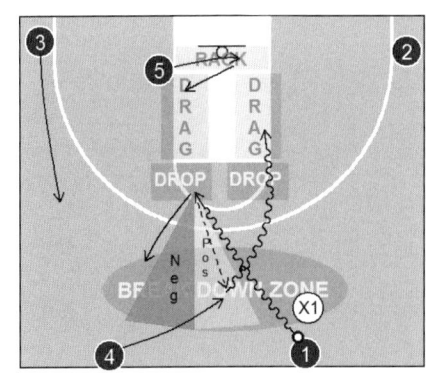

ディフェンスが#1をミドルへと方向づけしてきたときや、ディフェンスがスイッチをしてきたときに、キックバックを使う。

#1が#4にキックバックをするとき、#4は確実にポジティブなパスを受けられる角度に動かなければならない。そして#1が第2のディフェンスとなってしまわないように、#4は水平または、より角度のある場所に動いてスペースを保つ。これによりディフェンスのスイッチを無力化できる。

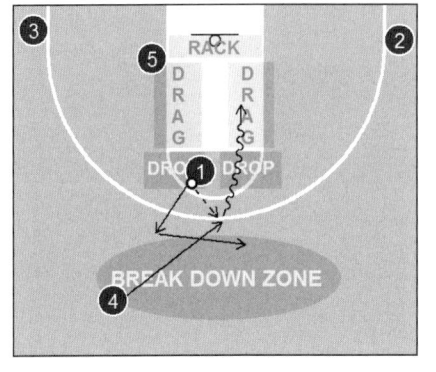

キックバック（ラックゾーンアタック）

#1がミドルをアタックし、#4が後方に来て#1からパスを受ける（ハンドオフにならないように）。

このタイミングで#4がラックゾーンにアタックできることが理想である。

パスをしたらできるだけ早く、#1は3ポイントラインの外へ出る。もし#4がドロップゾーンを越えたら、#1は後方をドラッグし、3ポイントシュートのためにパスを待つ。

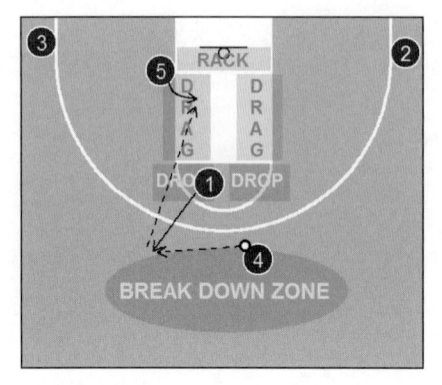

キックバック（他のオプション）

　#4がラックゾーンまでドライヴできなかったとき、他にもオプションがある。

　キックバックに対してサギングディフェンスをしてきたら、#4はヘジテーションからシュートするか、シュートフェイクをして、ディフェンスに、クローズアウトをさせてドライヴする。

　もしディフェンスがサギングしたり、スイッチしたりすれば、#1がステップアウトしたときにオープンでシュートできる可能性がある。

　どのキックバックに対しても、ボールが#1にスイングされたとき、ポストプレイヤーはダックインしてマークマンを動けないようにする。

"414" エントリー

　"414"エントリーとは、基本的に#4にトリプルギャップを与えるためのミニプレイである（4メンアウト、#1から#4へのパス、トリプルギャップ）。一見、セットプレイのように見えるが、プレイヤーたちは（特に#4が）コールなしで使えるようにしておくと良い。

"414" の開始

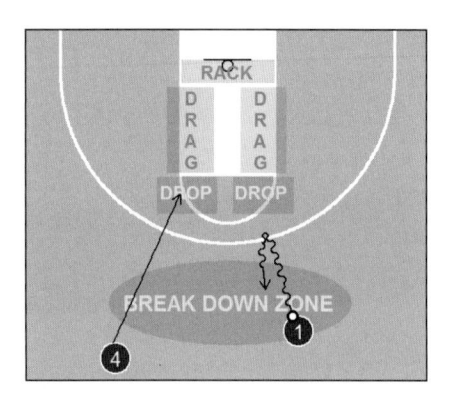

　#1が、ドリブルで素早くボールを運んでいるときに、プルバックをして、#4との2メンゲームを始める。

　#4は、X4にどのように守られているかによって判断する。最初に#4は、#1から確実にパスをもらうために、3ポイントラインの内側まで動いてVカットをする。

　#4へのパスと#1によるカッティングは、ファーストオプションである。#4は、ディナイされたらバックドアしなければならない。

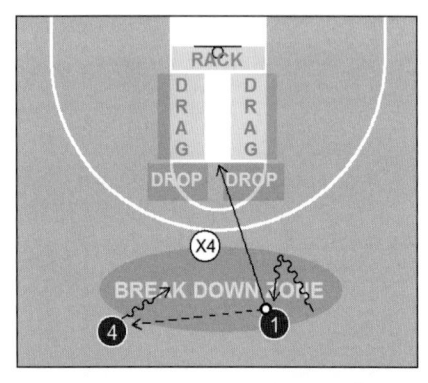

　"414"は、ディフェンスがサギングをしている場合にも始めることができる。

　#1のペネトレートを防ぐために、X4がサギングをしたら、#1は#4にパスをして、カッティングする。

　X4がサギングしている状態であれば、#4はスピードに乗ってアタックできるチャンスがある。それをX4が止めるのは、ほとんど不可能である。

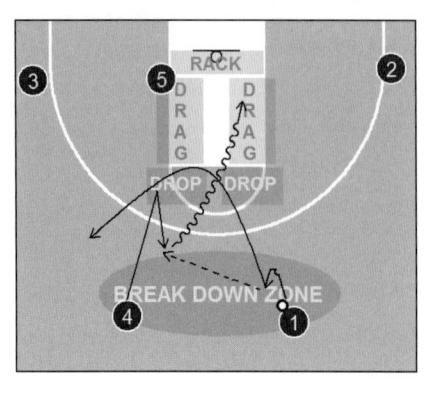

"414" Tカットエントリー

　#4にトリプルギャップを作るために、#1は#4にパスし、Tカットする。

　#4は、キャッチと同時にリングに向かって激しくアタックする。

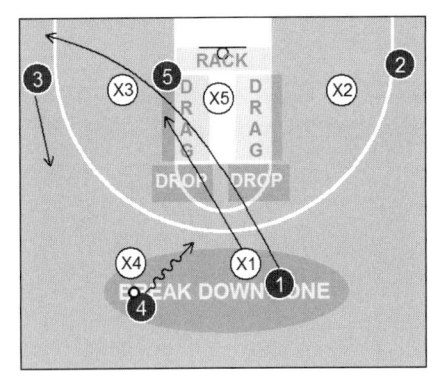

"414" リロケート

#1がコーナーへ勢いよくカッティングすることで、トリプルギャップを作り、"414"を始めることができる。

勢いよくカッティングする#1の後ろには、広いスペースが生まれる。そして#4がドライヴをすると、X1は#1のカッティングを追いかけるので、#4のドライヴには対応しづらい。

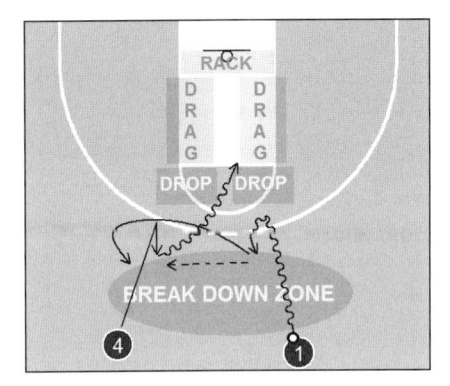

"414" ブラッシュカット

"414"ブラッシュカットはTカットに似ているが、ドライヴする#4に対して、#1はイリーガルスクリーンのようにシャローカットする。

ブラッシュカットをするためには、#1は#4にパスをする前に、3ポイントラインの少し内側までドライヴをする。

"414"を実行するために#4は、通常より少し3ポイントラインに近い位置にいなければならない。その位置から3ポイントラインの内側に1歩入り、ボールをもらうためにポップアウトする。

パスの後、#1は#4の目の前をシャローカットし、リプレイスする。ここで重要なのは、シャローカットのときに、スローダウンしたり、スクリーンをかける素振りを見せないことである。イリーガルスクリーンがコールされてしまう可能性がある。

#4は、#1とX1を1つのスクリーンとして利用する。

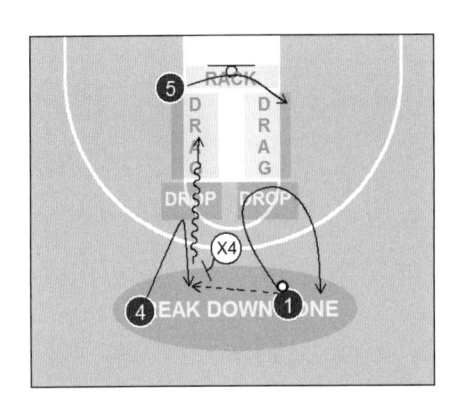

"414" リループ（X4がミドルを守っている）

"414"を多用する場合、#4のミドルへのドライヴを守るために、X4がアジャストしてくるチームがある。

#1はX4のディフェンスを理解して、リループを行わなければならない。#1はフリースローラインのあたりで回って元の位置に戻る。この動きは#5がポジションを変える糸口となる。

この一連の動きは、#4にバスケットに向かうレーンを開くことになる。

#1はペネトレートの後方をドラッグする。

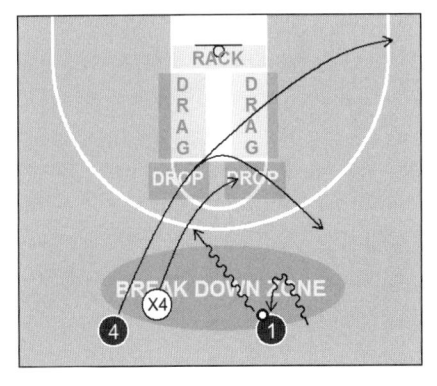

ステップバックからの判断（X4がディナイしている）

X4が#4から離れず、激しくディナイをしているような状態であれば、#4はTカットをして、#1にトリプルギャップを作る。

このとき#4は、ウィングだけではなく、2コーナーにカッティングしても良い。

第3章

ＤＤＭに必要なプレイとスキル

パッシングとカッティング

DDMという名称から、パッシングとカッティングは無用のようにとらわれてしまいがちである。ヴァンス・ウォルバーグ氏は、元々このオフェンスを「AASAA（Attack, Attack, Skip, Attack, Attack）」と呼んでいた。その後、ジョン・カリパリ氏がこのオフェンスシステムを「ドリブル・ドライヴ」と新たに命名したのである。これは、このオフェンスシステムの特長を良く表した魅力的な呼び方ではあるが、ヴァンス・ウォルバーグ氏の最初の呼び方に比べると、パッシングとカッティングの重要さが伝わらなくなってしまったという側面もある。

ヴァンス・ウォルバーグ氏のチームのフィルムを見た、ほとんどのコーチたちは、パスとカッティングの多さに驚かされる。

ディフェンスをこじ開けるためにDDMを採用するチームは、パス、スキップ、カッティングを多く用いることが必要である。その多さは想像以上だと覚悟すべきだ。プレイヤーは常にパスをし、カッティングする選択肢を持っている。ドリブルなしの練習は、バックドアやシュートを狙ってカッティングすることでオープンになるチャンスがあることをプレイヤーが理解できるので、良い練習メニューである。

プレイヤーは必ずしもドリブルでアタックするだけではなく、チャンスがあれば、コートのどこからでもパスを選択することができる。

【注意】 もしプレイヤーがオープンであれば「ボール！」と叫ばなければならない。ボールを持っているプレイヤーは"超能力者"ではないので、誰がオープンになっているかを"感じる"ことなどできないのだから。

ブレイクダウンゾーンまたはクイックオプションにおいて、どのように#1がスペースを作るためにパスをし、カッティングをするか、すでに広範囲にわたって説明してきた。

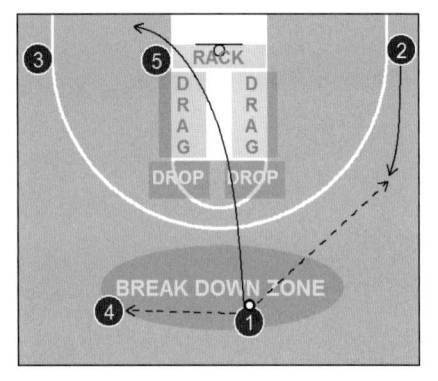

スキップパス

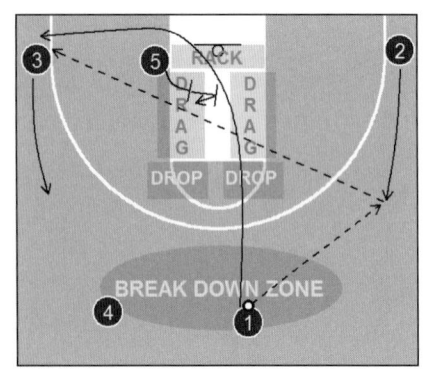

DDMを行う上で、スキップパスは非常に効果がある。ドリブラーが考えもなしに、ただリングへアタックするだけのものにならないよう、クレバーな用い方をすべきである。

どちらウィングへのパスに対しても#1はカッティングし、#5は#1にスクリーンをかける。

#2から#1へのスキップパスで、#5はインサイドでシールする。

#5は、スキップパスがされたときに、良いポジションを取っていれば、オープンになることが多い。

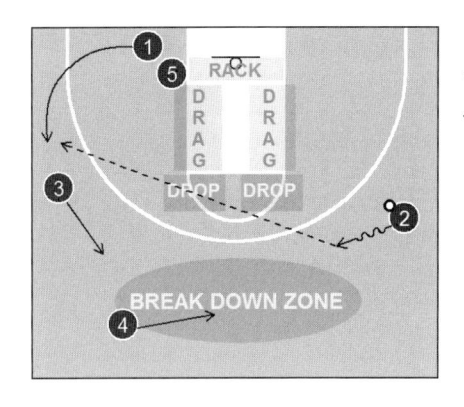

　スキップパスを出すときに、＃2はミドル寄りにドリブルしなければならないときもあるし、また＃1も適切なアングルを確保するために、少し高い位置へ動いた方が良い場合もある。

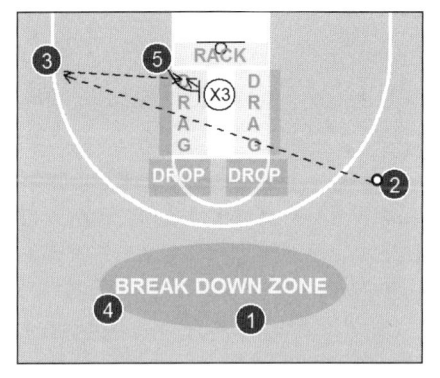

スキップパスからのポストプレー

　クイックとドロップゾーン・キックアップの両オプションは、シュートまたはアタックを最初に狙い、次にスキップパスを狙うものである。

　スキップパスは、ディフェンス全体を大きく動かし、アタックするためのギャップを作り出す。

　X3が積極的にヘルプサイドでディフェンスをするのであれば、＃5はその背中にスクリーンをかけて、＃2が＃3へスキップパスを出す。

　＃5はX3をシールし、ボールを要求する。

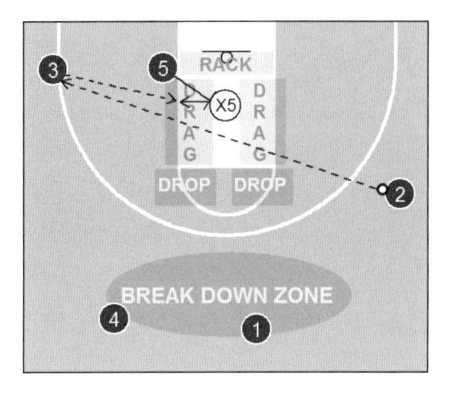

　どのスキップパスに対しても、＃5はX5の位置を常に捉えていなければならず、それからシールしてボールを要求する。

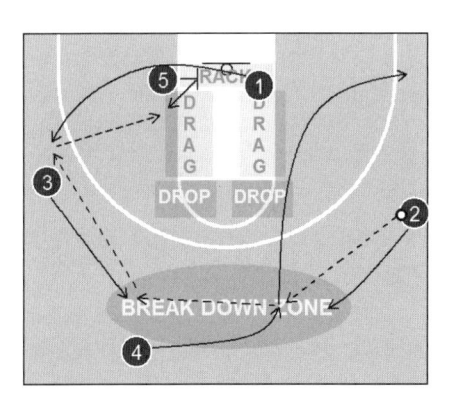

トップへのスウィングバック

　エレベートとドロップゾーン・キックアップの両オプションは、最初にシュートまたはアタック、次にスキップパスを狙い、トップへのリターンパスは最後に狙うものである。しかし、そのシチュエーションにあると気づいたとき、別の良いオプションがある。

　クイックにおいて＃2が、アタックできなければ、＃4はボールをもらいにいく。このときボールを大きく展開すれば、逆サイドのポストまでスウィングする絶好のチャンスとなる。

　パスをしたらカッティングするというルールに則って、＃4はパスをしたらカッティングする。3コーナーには＃1、＃5がいるので、＃4は2コーナーへカッティングする。

　＃1は＃5のスクリーンに近づき、もしボールがペリメーターで動いていればスクリーンを使って真っすぐボールを受けにいく。＃5はポストアップしているのでワイドオープンになる。ここからポストエントリーを行うこともできる。

もし、ボールが、ポストに渡らなければ、#4、#3、そして#1のプレイヤーたちは、そこからプレイできる。

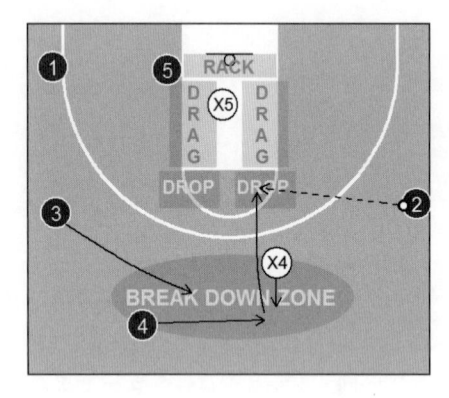

X4がパスをディナイする

もし、X4が、スウィングパスをディナイしたら、必ず#4はバックドアをしなければならない。#4は通常ボールをもらう位置よりも高い位置に、X4を誘い出しておくようにする。これはプレイするのに充分なスペースがないドラッグゾーンではなく、なるべくドロップゾーンでパスを受けられるようにするためである。

バックドアをするために#4は、まずまっすぐに進み、ボールを呼ぶ。X4がディナイをしてきたら、#4はすぐさまバックドアをする。

#4がボールを受けると、X5がヘルプに来るので、#5との2メンゲームをすることになる。

もし、#2が#4にパスしなければ、#3がボールをもらいに来る。もしディナイされたら、バックドアをする。#1はトップに続く。

【注意】 もし、ディフェンスが、#4も#3もバックドアするのに充分なほど、激しくディナイをしてきたら、#2にはアタックする充分なスペースがあるはずなので、ドライヴを選択すると良いだろう。

ドロップゾーン・キックアップからのパスアウト

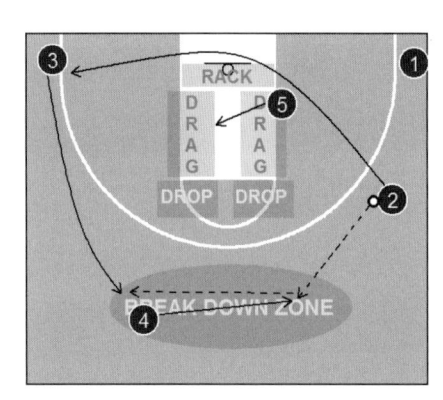

ドロップゾーン・キックアップからのパスアウトのとき、#4にはアタックができるトリプルギャップが与えられている。もし何らかの理由で#4がアタックをしなければ、#2は2秒待ち、フロアバランスを整える。

#3はボールをもらうために高い位置に動く。

ここから、スウィングかアタックを狙う。スウィングをするとき、#5はペイントエリアの中央へ動きボールを要求する。

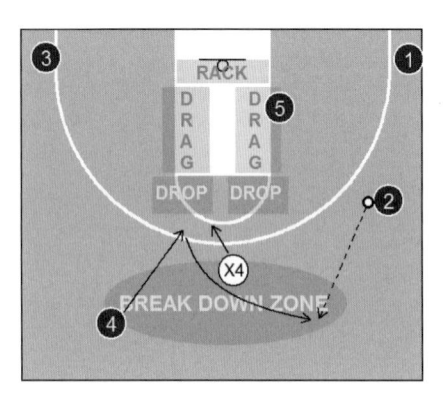

もし、X4が#4へのパスをディナイしたら、ドロップゾーンでのキックアップに対して、#5がどうプレイするかでバックドアは少し難しくなる可能性がある。

もし、#5をすぐにポストにフラッシュさせることを選択しても、充分なスペースがないので#4はバックドアをするのが難しくなる。

この状況では、#4が一旦ペリメーターにフラッシュすることで、X4はそのパスをさせないように#4に引きつけられる。その後、#4は高い位置に動き、ボールをもらうと良いだろう。

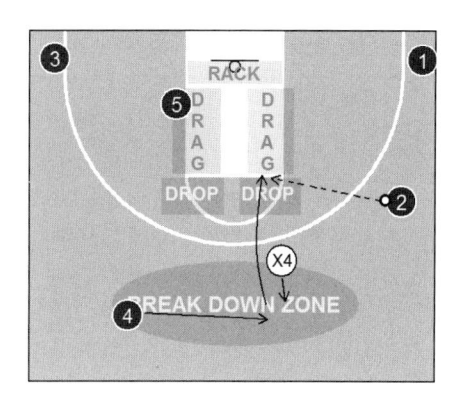

　もし、ウィークサイドに＃5をステイさせるのであれば、バックドアを選択できる。そしてクイックオプションと同じ方法でプレイできる。

塚本コーチのここがポイント！

【「ビッグスリー（3大鉄則）」の確認】

　ここでもう一度、このオフェンスで重要な「ビッグスリー（3大鉄則）」を確認してみよう（P.8 参照）。①バスケットにアタックする。ヴァンス・ウォルバーグ氏が「AASAA」と呼んだくらいアタックは重要です。②適切なスペースを保つ。アタックするためにも、コートを広く使って攻めると効果的です。③ギャップを作る。選手間の距離を狭くしないこともドライヴを効果的にします。広いスペースとギャップを使ってドライヴをしてレイアップを狙いましょう。この3つがしっかり意識できると、ディフェンスすることは難しく、クローズアウトが頻繁に起こることになります。このことを根底に、パッシングとカッティングを用いることで、より効果的になるんですね。

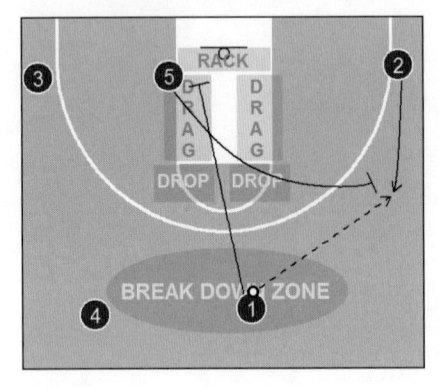

ヴァンス・ウォルバーグ氏のオリジナルのDDMでは、ピック＆ロールを使わない。しかしピック＆ロールは近代バスケットボールにおける最も重要な戦術の1つである。

ピック＆ロールはオフェンスにアウトナンバーの状況を作り、レイアップもしくはクローズアウトを生み出すことができる。

いまやDDMにおいて、ヴァンス・ウォルバーグ氏もジョン・カリパリ氏もピック＆ロールを多く用いている。つまり、たとえピック＆ロールがDDMを行うオリジナルの手法でなかったとしても、プレイヤーがピック＆ロールの基本に慣れているのであれば、コーチたちは積極的に用いるべきである。ただし、プレイヤーは、ただ単にピック＆ロールの戦術に慣れていることを証明すればいいわけではない。ピック＆ロールとDDMとの融合を理解して試合で実行してこそ、レベルアップへつなげられるのである。

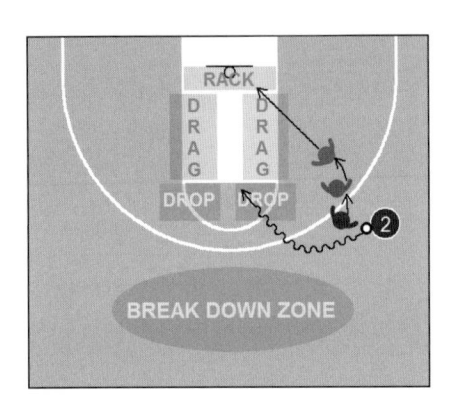

ジョン・カリパリ氏が、大部分のコーチとは違ったピック＆ロールを行うことに注目しなければならない。

スクリーン（ドリブラーの前で）のときに、ビッグマンにロールをさせない。ビッグマンはスクリーンの後、すぐにドリブラーに背中を向け、リングへダッシュして、ロブパスを狙う。

この方法は、ポイントガードがビッグマンの横を通り過ぎると同時に、ビッグマンがリングに向かってダイヴするので、より確実により早くビッグマンをフリーにすることができる。

これによりヘルプディフェンスは、ビッグマンとボールマンを同時に守らなければならないことになるが、それはほとんど不可能といえる。

伝統的なピック＆ロールか、ジョン・カリパリ氏のように、より早い方法を選択するか。それぞれに利点があるので、どちらを選択するかはコーチの判断によって異なってくるだろう。

ピック＆ロールのセット

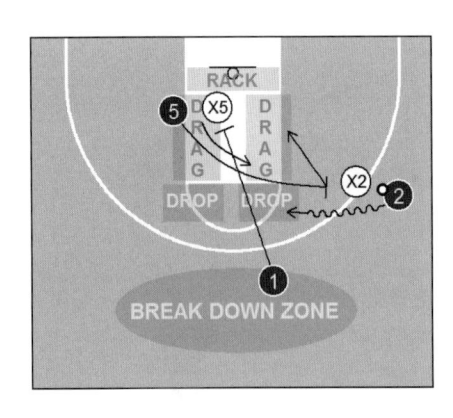

DDMにおいて、異なるポジションからのピック＆ロールを使うために、いくつかの方法がある。

どのピック＆ロールに関しても、常にオフェンスがディフェンスの"裏をかく"べきである。ピック＆ロールの戦術は、オフェンスの狙いをディフェンスに悟られてしまうと、守られやすくなるからだ。

多くの場合、#1のスクリーンを使い、#5が抜け出して、ウィングの#2にピック＆ロールをセットするためにダッシュする。これはX5に1歩後ろに下がらせ、ボールマンに対するヘルプを少し遅らせるためである。

他のオプションはフェイクカッティング、またはボールをキャッチするフェイクである。

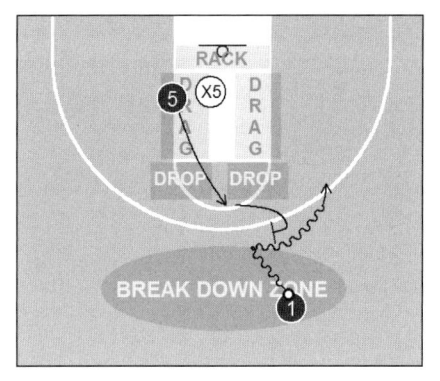

"裏をかく" スクリーン（シェイクスクリーン）

　別の "裏をかく" 方法はシェイクスクリーンである。#5は#1にミドルに行かせるための位置にスクリーンをセットすると見せかけて、最後の瞬間には回り込み、外側にスクリーンをセットする。

フィスト（ピック＆ロール）

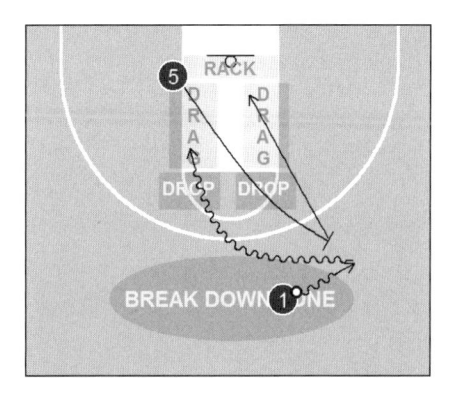

　ポイントガードが "フィスト" とコールしたときは、ボールマンに対してビッグマンが必ずスクリーンをかけに来なければならない。

　ビッグマンはシェイクスクリーンにいくように見せかけて、ボールマンに対して直接スクリーンをセットし、素早くゴール下にダイヴする。

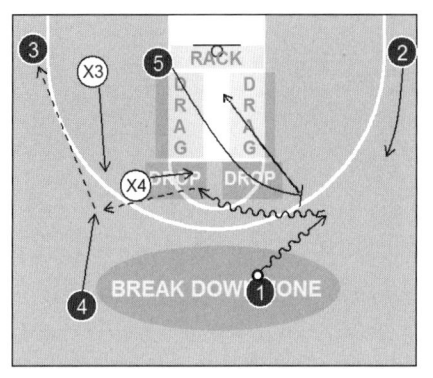

　ピック＆ロールの動きは普通のDDMと全く同じである。しかし#1から#4へのキックバックのときに、ディフェンスをローテーションさせるために、#4をウィングに動かせても良い。

　X4がペネトレートのヘルプをしたとき、X3はローテーションで#4を守らなければならず、ベストシューター#3をコーナーでワイドオープンにすることができる。

　#3は、#5のインサイドを見るか、シュートをする。

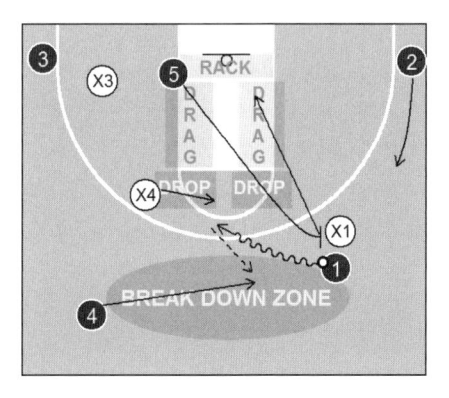

　もし、#4がキックバックでボールを受けたら、密集した場所でボールをもらうことになる。しかし、#2にボールをスウィングすることができ、ボールを受けた#2は、ゴールにダイヴした#5にもパスをすることができる。

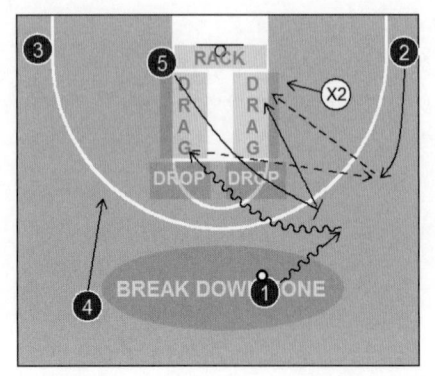

ドラッグ25へのフィスト（ピック＆ロール）

　ウィングに上がってくる＃2にアシストをすることは、とても良いオプションである。X2はダイヴに対してヘルプにくるかもしれず、そうなると＃2がオープンになる。

　もし、＃2がシュートを選択しなければ、＃5にパスをすることもできる（ドラッグ25）。

スクリーンプレーへの移行とその判断

　DDMには、通常のオフェンスから直接スクリーンプレイへと移行するオプションがある。そのいくつかはすでに紹介したプレイやエントリーの一部である。

クイックからのピック＆ロール

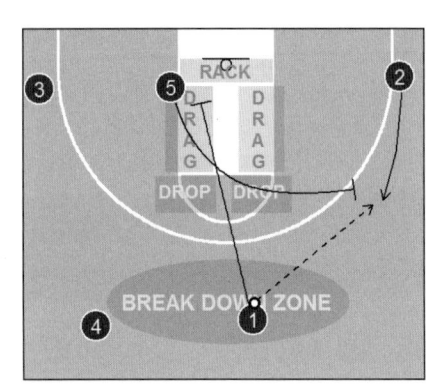

　クイックからのピック＆ロールは、ディフェンスにとって意表を突くプレイとなる。

　＃1から＃2へ素早くパス。それから＃1は＃5にスクリーンをかけるためにダッシュする。＃5は＃2にボールスクリーンをかけるためにダッシュすると、X5はピック＆ロールへの対応に遅れることになる。

クイックのバリエーション

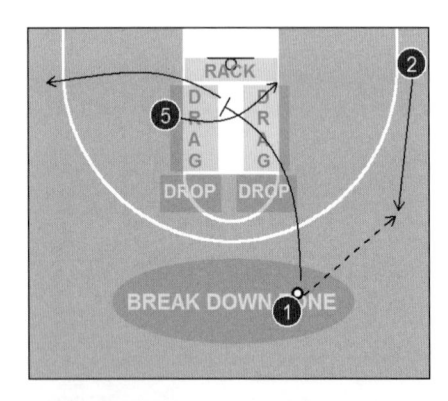

　強力なポストプレイヤーがいる場合、カッティングしてそのポストプレイヤーにスクリーンをかけることはとても良いオプションである。このオプションにはディフェンスのバランスを失わせるようなバリエーションがいくつかある。

　・＃5が＃1のスクリーンを使ってボールサイドのローポストにポストアップする。これはディフェンスがピック＆ロールを予想した場合は特に有効である。
　・＃1がドリブルでクイックしている＃2へ向かい、＃2がインサイドへのスクリーンをかける。

　これは小さいプレイヤーが、大きいプレイヤーへスクリーンをかけることなり、スイッチすることを難しくする。

　＃5がポストアップした後、ウィングにスクリーンにいく場合もある。

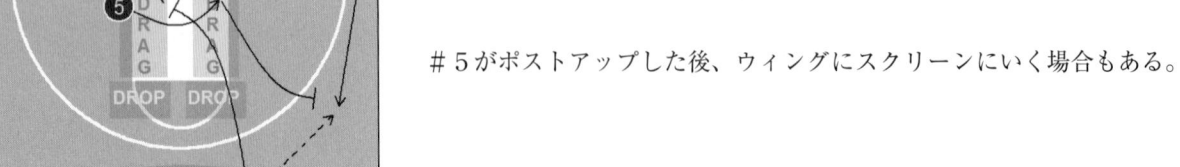

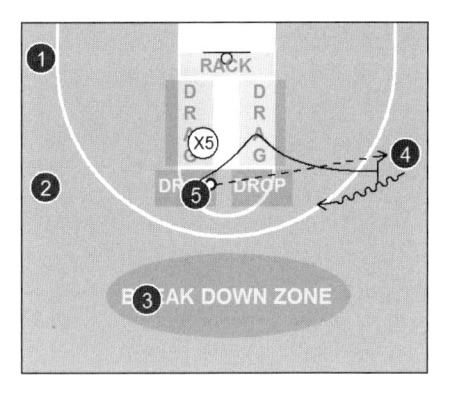

ドロップゾーン（ピック＆ロール）

　＃5がドロップゾーンからパスをしたとき（P.44参照）、＃5は＃4にボールをパスし、ピック＆ロールを行うことができる。

　＃5は、X5に判断ミスをさせるため、一旦ローポストにステップを踏み、スクリーンをセットするためダッシュする。

プレイとエントリーにおけるピック＆ロールのオプション

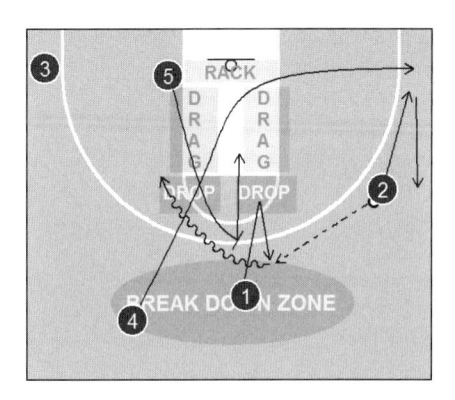

　DDMのプレイとエントリーには、いくつかのボールスクリーンに関する良いオプションがある。

クイック（リプレイス・フィスト）

　リプレイスはクイックからのオプションである。ファストオプションはプレイヤー間の連動が必要である。

　リプレイス・フィストで＃5は、リプレイスアクションをしている＃1へダッシュしスクリーンをかける。＃5は＃4のすぐ後ろを通ることにより、移動中のX5にスクリーンをかけることになる。

　＃1は＃5とピック＆ロールを行う。

ピストル（フィスト）

　ピストルは、ボールスクリーンオプションを含む別のエントリーである。

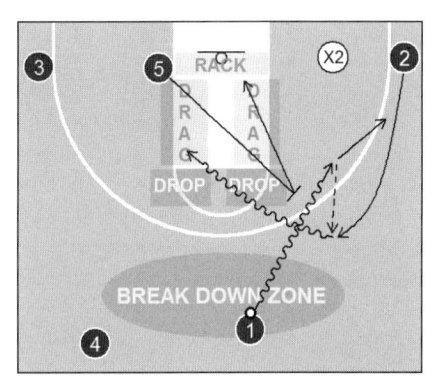

　ピストル（フィスト）において、＃5は＃2がボールをもらえるようにスクリーンをかけるため、ダッシュで上がってくる。

・＃1は、ドロップゾーンに向かってドリブルし、通常より少し広がる。
・＃2にパスをすると、＃1はX2の邪魔になる。
・＃5が、2枚目のスクリーンを＃2にかけ、リングに向かってダイヴする。

ウィング・ベースラインペネトレーション（ストロングサイドポスト）

　ストロングサイドにポストプレイヤーがいる状態では、ベースラインペネトレーションのための特別なオプションがある。

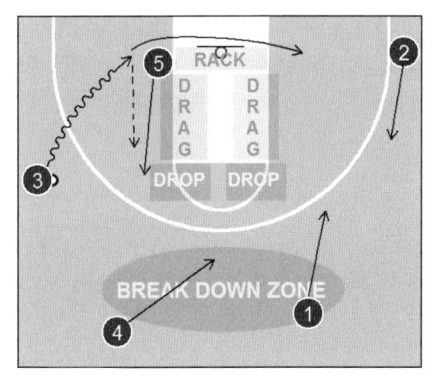

　ポストにプレイヤーがいるベースラインドライヴでは、ポストプレイヤーはハイポストに移動し、ベースラインにスペースを空ける。＃3は、レイアップできなければ、＃5にパスをする。ポストプレイヤーは、シュートをするか、ドライヴをするか、＃4に対してパスをするか、ドリブルハンドオフをする。

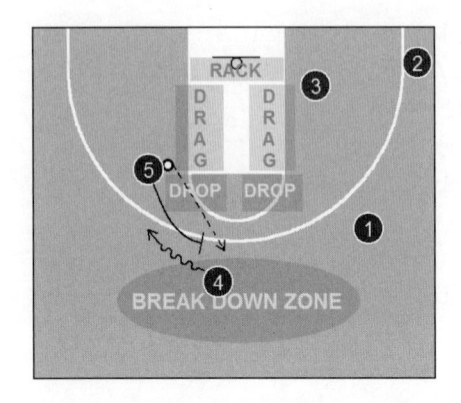

#4と#5は、広く空いたスペースでピック＆ロールをする。

#1、#2、#3のなかで、マッチアップが優位なプレイヤーか、優れたローポストスキルがあるプレイヤーがローポストでポジションをとる。

ここでは#3がポストに動く。他の2人はスペースをとりシュートを狙う。

コールでのピック＆ロール

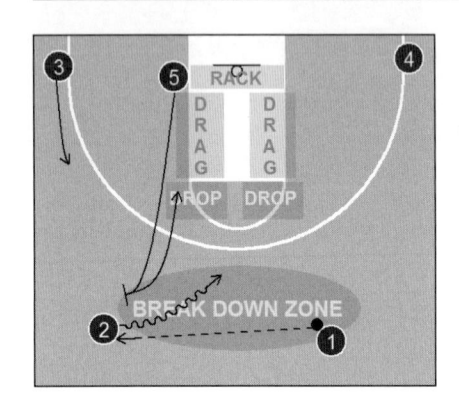

フィストとはヘルプを利用するピック＆ロールである。

常に左サイド（2サイド）でそれを行うようにする。プレイヤーは右手でボールを扱えなければならない。

ディフェンスがどうプレイするかによって少し異なるオプションがある。

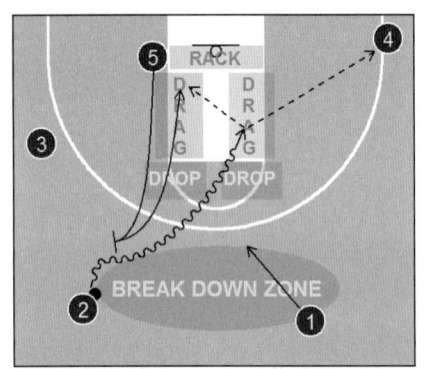

フィスト（ピック＆ロール）

もし、X1からのヘルプがなければ、普通のピック＆ロールを行う。#2はレイアップを狙うか、ゴール下にダイヴするポストプレイヤーにパスをして得点を狙うか、またはコーナーへキックアウトし3ポイントシュートを狙うかの選択ができる。

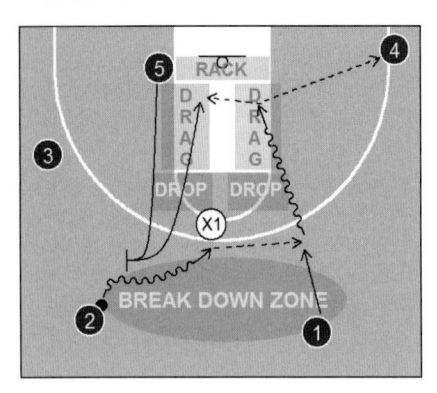

フィスト（X1がヘルプした場合）

ピック＆ロールに対してウィークサイドの#1がヘルプに来たら、#1がドライヴして得点を狙うか、ダイヴするポストプレイヤーにパスをして得点を狙うか、またはコーナーへキックアウトし3ポイントシュートを狙うかの選択ができる。

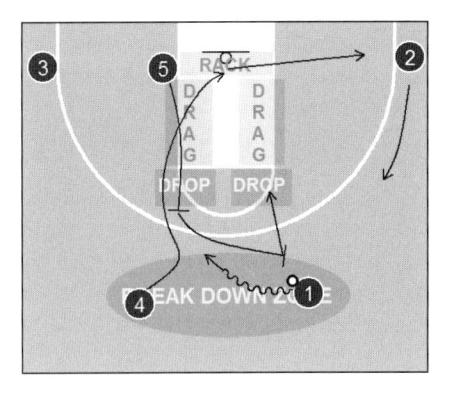

チン（ピック＆ロール）

チンは、ポストプレイヤーのためのシンプルなピック＆ロール、またはピック＆ポップへのエントリーである。

#5は#4にバックスクリーンをして、それから#1へボールスクリーンにいく。

サイドピック＆ロールの判断

サイドピック＆ロールに関しては、いくつかの判断がある。ここでの判断はジョン・カリパリ氏のスクリーンプレイに基づく（スクリーナーの背中をドリブラーに向ける戦術に関連するもの）。

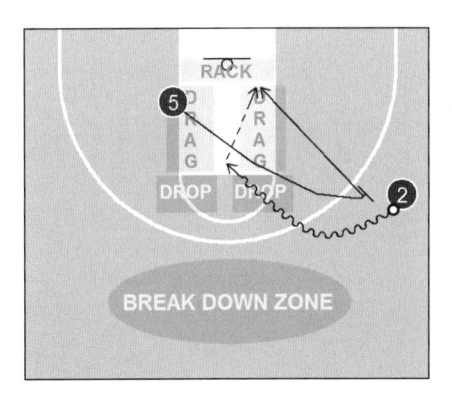

判断1：スクリーンを使う

最初の判断は、スクリーンを素直に使うことである。スクリーナーはゴール下にダイヴし、ロブパスを狙う。

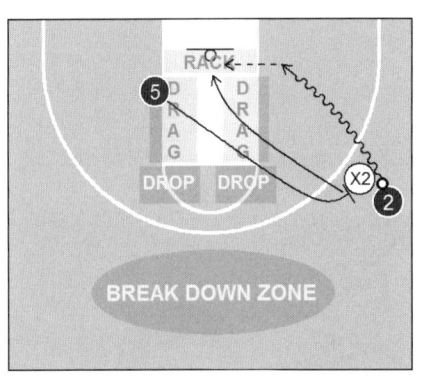

判断2：スクリーンを使わない

ボールマンはスクリーンを使わず、#5をゴール下に勢いよくダイヴさせ、ロブパスを狙う。

これは、ボールマンのディフェンスが、スクリーンを外すために高い位置にポジションを取った場合に、ベースラインがオープンな状況となり、狙える可能性がある。

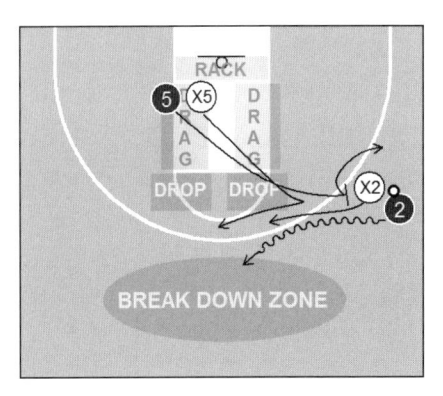

判断3：ピック＆ポップ

もし、ビッグマンが、アウトサイドからシュートできるのであれば、ピック＆ポップはとても良いオプションである。

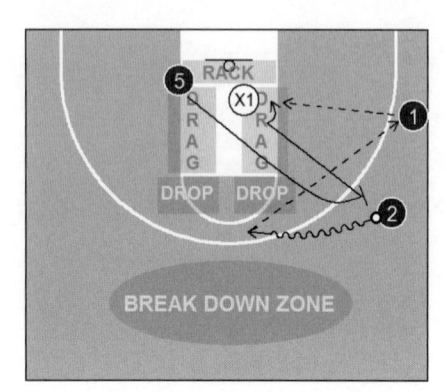

判断４：スローバック

　Ｘ１が＃５をヘルプしてレーンを守っている場合に、スローバックが使われる。

　＃２は、＃１にパスをして、＃５はＸ１をシールしてボールをもらう。

塚本コーチのここがポイント！

【「Pick & Roll」について】

　近代バスケットボールで最も重要な作戦とも言える「Pick&Roll」。ひと口に「Pick&Roll」といっても「Pick&Dive」や「Pick&Pop」など、方法もどんどん進化しています。しかし「Pick&Roll」で重要なことは、オンボールスクリーンであっても、オフボールスクリーンであっても、スクリーンの目的を明確にして、スクリナーの位置や角度などなど、細かいところまでしっかりと指導することです。「Pick&Roll」は１つの形として遂行するのではなく、１つひとつの動作の目的を明確に指導することによって、より効果的になります。

Sギャップ

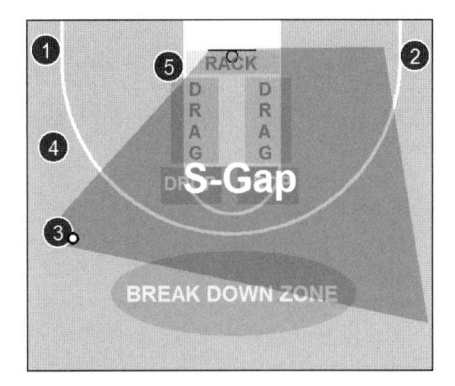

スーパーギャップ、またはスペシャルギャップ（以下Sギャップ）はトリプルギャップより広いギャップのことである。

Sギャップは、普通のオフェンスをしているときには、ごくまれにしか生まれないが、Sギャップを作るためのオプションを行うことは可能である。

基本的に、Sギャップを作るためには、ボールをトップとウィングの間のサイドライン際に置き、しかも2人のガードプレイヤーもボールサイドに移動させる。

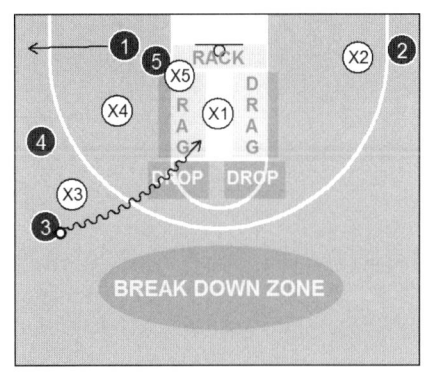

Sギャップは、このオフェンスにとって必要不可欠というわけではない。また、Sギャップを使ったドライヴからのパスは、他のギャップのドライヴから出されるパスに比べて、決してオープンな状況ではないことも理解しておくべきである。

これは、ディフェンスがエリアを守ることができ、1人のディフェンスが2人のオフェンスへのパスに対応できるからだ。

図では、X1はペイントエリアを守り、X4が#1と#4へのパスを防いでいる。

また、Sギャップは、ベースラインにオフェンスを追い込むディフェンスの餌食になりやすい。なぜなら、ベースライン側には、すでに3人のオフェンスがいて、2人もしくは3人のディフェンスがいるからである。

ときには、Sギャップを作ることで、ディフェンスを驚かせることができる。

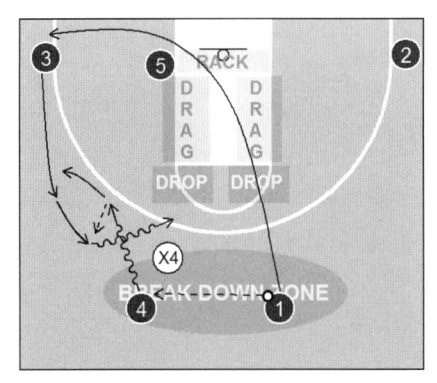

サイドラインをアタックし、Sギャップを作る

#1が、#4にパスを出したときに、X4のプレッシャーが強く、#4がサイドライン寄りにドリブルをすることになったら、#4は#3へキックバックパスを出し、#3のSギャップを作ることができる。

#4は、#3へのパスの後、サイドライン際に動く。

これは、オフェンスにおいて自然な動きであり、ディフェンスにとって対応することが難しい、素晴らしいオプションである。

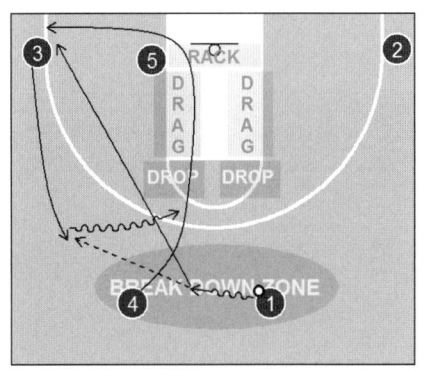

パスからSギャップを作る

Sギャップを作る別のオプションは、#4を3コーナーにカッティングさせ、#1をフロアの中央にドリブルさせることでスタートできる。

#1は、右側にできた大きなギャップをアタックするか、#3にパスするかを選択できる。

#3はSギャップのポジションにカッティングし、ボールを受け、#1は3コーナーへ真っすぐカッティングする。

#3は#1の背後をアタックする。

サギングディフェンスとスイッチディフェンス

DMMに対抗するディフェンスとして、サギングディフェンスとスイッチディフェンスは、ゾーンディフェンスを除けば最善の対応策である。この章では、その対応策を紹介する。

サギングディフェンスに対するプレイ

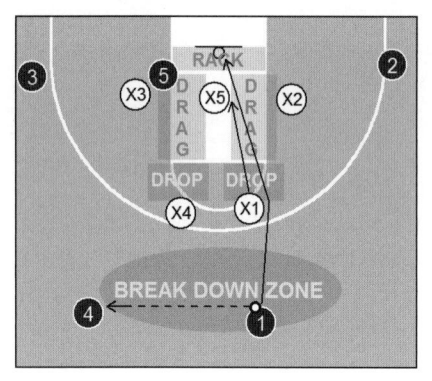

サギングディフェンスを多用するチームに対しては、忍耐力が重要である。最初のドライヴ、もしくは2回目のドライヴでは、ペネトレートできないだろうが、カッティング、パス、ペネトレートを何度も繰り返すことで、次第に相手を崩すことができる。

1回のオフェンスにつき、ショートカット（Tカットやブラッシング）は1度しか行ってはいけないというルールは、サギングディフェンスを念頭に置いて作られた。ショートカットではディフェンスはあまり動かないが、スルーカットをすることで、ディフェンス全体を大きくシフトさせることができる。

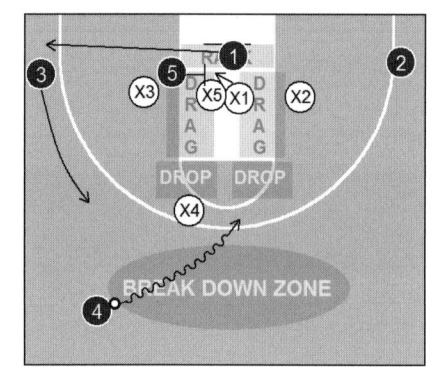

サギングディフェンスに対しては、#5は自分に近づいてくる全てのカッティングに対してスクリーンをかけ、スイングパスやスキップパスができるようになることを忘れてはいけない。

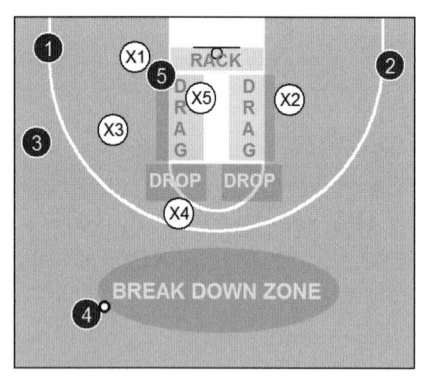

サギングディフェンスに対するアドバンテージの1つは、ガードがスピードに乗ってプレイできることであり、マークマンを抜き去って、アウトナンバーを作ることができる点である。

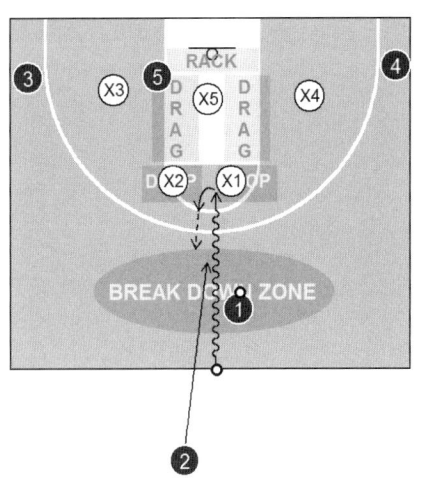

キャロライナ3

　深くサギングディフェンスをするチームに対しては、ベストシューター（例えば、図では#2）にスローインをさせる。図では、#1は激しくフリースローラインまでドライヴしてからジャンプストップし、ピボットターンから後ろを追いかけてくる#2にパスを出し、3ポイントシュートを狙わせる。

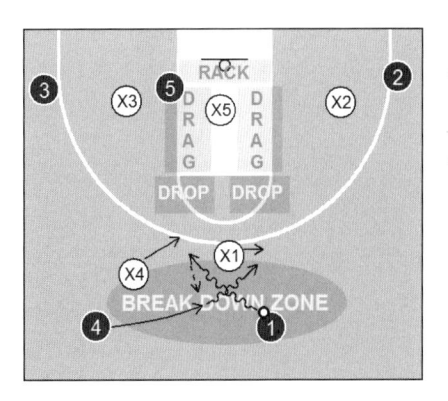

スイッチディフェンスへの対応策

　スイッチディフェンスは、ドライヴを止める有効な手段であり、DDMにとっては脅威となる。
　ミドルへのペネトレーションに対しては、X4はヘルプに入り、キックバックに対しては、X1が#4へスイッチすることにより、ディフェンスはペネトレートを止めることができる。

弱いディフェンダーを狙う

　スイッチディフェンスに対応策の1つは、ディフェンス能力が劣っている選手を攻撃するという点である。
　ミスマッチを作るために、ボールを持っているプレイヤーから能力の高いディフェンダーを離し、能力の低いディフェンダーがつくようにしたい。
　キックバック、プルバックとクリアアウトを実行することで、ミスマッチを作ることができる。また、プレイヤーたちの配置を変えても良い。この図では、X3が能力の低いディフェンダーであると想定し、#3を#4のポジションに配置させている。
　ボールマンである#1にミドルへのドライヴをさせ、#3にキックバックさせると、X3が#1を、X1が#3をそれぞれピックアップすることになる。

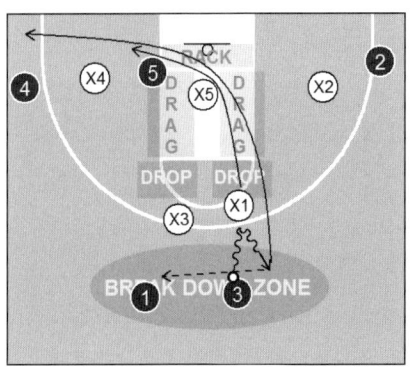

　#3は、そこでプルバックドリブルから#1にパスをし、3コーナーへと動く。

　これにより、ベストのペネトレーターが、相手の能力の低いディフェンダーと1on1をすることができる。

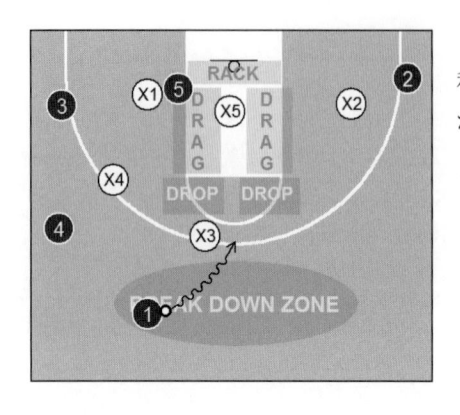

　このセットプレイにおけるさらなるメリットは、＃1がトリプルギャップを利用して、X3をアタックしたときに、＃2と＃3の2人のベストシューターがコーナーに配置されていることである。

ポストアップ

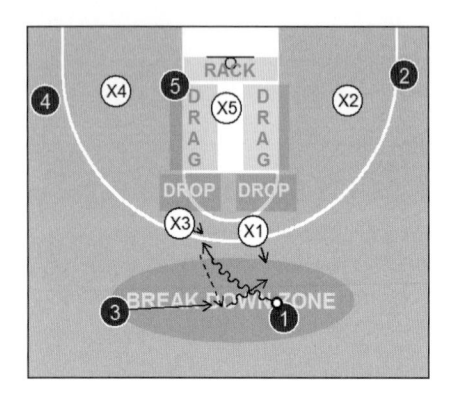

　プルバックによって作られたミスマッチを利用する他の方法としては、ポストアップがある。

　＃1にトリプルギャップを作ったときと同じ動きをする。

　ボールマンである＃1がミドルへドライヴし、＃3にキックバックすると、X3は＃1を、X1は＃3をそれぞれピックアップすることになる。

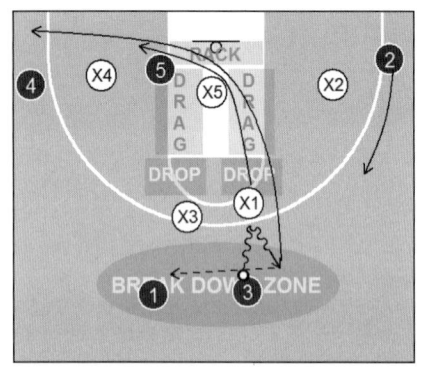

　＃3は、プルバックドリブルから＃1にパスをし、3コーナーへと動く。

　＃1にトリプルギャップをアタックさせる代わりに、＃2はウィングにあがり、パスを受ける。

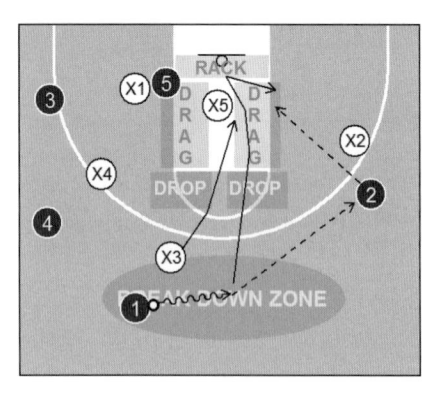

　＃1はポストへカッティングし、＃2からのリターンパスを狙う。

　【注意】　ゴール下近辺で有利なミスマッチが発生したら、積極的にポストアップさせるべきである。

ポストプレイ

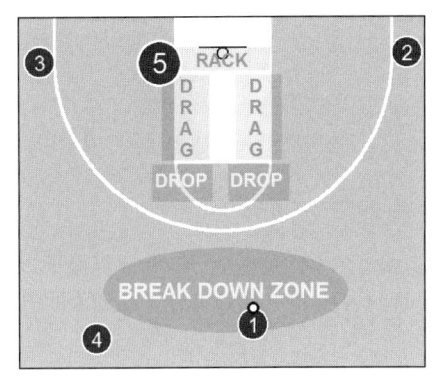

　DDMは、ポイントガードから始まるオフェンスだと思われがちだが、強力なポストプレイヤーを使ういくつかのオプションも存在する。ピック＆ロールのオプションや、オフェンスの中で自然に起こるいくつかのポストアップのオプションは前述した通りである。ここでは1人の強力なポストプレイヤーをどのようにして使うのか、またどのようにして2人のポストプレイヤーを同時に使うのかを紹介する。

　理想的なプレイヤーが、チームにいないことを嘆くのではなく、現在、指導しているプレイヤーをシステムにフィットさせるために指導していくことが重要である。

　DDMでは通常、1人のビッグマンがインサイドでプレイするが、ビッグマンは簡単にリクルートできるわけではないので、コーチにとっては都合が良いだろう。しかし、同時に2人のビッグマンをプレイさせなければならない場合もある。

①相手チームに、良いビッグマンが2人いるとき。
②自チームに2人のオフェンス能力の高いビッグマンがいるとき。
③自チームのオフェンス能力の高いビッグマンとディフェンス能力の高いビッグマンを同時に使いたいとき。

　このような場合はDDMを諦めて、他のオフェンスシステムを導入すべきかと悩むことがあるだろう。私はDDMのオプションの多様さから考えて、そうは思っていない。

　このような状況を解決する、いくつかの方法を紹介しよう。

　最初のオプションとして挙げられるのは、ビッグマンを生かすオフェンスを多く実行することだ。オフェンスの傾向を変えることにより、ディフェンスが戸惑い、プレイをより簡単に行うことができる。ただし、これは1人のビッグマンを中心にプレイさせることになるので、そのポストプレイヤーは強力であることが望ましい。これについてのオプションは次ページ参照のこと。

　2番目として、2人のビッグマンを同時にプレイさせる方法がある。インサイドでプレイさせたい強力なポストプレイヤーと、そのポストプレイヤーより能力の劣る2番手のポストプレイヤーがいた場合、2番手のポストプレイヤーにペリメーターでプレイさせるために練習を積ませてボールハンドリング能力を向上させることが望ましい。初めのうちは、2番手のポストプレイヤーのドライヴ能力を向上させるために、ドロップゾーンへのドライヴの全てにバックドアをさせる。

　もし、シュートを任せるのであれば、チームとしては2番手のポストプレイヤーよりも能力の高い強力なポストプレイヤーに任せたいだろう。2番手のポストプレイヤーがペリメーターでボールを持ったら、シュートフェイクからパスの選択をさせる。ただし、これらの制限は、2番手のポストプレイヤーの上達とともに、変更していくべきである。

　3番目は、DDMを生かしつつ、かつ、インサイドに2人のポストプレイヤーを配置する方法である。2人のビッグマンを一緒にプレイさせるオプションは、P.98を参照のこと。

ここでは、能力の高いポストプレイヤーにボールを持たせる方法を紹介する。

ミドルルール

ポストプレイヤーにボールを入れるために、最初に導入できるルールは、ミドルルールである。

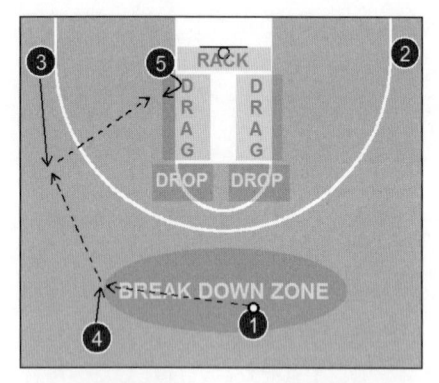

このルールにおいて、もし＃１がペネトレートしたら、オフェンスは通常通りに実行されるが、もし＃４にパスした場合は、カッティングしない（通常＃１は、＃４のペネトレートのためにカッティングし、スペースを作る）。

コートの中央を横切るパスは、＃５に攻めさせるためのシグナルである。＃３はウィングに上がり、ボールを受け、＃５にパスを入れる。

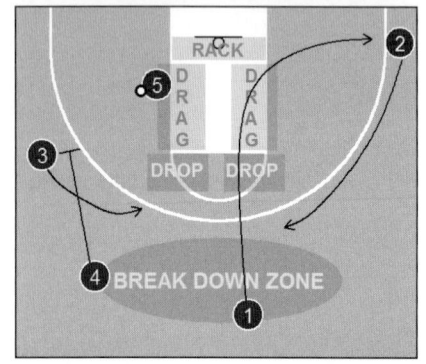

エントリーパスに対する動きは、ポストエントリーパスからの基本的な動きと同様である。

ファイブ

強力なポストプレイヤーを生かすためのオプションに「ファイブ」がある。

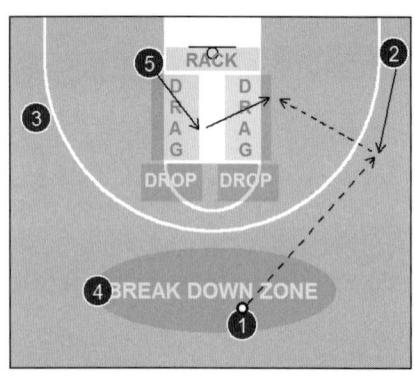

「ファイブ」ではウィングが少し高く上がり、全てのペリメータープレイヤーは３ポイントラインの外側に留まり、＃５は広く空いたペイントエリアを自由に動き、ボールを受ける。

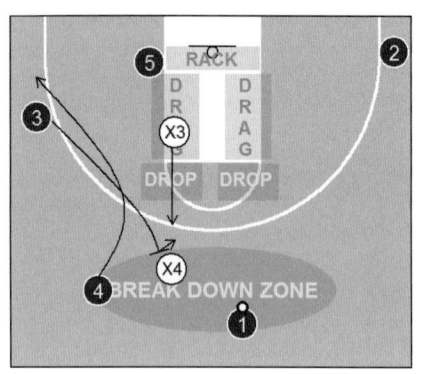

「ファイブ」を実行しているとき、ペリメーターのプレイヤー間でパスを回せなければならない。もしパスレーンがカバーされたら、スクリーンアウェイをするか、バックスクリーンを使わなければならない。

基本的にはバックスクリーンがより良い選択であろう。なぜならばバックスクリーンを使うと、Ｘ３とＸ４のディフェンスが、アタックするプレイヤーに近づくことになるので、アウトサイドがオープンとなり、シュートを狙いやすくなるからである。

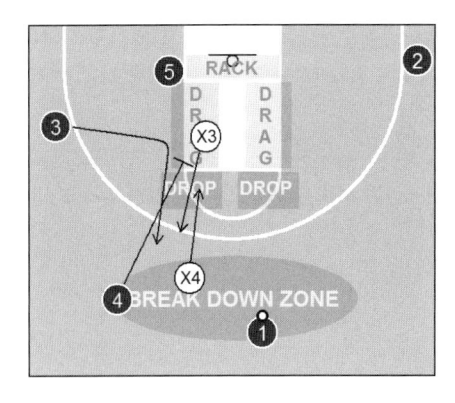

　一方、スクリーンアウェイはペイントエリアの中央あたりで行われるので、スイッチされたり、X3にスクリーンをかいくぐられたりして、良いディフェンスをするチームには簡単に対応されてしまう可能性がある。

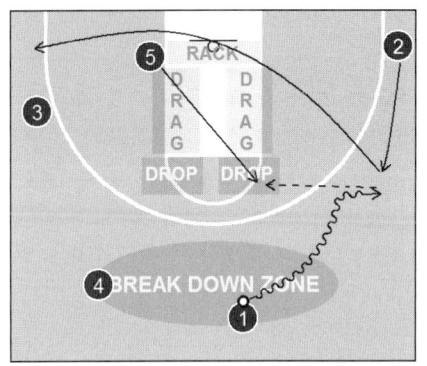

ドロップ5

　＃5のオフェンス能力が高く、ドライヴやシュートができるのであれば、ドロップ5は良いオプションである。

　ドロップ5は、＃1が＃2に対してコールし、＃2がエレベートする（ウィングに＃2が上がる）。それと同時に＃1が＃2に対して、ドリブルで近づき、＃2を3コーナーにカッティングさせる。＃1のプルバックをサインとして、＃5がハイポストまたは3ポイントラインの外に動き、ボールを受ける。

ドロップ5（ギブ＆ゴー）

　ボールサイドに広いスペースを確保できているので、＃5は最初に＃1とのギブ＆ゴーを狙う。

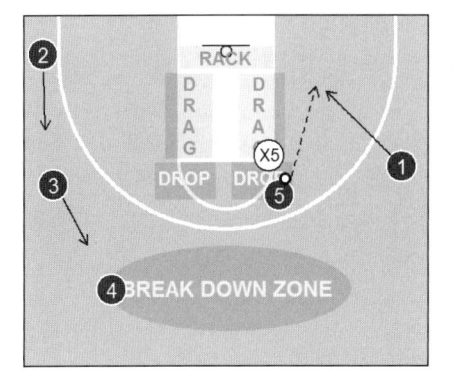

ドロップ5（ギブ＆ゴー・アイソレーション）

　＃1は、ボールをもらえなかった場合、3コーナーにカッティングし、＃5をアイソレーションの状態にする。

　＃5は、ペリメーターでのディフェンスに慣れていないX5に対して、アイソレーションで攻撃できるシチュエーションとなる。

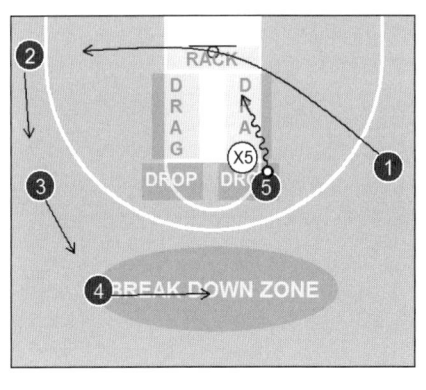

　【注意】　アイソレーションのシチュエーションから正しいタイミングで攻撃するためには、＃5は＃1にパスフェイクをする。その後、シュートフェイクのためにプルバックし、それからドライヴする。この一連の動作をしないと、＃1はX1と衝突することになる。

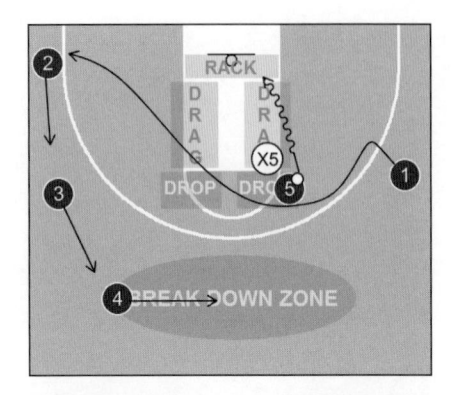

ドロップ5 （#5へのブラッシュカット）

　#5へのブラッシュカットのために#1は、バックドアフェイクをし、コーナーにカッティングする前に#5の上を行く。

　#5は、#1に対して、ハンドオフフェイクをして、勢いよくターンし、ドライヴする。

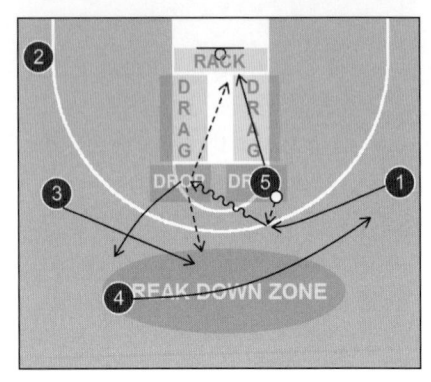

　#5は、#1にハンドオフをしたら、クイックにおけるドライヴのような状況になる。

　#5は、ロブパスを狙いながらダイヴする。

　#4は、キックバックするが、ここではアングルとタイミングが悪い。

　#3は、キックバックを待つ。

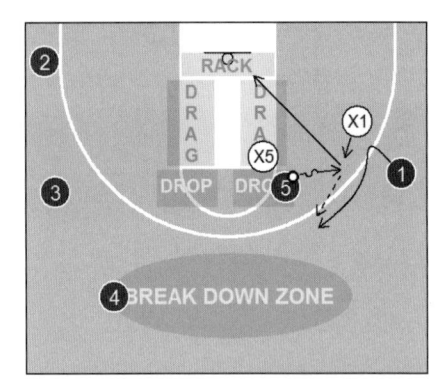

ドロップ5 （3ポイントシューターへのドリブルハンドオフ）

　最後のアクションはドリブルハンドオフである。#1は前へステップを踏み、戻ってから#5とのハンドオフを行う。

　これはピック&ロールのように機能するので、#1はシュートを狙うことができる。

　#5は、能力に応じて、勢いよくダイヴをするか、シュートのためにステップバックするかを判断しなければならない。#5は必ずリバウンドに行く。

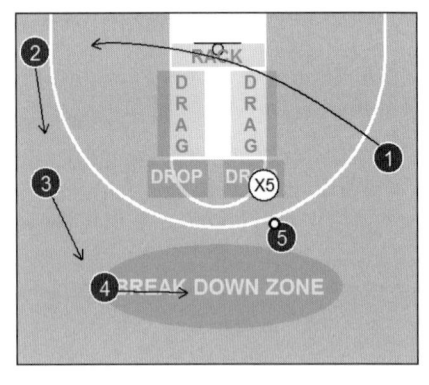

ドロップ5 （#5の3ポイントシュートプレイ）

　もし#5が3ポイントシュートを打つことができるならば、3ポイントシュートを狙う。

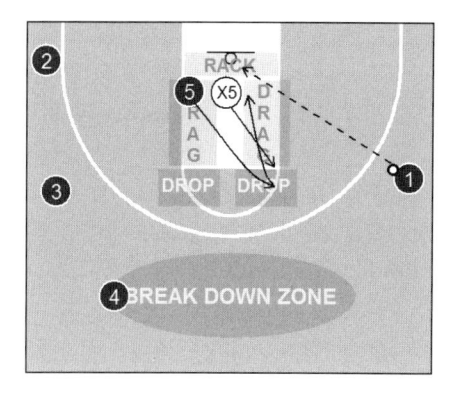

ドロップ5 （ディナイ ー ドロップ56)

　X5が＃5をディナイし始めた場合、「ドロップ56」の場面となる。

　＃5がフラッシュしたとき、必ず両足をフリースローライン上に着き、それからスピンしダイヴする。＃1は＃5へロブパスを狙う。あるいは、＃5はスピンしてX5をシールする。

ドロップ5 （オプション)

　想像力次第で、ドロップ5のアクションから、いくつものカッティングとアクションを行うことができる。

53

　＃2から＃3へのスキップパスから、インサイドへのパスを狙うポストアクションのことである。

　＃2がウィングでボールを持っているので、＃3は対角線上の3コーナーにいなければならない。

　スキップパスの最中、ボールが空中にあるときに、＃5はX5にシールする。

　＃3は、インサイドの＃5をすぐに見る。

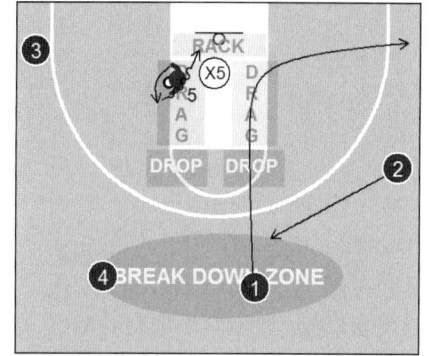

53 （フェイク・リップ＆ゴー)

　ポストプレイヤーにとっての第1オプションは、フェイク・リップ＆ゴーである。

　＃5はミドルの方向へ90度の角度でピヴォットし、カッティングする＃1へパスフェイクをして、リップ＆ゴーする。

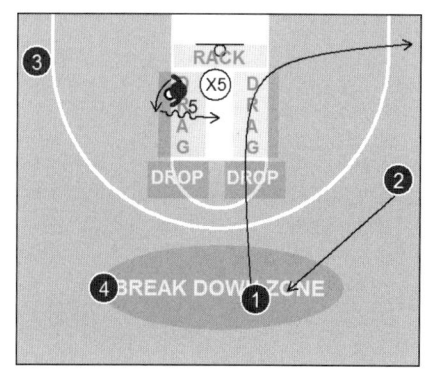

53 （ベビーフック)

　＃5はミドルの方向へ180度の角度でピヴォットし、＃1がカッティングし終わるのを待ってから、ドリブルを始めてベビーフックに持ち込む。

53 （他のフィニッシュ)

　＃5は能力のレベルによって、他のフィニッシュに取り組むこともできる。

ここでは、2人のビッグマンが同時にプレイするオプションがある。最初に説明するのは通常のDDMにおいてビッグマンがプレイするオプションである。

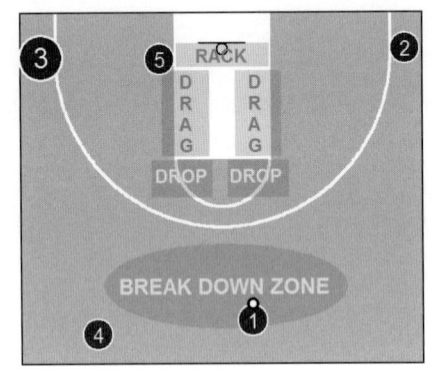

3番の位置でパワーフォワードがプレイする

ボールハンドリングとシュート力が高ければ、3番、あるいは4番の位置でビッグマンがプレイすることも可能である。これはメンフィス大学とケンタッキー大学でジョン・カリパリ氏が多用したものである。

ペリメーターのプレイヤーほどではないパワーフォワードがプレイするとき、3番の位置にそのパワーフォワードを固定する。

そのパワーフォワードがスコアラーでないプレイヤーだった場合、初めの段階ではオフェンスにあまり関与させないほうが良いだろう。そのプレイヤーの成長を待っている間は、パスもしくはバックドアのみを選択させる。

全てのオプション（クイック、ドロップ3ストップ、その他）につき、自動的に彼はバックドアをする。それによりボールハンドリング能力の低いプレイヤーが、ペリメーターでボールを持つことを避けながら、通常のDDMを行うこができる。

ただし、シューターでなければ、3番へのスキップパスからの3ポイントシュートは諦めなければならない。もしペリメーターでボールをもらったら、まずパスを考えさせるようにする。

最初は、役割を制限することになるが、より多くのプレイができるようになるために練習させるべきである。もし元々シュートが上手な方であれば、練習によって3ポイントシュートが得意になる可能性もあるだろう。また、このポジションからのドライヴは右手でなされるため、右利きであることが望まれる。

彼のボールハンドリング能力を上達させれば、確実に良い収穫を得られるだろう。

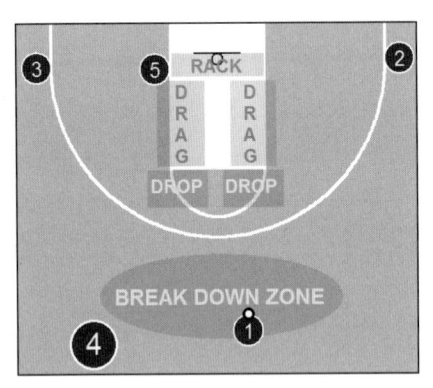

4番の位置でパワーフォワードがプレイする

もしパワーフォワードが、アウトサイドからのシュートもドライヴもできるなら、4番の位置でプレイすることができる。より簡単に、ポストエリアにボールを持ってくることができ、それがアドバンテージとなる。

もし、あなたのチームに、俊敏でボールハンドリング能力が高く、シュート力のある背が高いプレイヤーがいれば、4番の位置に置くこともアドバンテージとなる。これでX1とX4のスイッチがしづらくなるからである。

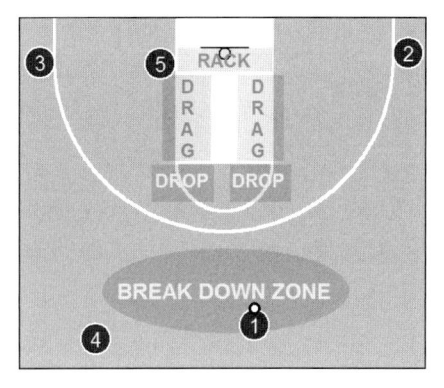

3番または4番をペイントエリアでプレイさせるための動き

　ビッグマンを、3番か4番に配置してプレイさせるのであれば、彼らをペイントエリアに動かすセットプレイやオートマチックを導入してくるだろう。

　その方法は無限にあるが、1つのオートマチックのケースとしては、＃1が＃3側のドロップゾーンにドライヴしたとき、＃3はバックドアから、逆サイドのポストに移動した＃5に向かってスクリーンをセットする。そして＃3にゴール下で1on1をさせることができる。

　以下の3つのプレイを＃4がローポストでスコアできるプレイの参考にしてほしい。

　　P.109のダイヴエントリー。

　　P.114のエックス4（＃4のポストアップ）。

　　P.116のエックス5（ビッグマンのためのポストと3ポイントシュートのためのオプション）。

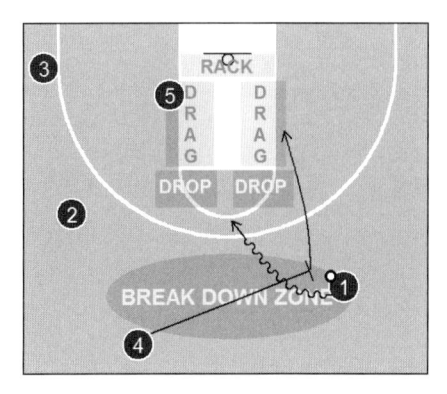

ポストスコアラーをペリメーターでプレイさせる

　オフェンス能力の低いビッグマンを、ディフェンスを目的として、オフェンス能力の高いビッグマンと同時に起用したい場合もあるだろう。オフェンス能力の低いビッグマンをローポストでプレイさせ、能力の高いビッグマンをペリメーターでプレイさせても良いだろう。そのときは、スコアラーがポストでボールを受けられるように工夫する必要がある。

　DDMは、ポストでの得点能力が低いプレイヤーをローポストでプレイさせるように設計されている。スコアラーではないポストプレイヤーでも、通常のDDMの5番の役割（ミスのクリーンアップ、高いパスをキャッチし、ダンク）ができるだろう。したがってこのオプションは比較的簡単である。

　その後、キー（ドロップ・ドラッグ・ラックゾーンを含むエリア）でスコアラーがボールをもらう方法を考えることができる。ペリメーターでのスコアラーでない選手からのバックスクリーン、またはピック＆ロールに参加させるオプションが考えられる。

　2人のシューターとビッグマンが、ウィークサイドでトライアングルを作る一方で、ポイントガードとポストスコアラーがメインの動きをするので、ここでのピック＆ロールのオプションは成功への素晴らしい青写真である。

ツービッグ：3－2フォーメーションのセットプレイ

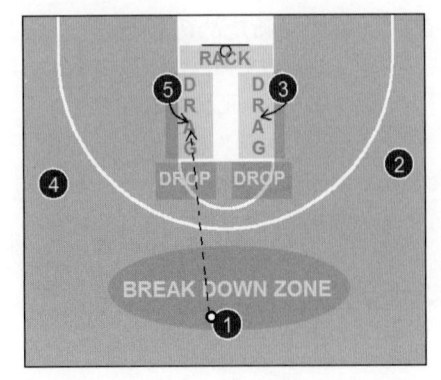

　伝統的な3メンアウトのセットプレイも可能であり、最初にインサイドを狙い、DDMに移行する。

　【注意】　このフォーメーションを使って、たくさんの異なるセットプレイを行うことができる。手法はコーチ次第だが、ここではヴァンス・ウォルバーグ氏のお気に入りを紹介する。

　このセットプレイは、両ポストプレイヤーがポストアップしてボールを要求することから始まる。

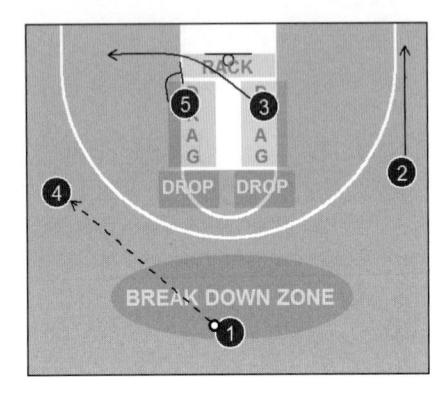

　ボールがポストに入らなければ、＃1はウィングのどちらかにパスをする。パスを受けなかった方のウィングはコーナーへ動く。

　ボールサイドの＃5は、＃3へスクリーンをセットする。

　＃3はショートコーナーへ。もしコーナーでプレイできるのであれば3コーナーへ動く。

　【注意】　＃5のスクリーンを使う＃3のオプションがある。ここでは想像力を最大限に発揮させよう。

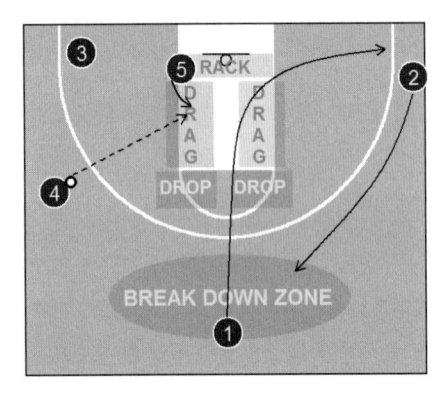

　＃5がポストアップしてボールを要求する。

　ボールが入ったら、他のポストエントリーとアクションは同様である。

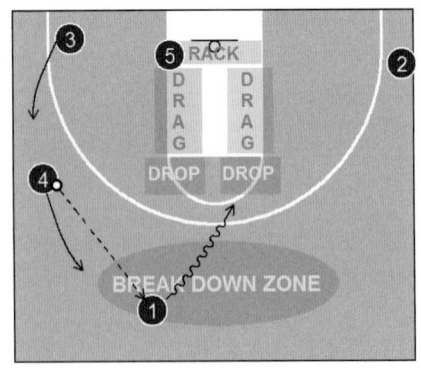

　ポストにボールが入らなかったら＃1へのスイングバック。

　＃1はトリプルギャップを使う。

　＃3はウィングに戻り、通常のDDMとなる。

ツービッグスタック

　スタックフォーメーションは、2人のビッグマンをインサイドに置きながら、通常のDDMの良さを利用することができる。

　同じサイドに2人のビッグマンを置いた状態なので、はじめから#1はトリプルギャップをアタックできる。また、多くのDDMのオプションを同様に使うことができ、それと同時に2人のビッグマンがインサイドにいることを利用して、様々なプレイを考えることができる。

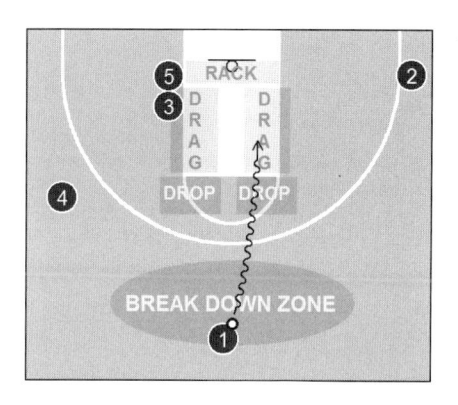

セットプレイ

　通常の左サイドのブロックに、2人のポストプレイヤーをスタックで置く。

　#4は3サイドのウィングでプレイする。#2は通常のコーナーからスタートする。

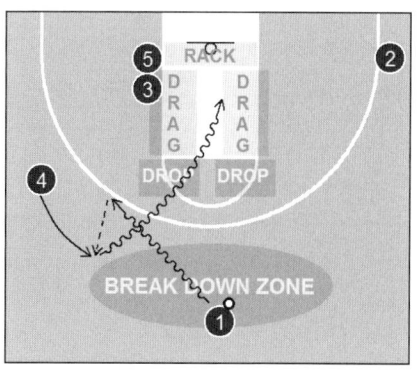

スタック（Sギャップへのキックバック）

　#1が、3サイドにキックバックを狙ってドライヴをしたら、Sギャップが生まれ、#4がラックゾーンに到達するチャンスが高まる。

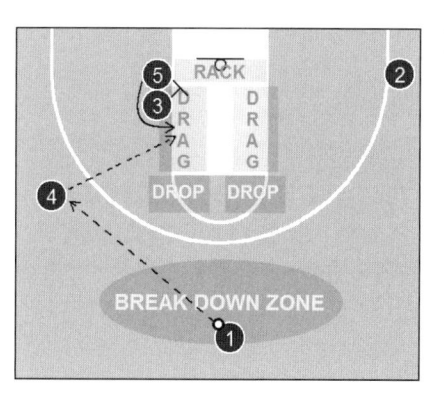

スタック（ウィングパス）

　ウィングへのパスに対して、#3が#5へスクリーンをかける。

　#5はスクリーンを利用してカールカットでボールをもらう。

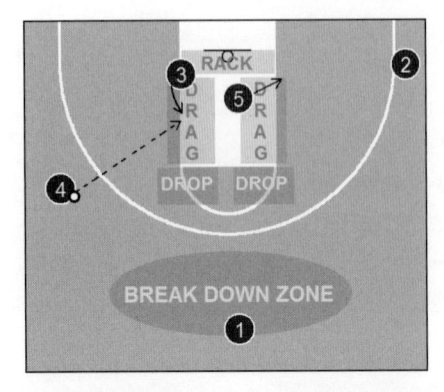

もし、＃5がパスをもらえなかったら、＃3はポストアップする。

スタック（ドロップ2ストップ）

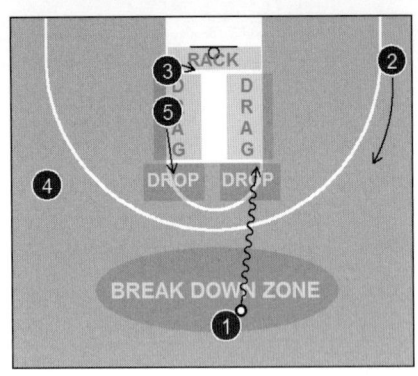

ドロップ2ストップは通常のDDMと大部分が同じである。

スタック（ラックゾーンドライヴ）

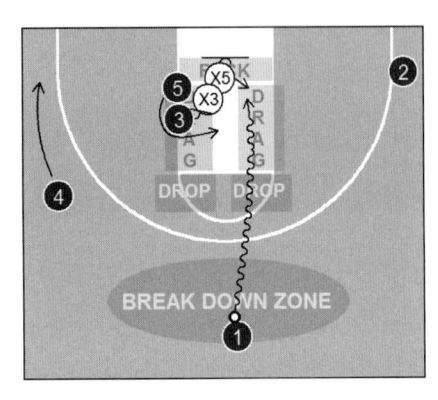

ラックゾーンドライヴに対して、ポストがヘルプにきたとき、＃3は＃5にスクリーンをかけ、＃5はスクリーンを利用してカールカットでボールをもらう。＃3はボールと逆サイドのゴール下へ動く。

この動きは、＃5を4メンアウトオフェンスにおけるドラッグ4プレイヤーとしてプレイさせることになり、＃3がポストプレイヤーとなる。

ラックゾーンドライヴに対して、＃4は3コーナーへ向かい、後方を追わない。これはX4をコーナーに引きつけ、キー（ドロップ・ドラッグ・ラックゾーンを含むエリア）の高い位置をオープンにするためである。この動きは、＃4を4メンアウトオフェンスにおけるドラッグ3プレイヤーとしてプレイさせることになる。

スタック（サイドドライヴ）

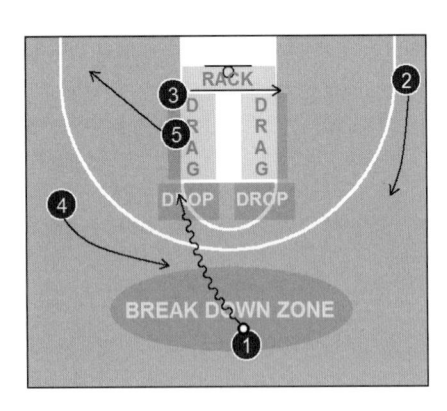

全てのペネトレートは、ポストがオープンなサイドへ向かうことが望ましいが、もしポストがいるサイドにペネトレートしたら、以下のような動きがある。

2人のポストプレイヤーのうち、低い位置の方のプレイヤーが、逆サイドのポストに移動し、高い位置のプレイヤーが、シュートエリアの範囲でコーナーに向かって動く。

＃4はキックバックを狙い、＃2はあがる。

この動きは、通常のDDMと非常に似ている。

オフェンスリバウンド

ヴァンス・ウォルバーグ氏の試合やジョン・カリパリ氏のメンフィス大学およびケンタッキー大学の試合を観戦すると、プレイヤーのオフェンスリバウンド力の高さにいつも驚かされる。ただ単にアグレッシヴであるだけではなく、必ず最初にボールに飛びついているという点が特に素晴らしい。

しかしなぜそれが可能なのだろうか。

以下の理由が考えられる。

オフェンスリバウンドが取れる第1の理由として、常にリングの近くにポジションを取っていることが挙げられる。DDMを行うプレイヤーは、常にリングに向かってオフェンスをしており、シュートされたボールの軌跡を判断できる状態にあるため、最終的にゴール付近にいることができる。あるいはゴールに向かっていくことができる。

第2の理由としては、常にアグレッシヴであり、かつ4人のプレイヤーが組織された方法でオフェンスリバウンドに飛び込んでいると言える。

これはDDMの長所のうち、最も見過ごされていることの1つであろう。

オフェンスリバウンドのフィロソフィー

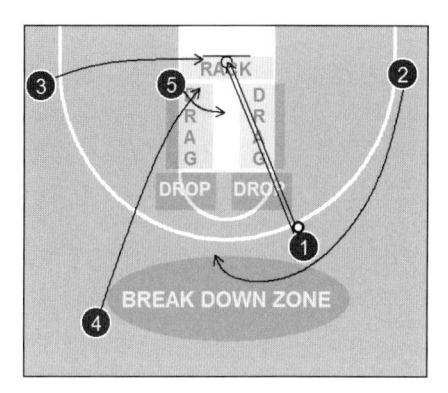

オフェンスリバウンドのフィロソフィーは、オフェンスのフィロソフィーと同様に、とてもアグレッシヴである。ヴァンス・ウォルバーグ氏は、オフェンスリバウンドに4人のプレイヤーを送り込むのが特長だ。バックする責任のあるプレイヤー（セーフティ）を、3ポイントラインより少し後方に動かす。オフェンスリバウンドの一般的なフィロソフィーは、動きと数でウィークサイドを圧倒することである。

＃5はウィークサイドにいるとき、どんなシュートに対してもペイントエリアの中央に移動する。X5にとってこの動きに対応することは、＃5がローポストでボックスアウトから逃れようと後ろから押してくることよりも守りづらい。同時に、この動きは他の2人のプレイヤー＃3と＃4がリングに飛び込むレーンを空ける。

ウィークサイドのコーナーのプレイヤー＃3は、ベースライン上をリングに向かって飛び込む。ヘルプポジションにいるディフェンスは、ローポスト付近に落ちてくるリバウンドを取るために備え、単にボールを追うぐらいしかできないので、コーナーのプレイヤー＃3をボックスアウトするのがとても難しい。したがって＃3は簡単にリバウンドに飛び込むことができるのである。

ウィークサイドのトッププレイヤー＃4は、＃3と＃5のギャップに飛び込む。ウィングと同様、アウトサイドから飛び込んでくるガードをボックスアウトすることも非常に難しい。

これらの3人のプレイヤー＃3、＃4、＃5は、最も重要なリバウンダーであり、高い確率でリバウンドが落ちてくるであろうウィークサイド側のエリアをカバーしている。

シューター＃1は自分が打ったシュートのボールを追い、ストロングサイドのリバウンダーとなる。よってウィークサイドのコーナーにいるプレイヤー

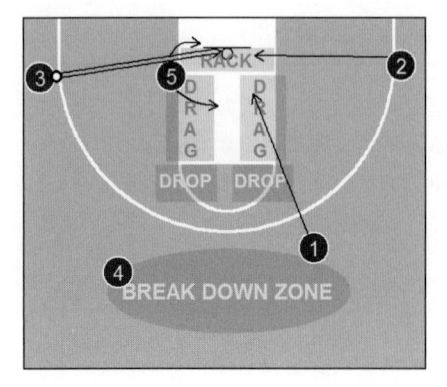

＃2がバックする責任のあるプレイヤー（セーフティ）となる。

　シューター＃3がシュートしたとき、もし＃5が、ボールサイドにいたら自由にリバウンドができる。これはウィークサイドのウィングとトップがリングに向かって飛び込むため、レーンがすでに空いているからである。

バックする責任のあるプレイヤー（セーフティ）

　オフェンスリバウンドの作戦をデザインするときは、セーフティに関して、なぜ、誰が、どのくらいバックするのかを、明らかにすることが重要である。

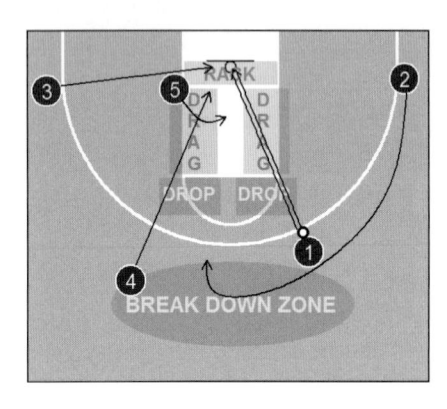

指定されたプレイヤー

　リバウンドでは高さがアドバンテージになるため、小さなプレイヤーの1人をセーフティに指定する。多くのコーチはポイントガードをセーフティとするが、DDMでは、＃1と＃4がリングにドライヴするため、セーフティに適さない場所にいることが多いので、セーフティはペリメーターにいる＃2の方が良いと考える。また、シューターなので、オフェンスリバウンドからオープンでシュートさせることもできる。

　セーフティ（＃2）は、トップ・オブ・ザ・キーの3ポイントラインより少し後方に動く。

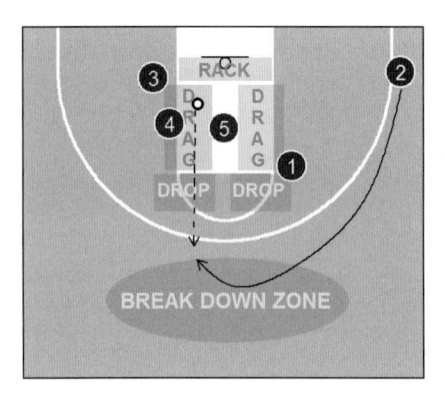

　セーフティが1人であることのデメリットは、ロングリバウンドを相手チームに取られて、簡単なファストブレイクを出されてしまったり、ロングパスを出されたりすることである。しかし、このデメリットは、セーフティが危険を早く察知し対応することにより解消される。これができれば、セーフティが1人しかいないデメリットより、リバウンドに4人を向かわせるメリットの方が上回るだろう。

　トップ・オブ・ザ・キーにセーフティを配置する主なメリットは、リバウンドからのパスを受けてオフェンをリセットできることである。また、リバウンダーがリバウンドのボールをつかめなかったとき、セーフティにチップしてボールを返せることもメリットである。

　ベストシューターの2番がセーフティをする場合、毎試合、オープンなシュートを数回打つことができるだろう。通常、ディフェンスはマークマンをとらえるが、セーフティを守る意識はないし、脅威とも思っていないからである。

コミュニケーション

セーフティは、他のプレイヤーにバックしていることを伝えたり、リバウンドするように大きな声を出して促したりすることも、非常に重要な役割である。

チームがオフェンスリバウンドを取ったとき、セーフティは常に自分の位置を大きな声で伝えなければならない。

オフェンスリバウンドを取った後の動き

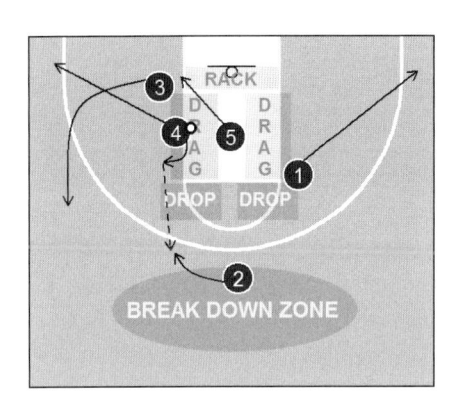

オフェンスリバウンドを取った後の動きは、リバウンドを取った状況によって決まる。

もし、リバウンダーが、リングを向いていたらシュートを狙う。

もし、リバウンダーが、リングを背にしていたら、速かに後方へピヴォットし、セーフティの#2にパスをすると、#2はオープンの状態でシュートを打つことができる。

もし、セーフティの#2が、すぐにシュートを打つことができなければ、3ポイントラインの内側のプレイヤーは素早くコーナーに出て、通常の位置を埋める。

【注意】 通常の位置を埋めるときに、#3は通常のポジションに真っすぐ走らず、図のようにコーナー側に膨らむようにして動くことが大切である。真っすぐ走ると#2のドライヴレーンをなくしてしまうことになるからである。

例外

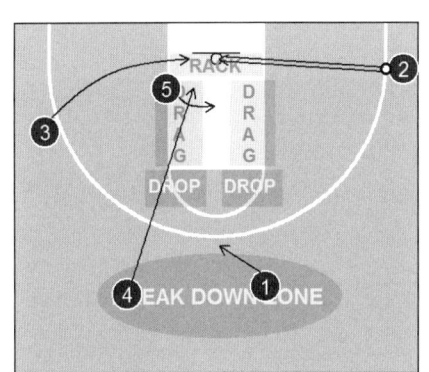

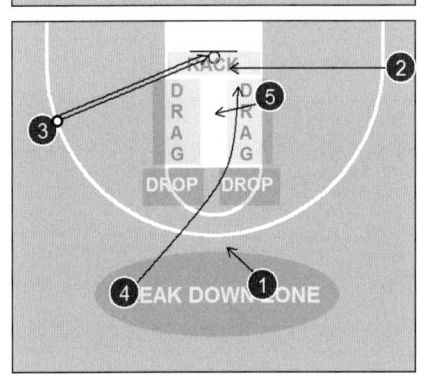

#2がセーフティの位置に行かなくていいケースは以下の通りである。
　・コーナーで3ポイントシュートを打つ。
　・リングに向かってアタックする。
　・シュートが放たれたときにウィークサイドのコーナーにいる。
これらの状況では、#1がセーフティの位置に動く。

逆サイドでシュートが打たれたときに、#2がセーフティの位置に行かない理由は、ウィークサイドから素早くリバウンドに入ることの方が、より優れたオプションだからである。

【注意】 #1がセーフティとしての役割を引き継いだとき、どのようにコミュニケーションを取るかは、事前に決めておかなければならない。

第4章

セットプレイ＆エントリーと
ＤＤＭの指導

セットプレイ＆エントリー

本章では、DDMにおけるセットプレイ、クイックヒッター、エントリーを紹介する。ウィールエントリーのように、セットプレイではなく、プレイヤーに判断させる動きもあるが、プレイヤーが動きやすいと感じたら、オフェンスに取り入れるべきであろう。

ウィールエントリー（ゾーンチェック）

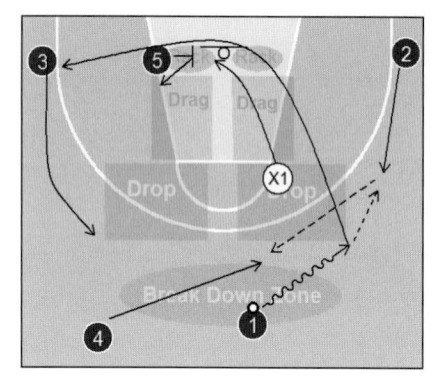

ウィールエントリーは、マンツーマンに対してはポストにボールを入れるためのエントリーとして、ゾーンに対しては、4メンアウトのプッシュエントリーとして使うことができる。また、ディフェンスがマンツーマンなのか、ゾーンなのかを判別するときに使える優れたエントリーである。

ウィールエントリーは、＃1が＃2に対してクイックを行うことでスタートする。

このときに、Ｘ1がカッティングする＃1を追うかどうかをチェックしなければならない。Ｘ1の動きからマンツーマンに対するオフェンスか、ゾーンオフェンスかを選択する。

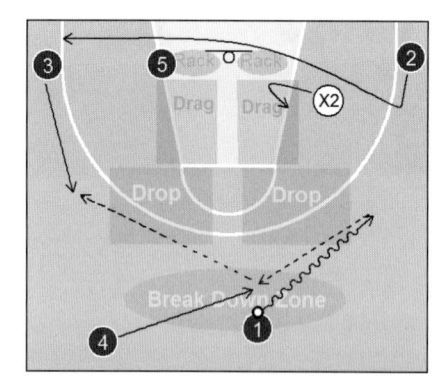

＃1は、ウィングに向かってドリブルをすることで、＃2を3コーナーにカッティングさせ、Ｘ2の動きを確認する。もしＸ2が、2コーナー付近にとどまれば、ゾーンディフェンスであり、＃2についていけば、マンツーマンディフェンスである。

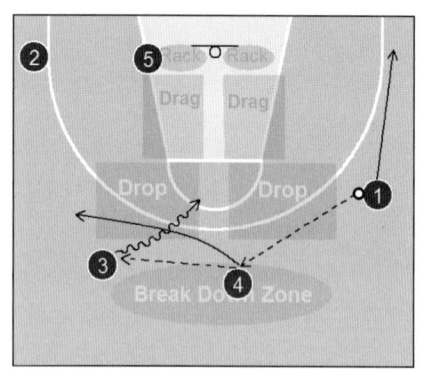

最初のウィールエントリーで通常のオフェンスを行うことができる。
この図では"414"に移行する。

ペリメーターのミスマッチを利用したポストアップ

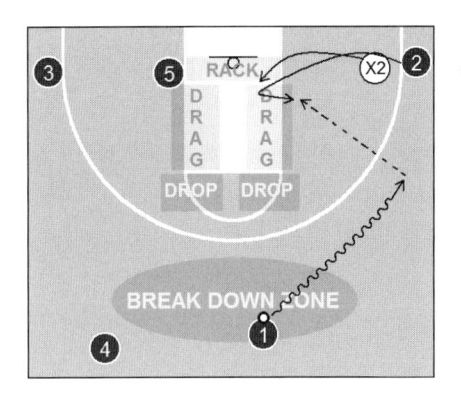

ペリメーターにミスマッチ（#2とX2）があるときは、ボールマンはドリブルでウィングに動き、#2はポストアップする。

ダイヴエントリー

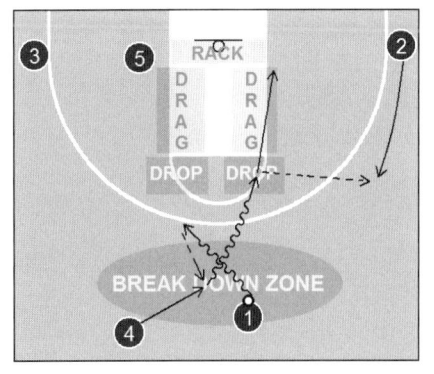

ダイヴエントリーは、2人のビッグマンを同時に使いたいときのエントリーである。

ダイヴエントリーは、#1がドロップゾーンでストップし、#4がキックバックしてから始まる。#4がドライヴした後、ドロップゾーンでストップし、#2にキックアップした後に、#4はポストにダイヴする。ここから#4はポストアップするか、#5にスクリーンをかけるか、または#5とのハイロープレイを狙ってハイポストにフラッシュする。

46フライト

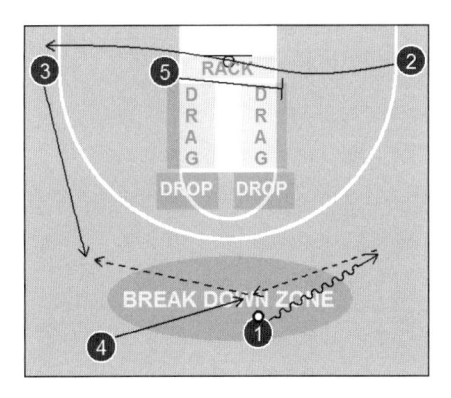

46フライトは、ボールをしっかりとキャッチでき、またジャンプ力があるビッグマンのためのアリウープバックドアプレイである。
・#1は、サイドライン側へドリブルをする。
・#4は、#1の位置へリプレイスし、ボールを受ける。
・#3が、スイングでボールを受けるためにあがる。
・#2が、#5のスクリーンを使ってボールサイドのコーナーへ走る。

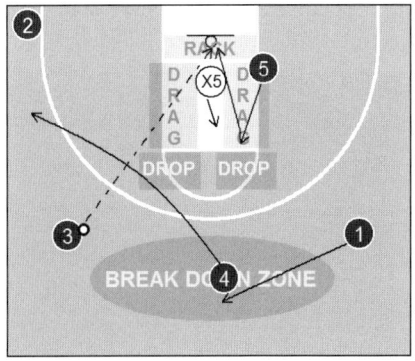

・パスの後に#4は、ボールサイドのウィングに動く。
・#1は、トップ・オブ・ザ・キーへ動く。
・#5は、まるでボールを受けるかのようにハイポストに素早く向かい、#3は必ず#5にパスフェイクをしなければならない。
・X5がパスフェイクに反応したら、#5はバックカットし、#3はロブパスを狙う。

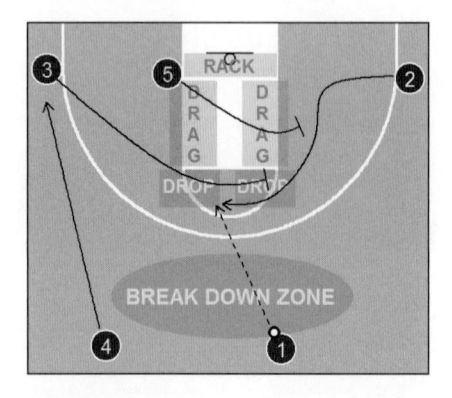

（2008年のジョージタウン大学戦の前半でメンフィス大学が実際に行ったプレイより）

　＃2は、ハイポストでボールをもらうために、＃3と＃5のスタッガードスクリーンを使って動く。

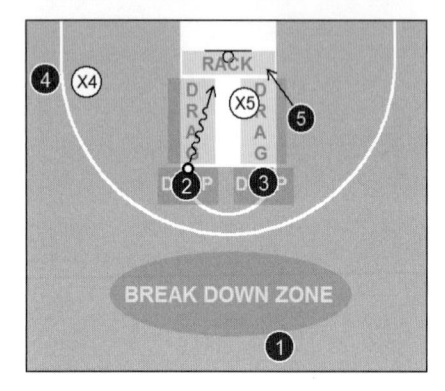

　この動きにより、＃2はレイアップへのコースがはっきり見えるはずである。

　＃2は、X5かX4にヘルプされたら、＃5へのロブパスか、＃4に3ポイントシュートを打たせるためのパスをする。

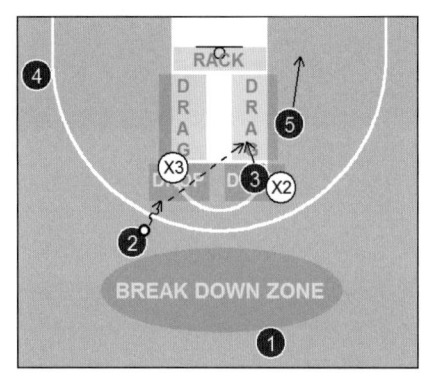

　もし＃2が、X3にヘルプされたら、＃5はスクリーンの後に、＃3にペイントエリアを空ける。

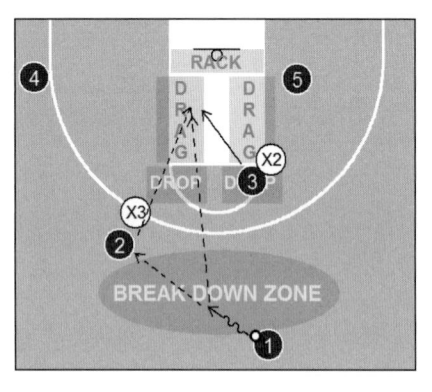

　スクリーンに対して、ディフェンスがスイッチしてきたら、ミスマッチを利用するためインサイドを狙う。

ミラー

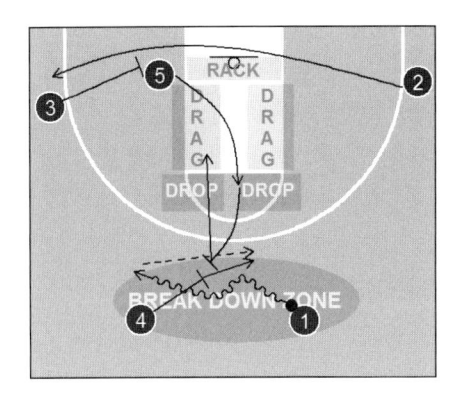

　ミラーはスクリーナーへスクリーンをかけるプレイであり、トップ・オブ・ザ・キーで＃4にオープンのシュートを打たせることを狙う。あるいは＃4のためにサイドをクリアにする。

- ・＃5は、ハイポストへ動く。
- ・＃4は、＃1にボールスクリーンをセットする。
- ・＃2は、ベースラインで＃3のスクリーンを使うが、これは"おとり"のスクリーンである。
- ・＃4は、スクリーナーの＃5からスクリーンをもらい、3ポイントシュートもしくはドライヴを狙う。

ピストル

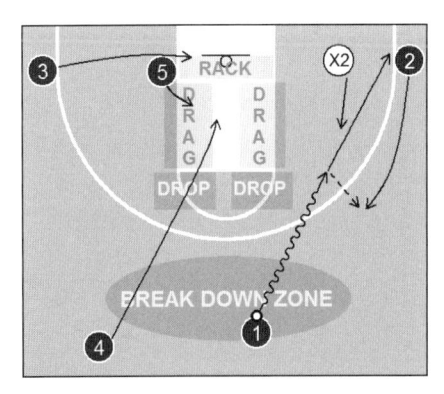

　ピストルは、X2が＃2のバックドアを警戒しているときに使えるコールプレイである。

- ・＃1は、ドロップゾーンに向かって、ややウィングよりにドリブルする。
- ・＃1が＃2にパスをすると、＃1はX2の邪魔となり、＃2がシュートを打つことができる。

　コールプレイのアドバンテージは＃3、＃4、＃5がリバウンドの体勢を整えることができ、さらにウィークサイドからも飛び込みリバウンドを狙うことができることである。

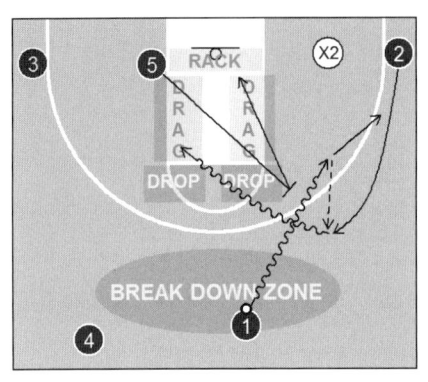

ピストル（フィスト）

　＃2がボールを受けると同時に、＃5は＃2にスクリーンをかけるためにダッシュする。

- ・＃1は、ドロップゾーンに向かって、ややウィングよりにドリブルする。
- ・＃1が＃2にパスをすると、＃1はX2の邪魔となる。
- ・＃5は、＃2に対する2回目のスクリーンをセットし、リングに向かってダイヴする。

　オプションについてはピック＆ロールの章を参照のこと。

ポップ

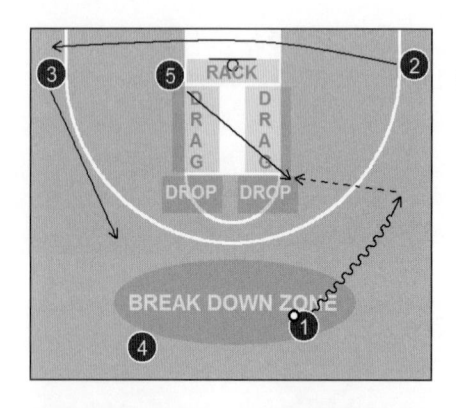

　ポップはドロップ5エントリーの拡張版である。#1のためのプレイであるが、ウィークサイドでの動きと、#5から#2へのキックバックの動きがある。
- #1がドリブルしたら、#2は反対側のコーナーへ動く。
- #3は、コーナーから高い位置へあがる。
- #5は、ボールサイドのハイポストへフラッシュする。
- #1は、#5へパスをする。

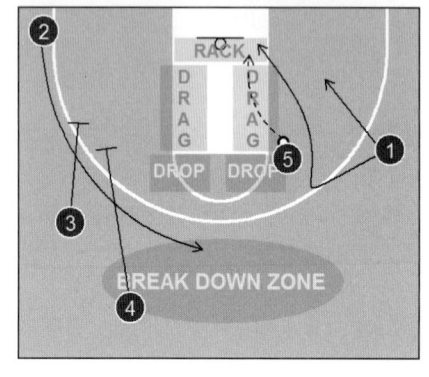

- #1はバックドアか、#5をスクリーンとして使いながら、#5の後方からリングに向かって動く。

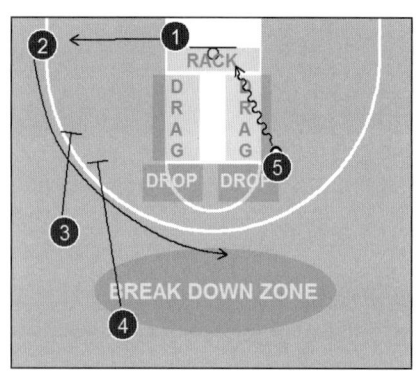

- #1がクリアしたら、#5はリングにアタックする。
- #3と#4は、#2に対してスタッガードスクリーンをセットする。
- もし#5がストップしたら、#2にパスをしてシュートを狙わせる。

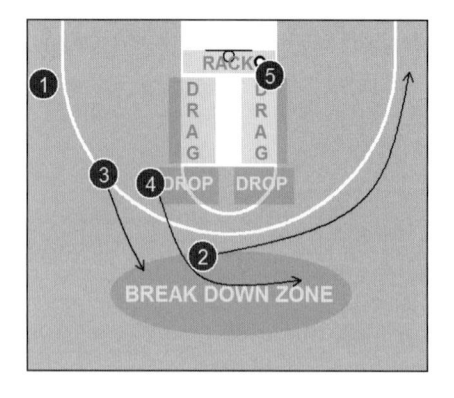

- もし#5も#2もシュートできなければ、#2、#4、#3、#1は#5がパスをさばけるようスペースを作る。

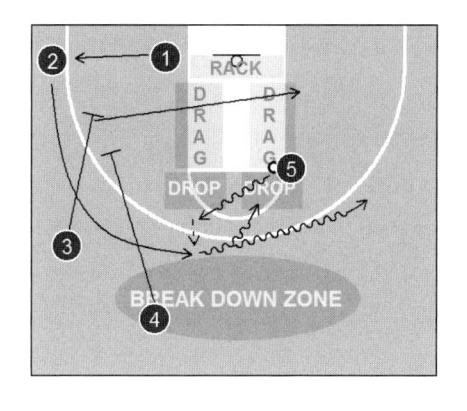

＃5は＃2に対してキックバックを選択することもできる。

・＃3と＃4は、＃2に対してスタッガードスクリーンをセットする。
・＃5は、＃2に向かってドリブルし、キックバックする。
・＃2がスタッガードスクリーンを通過した後、＃3はボールサイドのローポストにダイヴする。
・＃2は、3ポイントシュートを打つか、ローポストの＃3にパスを入れるか、または＃5にパスして＃3とのハイロープレイのいずれかを選択する。

＃2と＃5によるスタック

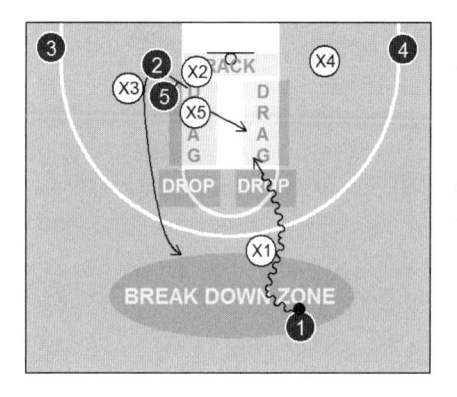

＃1は自らがアタックするスペースを作るために、＃2と＃5をローポストでスタックさせる。

もし＃1がアタックを始めたら、＃2は＃1の後方を追いかけるように動きボールをもらう。そして3ポイントシュートか、＃4とのトリプルギャップをアタックする。

サムズアップ

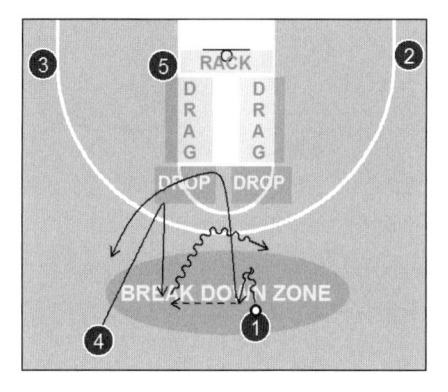

サムズアップは、ディフェンスがサギングしているときに使うことができる。ロブパスを狙い、バックドアやバックスクリーンからの得点を狙う。

＃4のTカットを予測して、オーバーディナイをしてくるディフェンダーの裏をつく。

4番の位置にジャンプ力があるプレイヤーを配置して、このプレイを狙う。

・＃1のプルバックから＃4へのパスでプレイが始まる。＃4はVカットでオープンにならなければならない。
・＃4へのパスの後、＃1はTカットし、＃4はペネトレートするが、あたかもサギングディフェンスに止められたかのように見せかけて、向きを変えプルバックする。

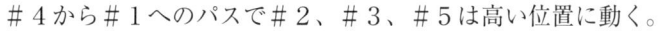

＃4から＃1へのパスで＃2、＃3、＃5は高い位置に動く。

・＃4はTカットするふりをするが、鋭くリングへカッティングし、＃1にロブパスを狙わせる。
・このプレイをヘルプできる唯一のプレイヤーはＸ2なので、＃4がカッティングしたら、＃2はウィングにあがる。これによってＸ2のどんなヘルプに対しても、オープンで3ポイントシュートを打つことができる。

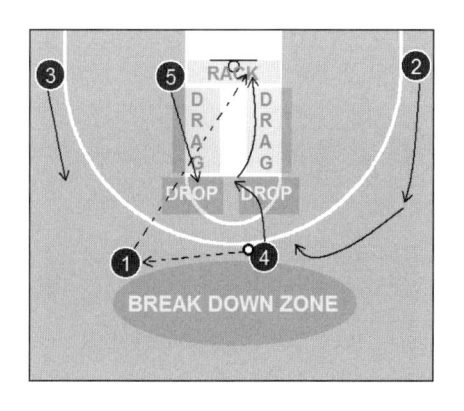

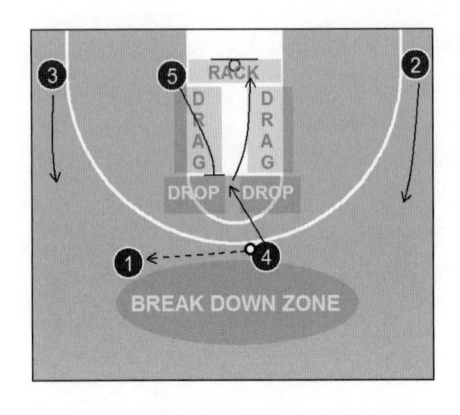

　＃4がオープンになるように、＃5がバックスクリーンするオプションもある。

エックス4オプション（＃4のポストアップ）

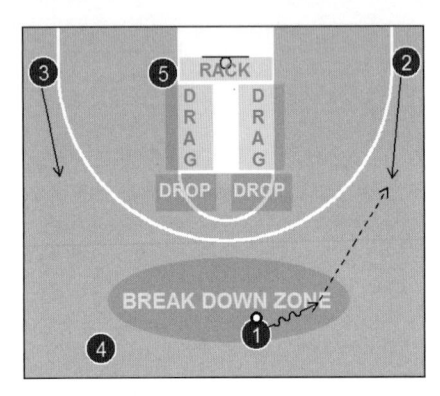

　エックス4オプションは4番のポストオプションであるが、3ポイントシュートのオプションもある。

　どのようにプレイヤーを配置するかにより、＃4にいくつかのオプションが可能になる。パワーフォワードか、ポイントガードが、＃4としてプレイすることになる。
・＃1は、＃2へパスをする。
・＃2は、コーナーからウィングにあがりパスをもらう。
・＃3は、コーナーからウィングにあがる。

エックス4オプション（＃4のポストオプション）

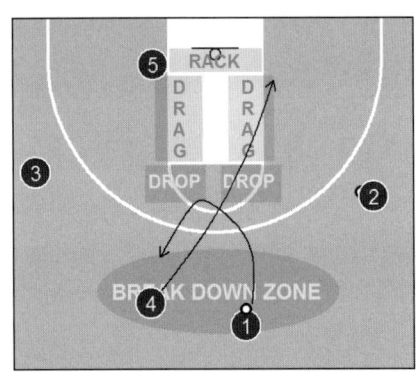

・＃1は、Tカットする（＃4へのブラッシュスクリーン）。
・＃4は、＃1の後ろを抜けて、ボールサイドのローポストに動く。
・＃4は、ポストアップを狙う。もしX4が、スイッチしたらX1に対してポストアップする。

　もし＃4が強力なビッグマンであれば、両方の場合でアドバンテージをとることができる。＃4がガードプレイヤーであってもポストアップできるのであれば、このケースでもアドバンテージをとることができる。

　図では＃5がハイポストにフラッシュするチャンスがあり、＃4とハイロープレイができる。

エックス4オプション（＃5のポストオプションと＃4の3ポイントシュートオプション）

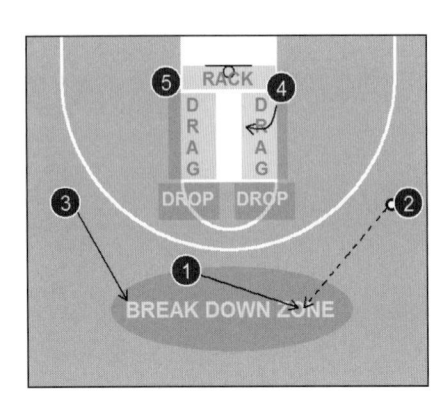

・もし＃4にパスができなければ、＃2は＃1にパスをする。
・＃3は、＃1の位置へリプレイスする。
・＃1は、ダックインする＃4とのハイロープレイを狙う。

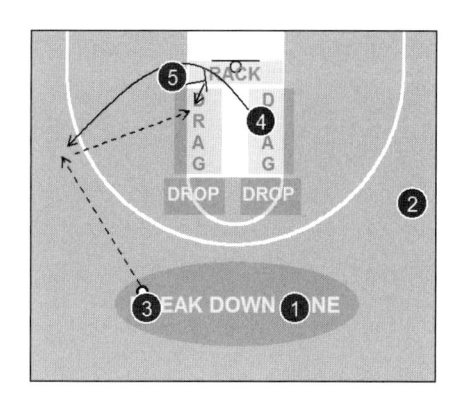

・＃1は、＃3へパスをする。
・＃4は、＃5のスクリーンをもらいウィングにあがってくる。
・＃4は、3ポイントシュートかドライヴを狙う。
・＃5は、ダックインする。

【注意】 別の方法としては、＃1に1秒ほど長めにボールをキープさせ、＃5にインサイドスクリーンをセットした後、ウィングに上がってくる＃4にシュートを打たせる。

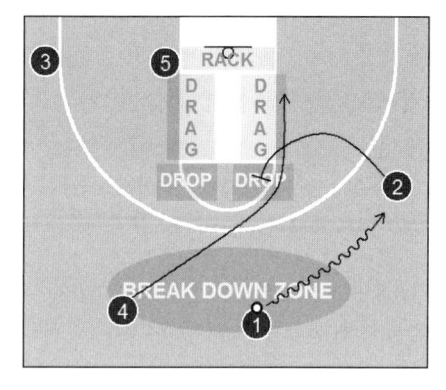

エックス4オプションへの他のスタート方法

もし＃2がウィングでボールを受けられなかった場合、＃1はドリブルでウィングに動き、＃2は＃4へスクリーンをセットする。

ここからプレイは同様となる。

塚本コーチのここがポイント！

【セットプレーの選び方】

セットプレーを採用するときに重要なことは、自チームのことを十分に理解することです。自チームの強みは何でしょう。タイトにディフェンスをされているときに、サムズアップを選択したり、まだアウトサイドからのプレーができないビッグマンなのに、3ポイントオプションを選択したりすることは、形だけのセットプレーを採用してしまうことになります。対戦相手の状況や自チームの強みを理解した上でセットプレーを選択しましょう。

エックス5オプション(ビッグマンのためのポストオプションと3ポイントシュートオプション)

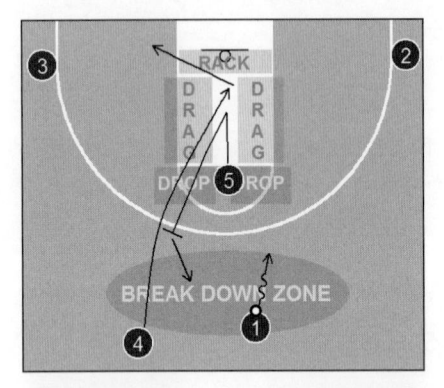

エックス5はエックス4とほぼ同じプレイであるが、ポストプレイヤーのためのプレイである。

・#5は、プレイを開始するために#4にバックスクリーンをかける。

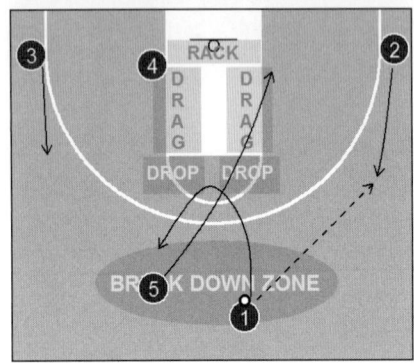

エックス5オプション（ビッグマンのためのポストオプション）

・#1は、#2をウィングにあげる。
・#2は、コーナーから素早くウィングにあがってボールを受ける。
・#4は、ウィークサイドのポストへ動く。
・#1は、Tカットをする（#5へのスクリーン）。
・#5は、#1の背後をカッティングし、ボールサイドのローポストに動く。
・#3は、コーナーから2歩ウィングよりにあがる。
・#5は、ポストアップを狙う。

ハイロープレイ：ここでは#4がハイポストにフラッシュし、#5とのハイロープレイをするチャンスがある。

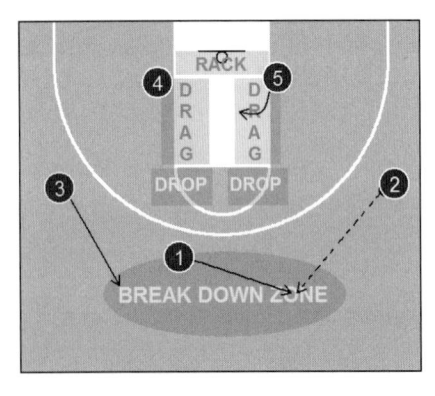

エックス5オプション（ビッグマンのためのポストオプション）

・もし#5にパスができなければ、#2は#1にパスをする。
・#3は、#1の位置へリプレイスする。
・#1は、ダックインする#5とのハイロープレイを狙う。

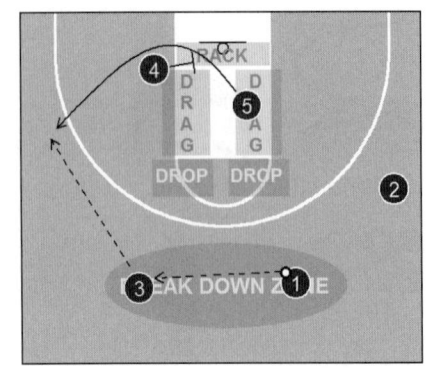

エックス5（#4のためのポストオプションとビッグマンのための3ポイントシュートオプション）

・#1は、#3へパスをする。
・#5は、#4のスクリーンをもらいにウィングにあがる。
・#5は、3ポイントシュートかドライヴを狙う。
・#4は、ダックインする。

DDMの指導

　DDMに特化した革新的なドリルは数多く紹介されているが、そのドリルを行うよりも先に、このオフェンスのシステムをプレイヤーたちに理解してもらうことが大切である。

　モーションオフェンスを指導するための伝統的な戦略は「全体－部分－全体」メソッドである。これはボブ・ナイト氏によって提唱された。まずはオフェンスの原則をチーム「全体」に示し、それを「部分」に分けてドリル練習で身につける。そして最後に部分と部分をつなぎあわせて、「全体」となる5対5のオフェンスに組み上げていく。

　しかし、DDMにおいては"断片的"にメソッドを提唱したほうが良いと考えられる。最初から「全体」を指導するのではなく、いくつかのオプションに関しては、最初は省いておいたほうが、プレイヤーが理解しやすいからである。DDMの基礎を教えていく中で、プレイヤーたちがDMMの原理・原則への理解を深めたときに、改めてオプションを加えていくと良いだろう。

　DDMの指導は、終わりのないプロセスである。DDMの成功は、フロア上をスポットからスポットへ動くことのみならず、プレイヤーの個人スキルの成長や判断能力の向上に大きく寄与する。したがって、コーチは、プレイヤーたちのスキルを成長させ続けなければならない。最初のうちこそ、プレイヤーが誤った状況判断をすることもあるだろう。しかし、時間をかけた熱心なコーチングによって、プレイヤーたちの判断力、決定力、技術力は、必ずや向上してくるはずである。

指導する前に

　DDMの指導は、"断片的"に「全体－部分－全体」メソッドを用いるべきだと述べた。まずプレイヤーたちには、この章で紹介するドリルを用いて、基本的な原則と判断のポイントを指導する。その後、細かい部分の指導に入っていくと良いだろう。

スポットのマーキング

　最初のセッションでは、セットしてほしいポジション、カッティングしてほしいコースをプレイヤーたちに理解してもらうため、フロアのスポットにマーキングすると良いだろう。また、ドロップゾーンも同様にマーキングする。これにより、シングルギャップ、ダブルギャップ、トリプルギャップがどう作られるのかをわかりやすく示すことができる。

　#2と#3のマーキングに関しては、ヴァンス・ウォルバーグ氏かジョン・カリパリ氏のどちらのフィロソフィーに同調するかで、適切な場所に行うと良いだろう。

　フリースローラインの延長線上のウィングのマーキングは、必ずサイドラインの近くにしなければならない。これらのマーキングはプレイヤーがセットするところではなく、3ポイントラインに向かってターンするときに"軸足を置く"ところである。これによってプレイヤーの胸が常にリングを向くようになる。

　また、ポストプレイヤーのために、左サイドのローポストで、両足をつけている位置をマーキングする。

　Tアップポジションにテープを貼るのも良いだろう。

基本

このオフェンスをチームに紹介するときに、1つのセッションで、次のことにフォーカスしたDDMの基本を教えることを提唱している。

- ・プレイヤーの特性とそのポジション
- ・スペーシング
- ・ギャップ
- ・カッティング

ラック／ドロップゾーン

どのようにオフェンスが機能するかを理解することは、プレイヤーにとって重要なことである。まず、ポイントガードだけの動き方からはじめて、次に1人ずつプレイヤーを加えながら、ドラッグゾーンでの動きを確認していく。これはお互いがどのように動くかを理解させるのにとても役立つものである。

まず、ここで強調すべきなのは「ボールマンの目標は、パスではないこと」である。ボールマンの第1目標は、ラックゾーンに到達するためのアタックオフェンスであることを強調すべきである。

このことは極めて重要である。ボールマンが、最初からパスを狙っていれば、オープンでシュートを打つ鍵となるクローズアウトを引き起こせないのでオフェンスは崩壊するだろう。

ドロップゾーンバックドアの判断を教える

ドラッグゾーンの説明をひと通り終えたら、次にドロップゾーンの説明に入る。最初は5対0の状態で示すが、のちにダミーディフェンスを置いて説明していく。ディフェンスをどう引きつけて、どう動かせば、オフェンスがフリーになるのかを理解させ、状況を判断できるよう指導していく。

オフェンスの場合は、基本的な判断をプレイヤーたちができるようになるまで、ドロップゾーン・キックアップは紹介しない方が良いだろう。なぜなら、他にたくさんの良いオプションがあるにもかかわらず、キックアップに依存する傾向があるからである。特にバックドアの判断を確実にできるようになることは、重要である。

最初の段階で、ドロップゾーン・バックドアのみを使えるオプションにしておくと、その後のプレイがうまく機能する。基本的にウィングは毎回バックドアから始める。実際、この時点では簡単にオープンになることはないが、ディフェンスを揺さぶることで、オフェンスは次なるオプションを判断し対応することができるのだ。

ゾーンのドリル

ドロップゾーン・バックドアまで習得できたら、ブラッドドリルを行えるほど戦術を十分に理解できているということだろう。ブラッド22からはじめ、ブラッド32とブラッド33へと進めていく。

ブレイク

ポジショニングの感覚と、お互いのスペースの作り方を習得させるために、アーリーブレイクの説明から始める。ここではシンプルなウィングペネトレートのみを説明し、ポストにプレイヤーがいる状態でのペネトレートには触れないでおく。

そして、アーリーブレイクの説明を終えたら、次にセカンダリーブレイクに進む。そのときにウィングのプレイヤーをベースライン側に移動させ、ポイントガードがペネトレートできるレーンを作る。

ミドルペネトレートとキックバック

ここでようやくミドルペネトレートとキックバックを教えることができる。ミドルペネトレートの主なオプションはカットオフである。これは、オフェンスにおける必要不可欠なものではあるが、プレイヤーを困惑させないように、他のエントリーはまだ教えないでおく。

アタックを狙っていることを強調することが重要であり、＃2と＃3がギャップを空けるためにどれほど辛抱強くなければならないかも強調する。オフェンスがスムーズに行われるために、＃5の動きがいかに重要であるかの意識を持たせる良い機会である。

ドリルの習慣化

ここまで進むと、チームオフェンスが機能し始めていることが分かるだろう。ただ、プレイヤーたちにとっては、ここまでが1回のセッションで得られる最大限の情報量であると思われる。もしかしたらそれ以上かもしれない。

次の章では、ドリルを使って、プレイヤーたちにファンダメンタルと判断を叩き込んでいこう。

プレイヤーたちが、このオフェンスへの理解を示したら、ドロップゾーン・キックアップ、クイック、ブレイクダウンエントリー、そして残っている判断を加えていこう。

また、＃2と＃3のクイックヒッターやパターン化されたエントリーを加えても良いだろう。

オフェンスを浸透させる

DDMを導入し始めた頃は、ハーブ・ウェリング氏のDVDから影響を受けて、かなり多くの時間を5対0に費やしていた。そして、オフェンスのパターンを学ぶことに多くの時間を費やしてきた。しかし、今ではその指導方法を否定している。なぜなら、このオフェンスの基本は、モーションオフェンスであり、プレイヤーが判断しなければならないシチュエーションの連続で構成されているからである。オフェンスプレイヤーはディフェンスの動きを見て、適切に判断することを学ばなければならない。つまり、パターン化された5対0では、この判断力を養うことができないのである。

オフェンスにおいて、プレイヤーが正しく判断し、正しく実行できるようになるためにはどうすればいいのかを長い間、試行錯誤してきた。指導方法が変わったのは、ペパーダイン・オンライン上で、ヴァンス・ウォルバーグ氏の練習計画に出会ってからである。それまでは、プレイヤーの動きが非常に機械的であり、飽き飽きする練習の繰り返しだったと認めざるを得ない。

ヴァンス・ウォルバーグ氏は「Daily 45」を使う。このドリルは、まずプレイヤー個人個人でドリルを始め、最終的に5人全員で行うドリルへとつなげていくものである。内容は、シューティングを含むDDMの基礎と、このオフェンスシステムの部品と部品を結び付ける一連の動きを網羅したドリルであり、

それを途切れることなく1つの流れとして学ぶことができる。ゆえに今ではDDMにおける指導の根幹であり、またはそのものを形成するといっても過言ではない。毎日、この中の3〜5個の短いドリルをチョイスし練習に組み込むと良いだろう。ドリルでは、実戦でプレーするのと同様のスピードと判断が重要である。

ボールを守る

練習で採用している特別なルールの1つとして、ディフェンスがボールをはじいてアウトオブバウンズにすると、ディフェンスボールになるということである。

このルールを採用する理由は2つある。第1に、試合でボールをはじくことはスティールにつながり、オフェンスの邪魔ができるからである。練習中からこのようなハッスルプレイを強化したい。

第2に、オフェンスがボールをより大切に扱うことを強化したいからである。不用意なパスをすると、ボールを失う可能性が高いことを実感させるのにも良い。

成長とファンダメンタル

どのチームも様々なオフェンスシステムを実行することができるが、最終的にしなければならないのはプレイヤーのスキルの向上である。仮に世界一のオフェンスシステムを採用したとしても、対戦相手と同等のスキルレベルがない場合、試合には勝てない。

プレイヤーはオフェンスシステムを理解する必要があるが、まずは、分解練習をしっかりと行うことが大切である。

指導者は、DDMがどのように機能するのかをプレイヤーに説明するとともに、ドリブルペネトレーションがいかに重要であるかを理解させる。

そして、数えきれないほどの時間をボールハンドリング、ドリブルペネトレーション、シュートといった個人スキルのレベルアップに費やした結果として、プレイヤーがより良いオフェンスを実行できるようになっていくのである。

DDMのスキルを磨く

DDMを行うためには、リングにドライヴする能力に優れたプレイヤーを育成しなければならない。

ヴァンス・ウォルバーグ氏のレイアップドリルは、素晴らしいウォーミングアップドリルであり、かつティーチングドリルでもある。プレイヤーが集中して取り組みやすく、ちょっとした工夫を取り入れることで、練習強度を高めることができるため、毎日の練習に取り入れるべきである。

レイアップドリルに取り入れていくべき工夫は、ファンダメンタルである。

①**最初の動き**：目の前のディフェンスを抜き去る。
②**2番目の動き**：最初の動きがディフェンスに止められたときの対応。
③**シックスフット・フィニッシュ**（リングの両サイドから1m）：ヘルプディフェンスがきた状態でフィニッシュする強さ。

これらのファンダメンタルを、徐々にレイアップドリルに取り入れることで、より激しく、難易度の高いフィニッシュをすることができる。

個人のドリル

ブラッド11を含む1on1ドリル、プライマリームーヴとセカンダリームーヴを教えるドリル、そしてハイスピードドリブルからのフィニッシュを教えるドリルがある。

2人、3人、4人での分解練習

リングにドライヴするスキルが高まると、2人、3人、4人の分解練習のレベルも向上する。それはレイアップを防ぐために、より強く早いヘルプディフェンスをしなければなくなるからだ。

- ・2人のドリル － 制限された状況の下でプレーさせ、判断とペネトレートからのパスを理解させる。
- ・3人のドリル － 制限された状況の下でプレーさせ、チームワークを理解させる。
- ・4人のドリル － 制限された状況の下、ゲームに近い状態でプレーさせる。

これらのドリルは、全てゲームシチュエーションドリルとして行う必要がある。ドリルは実際のゲームと同様にフルスピードで行うが、練習教材であるため、少ない人数で実施される。

塚本コーチのここがポイント！

【全体練習と分解練習】

練習において重要なことは、「DDMとはこういったオフェンスだ！」とミーティングを重ねるよりも、より実戦に近い状況を作り出し、分解して反復させることです。部分を作り上げるのですね。例えば、1on1で相手を打ち負かすことを話して理解させるよりも、練習の中で競わせることによって浸透させることが重要です。こういった部分を積み重ねて、全体を作り上げていきましょう。

第5章

DDMの練習方法

ヴァンス・ウォルバーグ氏の「Daily45」は、まずプレイヤー個人個人でドリルを始め、最終的には5人全員で行い、このオフェンスシステムの点と点を1本の線へと結びつけていく一連のドリルである。ほとんどのドリルが競争的で、ディフェンスの強化につながる要素も含まれている。

プレイヤーがドリルを学ぶのに時間を要するため、新チームになって間もないチームはドリルを終えるまでに45分以上かかってしまうかもしれない。しかし、次第に慣れてきて時間は短縮されていくはずだ。年度後半には、5対0のダミーオフェンス（フルコート、もしくはハーフコート）を、シューティングドリルの後に入れる時間もできてくるだろう。

「Daily45」をいくつかのカテゴリーに分け、練習にあわせて、1つか2つのドリルをそれぞれのカテゴリーから選んでみた。

「Daily45」の中心は、オフェンスを学ぶためのブラッドドリルである。毎日15～20分をブラッドドリルに費やすことは充分に価値があるだろう。

A) Daily45 シューティング

- 2～4分のオリンピックシューティング（毎日）。
- 毎日同じメンバーで5スポットシューティングをし、スコアを記録する（毎日チームと個人のスコアを記録する）。
- バードドリル（毎日ではないが、スコアは記録したい）。

B) Daily45 レイアップ

年度当初に基本的なレイアップドリルを行いたいところだが、どこかのタイミングで競争的、かつチームの連携により焦点をあてたドリルに切り替え、基本的なレイアップドリルを合理的に排除することができる。

- 普通の右のレイアップ。
- 普通の左のレイアップ。
- ドロップ＆ドラッグ2メンゲーム　2コーナー（1、3、4スポットから）。
- ドロップ＆ドラッグ2メンゲーム　3コーナー（1、2、4スポットから）。
- メンフィス・パーフェクション・ランニングドリル。

C) Daily45 ゲームタイプドリル

- アタックドリル
- テキサス111
- テキサス22
- カージナル
- カージナル32
- スクランブル（11人のファストブレイク）（2～3分）
- スクランブル（ドリブルなしで、良いシュートを打つ）
- スクランブルスコアリング（8点先取）
- トランジションドリル

D) Daily45 ブラッドシリーズ

20分のトレーニングセッションのなかに、いくつかの異なるブラッドドリルを組み込むことができる。例えばブラッド22から始め、ブラッド44にいく、またはブラッド32、33、44を行っても良いだろう。

- ブラッド22
- ブラッド32または33（2サイドまたは3サイド）
- ブラッド44

Daily45 シューティングドリル

オリンピックシューティングドリル

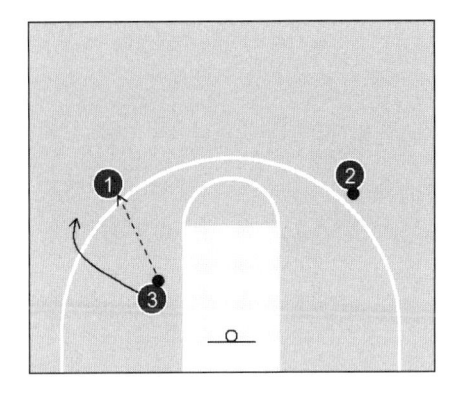

目的
- シューティングにおける素晴らしいウォーミングアップドリル。
- これは3ポイントシュートに焦点を当てたものである。

練習方法
- リングに対して3人のプレイヤー。
- ウォームアップドリルとして2〜4分間、体をほぐすために15本入れるまで1〜2回行う。
- ボールは2個使う。
- シューターは自分でリバウンドを取り、ボールを持っていない次のプレイヤーにパスをする。
- ポジティブパスのみを行う。
- 次のシューターは「ボール！」と叫ぶ。

プレイヤー
- 3人ずつ

指導のポイント
- プレイヤーは絶えず動き、ポジションを変える。
- どんなシュートが望ましいかを決める。
- シューターに良いパスを出すことに集中し、ポジティブなパスを出す。
- シュートの状況を作り出すことに集中する。
- スペーシングが鍵である。3ポイントラインから1〜2mのスペースをとり、それからシュートに向かう。NBAの3ポイントライン上で構え、ボールミートのときに3ポイントラインを踏まないようにする！

バードドリル

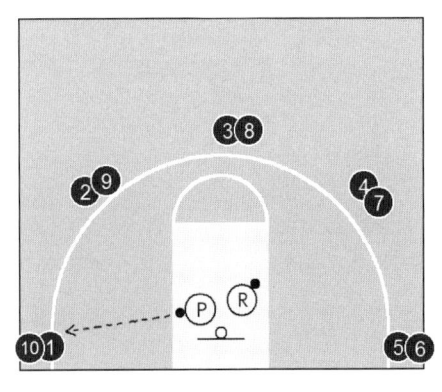

　2分の3ポイントシューティングドリル。3人のプレイヤー（シューター、パッサー、リバウンダー）で行い、ボールは2個使う。

　コーナーからスタート。連続して2本入れるまで、そのスポットでシュートを打つ。それからウイングに移動し、同じ事を繰り返す。トップ・オブ・ザ・キー、両ウイング、両コーナーの5ヵ所全て成功するまで行う。最後のコーナーでは、2本連続でシュートを成功させた後、またさらに2本連続でシュートを成功させる。その後、逆行する。

　もし、ドリルを終えても時間が残っていれば、トップ・オブ・ザ・キーから3ポイントシュートを時間いっぱい打ち込む。

記録の方法

- 達成したスポットの数を記録する。もし全て達成したら、トップ・オブ・ザ・キーから3ポイントシュートの数も記録する。

5スポットシューティング

全ての練習で3人のプレイヤーが同じグループになる。

目的

- 素晴らしいウォームアップとコンディショニングドリルである。
- 3ポイントシュートに有効的である。

練習方法

- 4分間行う。
- 3人1組で、2個のボールを使う。
- 5スポット(右ウイング／右コーナー／左コーナー／左ウイング／トップ・オブ・ザ・キー)。
- それぞれの場所で10本入れたら、移動する。
- 5つのスポットで10本入れたら(トータルで50本)、残っている時間、そのグループはトップ・オブ・ザ・キーからできるだけ多くシュートを打ち続ける。
- プレイヤーは常にターゲットハンドを出す。

チーム編成

- 3人1組だが、もし必要なら4人でも行える(ボールは2個のまま)。
- 体育館内にあるそれぞれのリングに、1(ベストシューターズ)から5(チャレンジドシューターズ)までにランク付けする。

グループの目標

ランクを上げるための方法

- 目の前のチームに10本以上の差をつけて勝つ。
- 目の前のチームに2回連続で勝つ。
- 1日に1つのランクしか落とすことができない。

チームゴール

チームの最低目標はイーブンを超えることだ(イーブン＝50本)。

例:

- グループ#1は、4つのスポットを達成した後、5つ目のスポット(トップ・オブ・ザ・キー)で7本成功＝グループ#1は、マイナス3。
- グループ#2は、5つ全てのスポットを達成した後、ボーナスシュート(トップ・オブ・ザ・キー)を5本成功＝グループ#2は、プラス5。
- グループ#3は、5つ全てのスポットを達成したが、ボーナスシュート(トップ・オブ・ザ・キー)が入らない＝グループ#3は、プラスマイナス0のイーブン。

チームトータル:プラス2

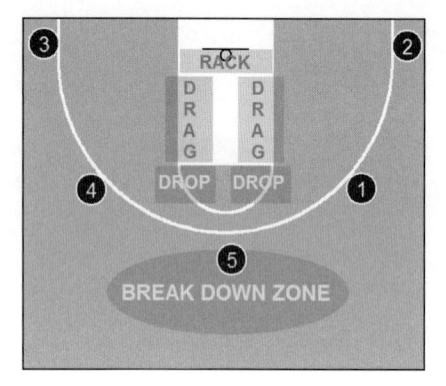

プレイヤー
・ビッグマン以外の全てのプレイヤー（このとき、ビッグマンは個人的なドリルに取り組む）。

【注意】　ビッグマンは200cm以上である。しかし、若いビッグマンをポストプレーに制限すると、成長を阻む可能性があるので好ましくない。

指導のポイント
・シューターは自分自身のリバウンドを頑張らなければならない。
・U18の場合、それぞれのスポットで8本を成功させ、合計40本を目指す（U18は8本、U16は6本、U14は4本）。
・チーム全体でイーブンを超えるべきである。

ヴァンス・ウォルバーグ氏の今までの最高スコアは
・1つのグループで、プラス26　（4分で76本の3ポイントシュート）。
・チームとしては、プラス42。

Daily45 レイアップ

レギュラー・ドリブルドライヴ・レイアップ

　ドリブルドライヴ・レイアップはヴァンス・ウォルバーグ氏の「Daily45」に必要不可欠である。プレイヤーに日々様々なシュートにおける一連の動きを練習させることで、確実に基礎技術を向上させる。このドリルはオフェンスのタイミングを学ぶ要素を多く含んでおり、通常のウォーミングアップドリルとしても使うことができる。

目的
・様々なアングルやスポット、また、どちらのハンドからでも得点できる個人スキルを身につけ、チームオフェンスを強化する。
・ボールハンドリング能力やフィニッシュのスキルを着実に身につける。

練習方法
・シューターとリバウンダーの2つのグループ（各6人程度）に分け、ボールは2個使用する。
・シュートミスがあった場合、リバウンダーがリバウンドをとってシュートを決める。そして、シュート後のボールを自らとり、外側の手でドリブルをし、ペイントエリアの外側でジャンプストップ。次のシューターに対してオーバーヘッドパスをする。そこから次のプレイヤーがスタートする。

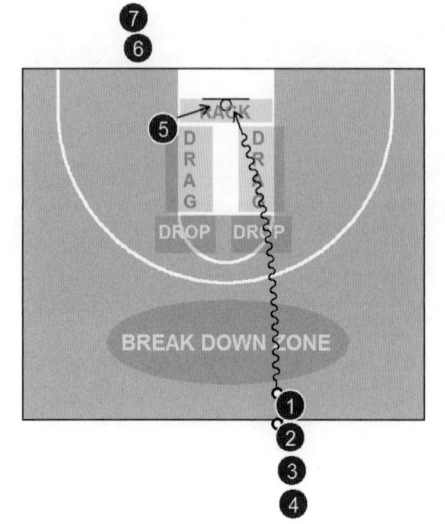

レイアップ

　以下はヴァンス・ウォルバーグ氏のレイアップの順番である(右サイドの例)。

- ・ハーフコートラインからドリブル2回で右手で強くフィニッシュする。
- ・リバース（右手のフィニッシュ）。
- ・リバース（左手のフィニッシュ）。
- ・ペイントエリアの前でクロスオーバーし、左手のセミフックまたはベビーフック。
- ・ヘジテーションしてボールを右サイドで右手で保持した後、左手に持ち変えてフィニッシュ。
- ・直進し、ポンプフェイクかアップアンドアンダーでパワーレイアップ。
- ・アラウンド・ザ・バック（ドリブルでのアラウンド・ザ・バックではなく、ボールを上げ、レイアップでアラウンド・ザ・バック）。

　ジョン・カリパリ氏は少し違うものを行っている。

- ・3ポイントラインでのスタッターステップ＆ゴー。
- ・クロスオーバーからの左サイドのフィニッシュ。
- ・リバースレイアップ（フリースローライン通過の直後にボールをあげる）。
- ・サイドライン側まで動き、3ポイントラインから向かう。
- ・ジノビリムーブ（ステップでかわす、フリーズムーブとも呼ばれる）。

　デイブ・スマート氏のドリルもお薦めである。

- ・リングに激しくアタックする（45°でフィニッシュ）。
- ・ジノビリムーブ（ディフェンダーに向かってドライヴし、ディフェンスを凍りつかせる）。
- ・フローターシュート（クイックリリース、ジャンプしてドリブルしていないサイドへ腕を伸ばす）。
- ・ジャンプストップ＋ステップスルー（アップアンドアンダー）。

　子どもたちにはフローターシュートを教えることを奨励する。

- ・フローターシュートはディフェンスがリング前で待ち構えている場合に優れている。通常は2歩のステップを踏んで右手のレイアップに持ち込むアタックが予想されるが、ブロックのタイミングをずらすために、最初の1歩で飛び、左手でフローターシュートを放つと非常に効果的である。

指導のポイント

- ・様々な動きが着実に身につくように指導して行くことをお薦めする。最初のうちは1日に2つか3つの動きに留めながら、プレイヤーの能力が向上するにつれ、ドリルの難易度を高めていくと良い。
- ・ゲームスピードで行う。
- ・相手を抜き去るためのドリブルとオーバーヘッドパスに取り組む。
- ・プレイヤーの能力の向上と共に、シックスフット・フィニッシュをレイアップに加える。
- ・プレイヤーの能力の向上と共に、最初と2番目の動きを変化させる。
- ・正しい位置でボールをキープする。

ドリルの展開

　ヴァンス・ウォルバーグ氏のオリジナルドリルでは、コート中央の2列から

ドリルを行い、ディフェンスなしのレイアップの練習しかしていない。このドリルの発展版として、1対0のレイアップ練習の際に、シュートのタイミングを考えつつ、ディフェンスプレッシャーの下でレイアップ練習に取り組むことを提案する。

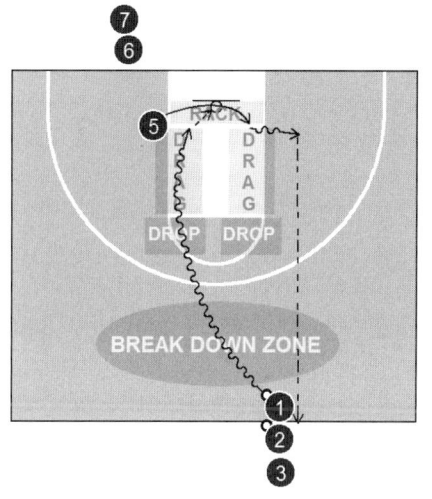

ファーストオプション・オフェンスのタイミング

ヴァンス・ウォルバーグ氏のオリジナルレイアップでは、2つのガードスポットのどちらかに1つのレイアップラインを配置し、もう1つのレイアップラインはポストの位置に配置する。ポストのプレイヤーはゲーム中のようにシュートミスに対するリバウンドも念頭に入れて動く。

これで、全てのプレイヤーが、ペネトレートするプレイヤーとポストプレイヤー間のタイミングに慣れることが出来る。

セカンドオプション・プレッシャーの下でのフィニッシュ

コーチかマネージャーが、フリースローラインとリング付近にそれぞれ立つ。可能であれば、両者はパッドを（フットボールやラグビーのパッドが最適）備えると良いだろう。プレイヤーはパッドとコンタクトしようとし、プレッシャーの下でフィニッシュすることに慣れていく。

また、ドリブルでアタックするプレイヤーは、フリースローラインに立っているコーチの腕の下をくぐり抜けるように、低い姿勢で通過しなければならない。

こういった方法は、オフェンスのタイミングオプションドリルにも簡単に取り入れることが出来る。

【注意】　このドリルはシーズンの早い時期にしっかりと取り組むべきである。それぞれのレイアップを1～2回ずつ行う。

ドロップ＆ドラッグ・レイアップシリーズ

ドロップ＆ドラッグ・レイアップシリーズは、ドロップゾーンでのステップ、ドラッグゾーンでのスキップ、そこからフィニッシュまでを含む2メンゲームの基礎練習である。2番側と3番側の両サイドから行う。

全てのペリメータースポットから行うことができるが、ここでは1スポットから3スポットのドリルを紹介する。シューティングラインは1スポットで、他のラインは3スポットである。

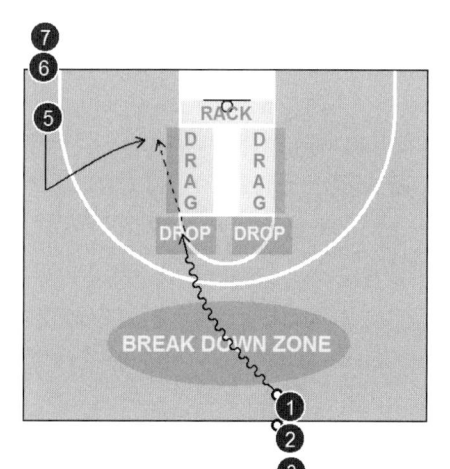

2メンのオプションは
・3番側のドロップゾーンでストップし、3コーナーのプレイヤーにバックドアからのレイアップをさせる（ドロップ3）。
・3番側へのドラッグゾーンに向かい、早い段階から#3へスキップパスをし、3コーナーへダッシュする（3コーナーのプレイヤーのドラッグ2）。

【注意】　以下のドロップ3は、1度ドロップゾーン・キックバックを教えた後でのみ行う。

- キックアップ（ポジティブパス）し、アタックし、レイアップを狙い、パッサーはコーナーへダッシュする。
- ドロップ3へつながるキックアップし、アタックし、ステップバックドリブルをし、コーナーの1番へパスをする（3番はウィークサイドのリバウンドのためにリングへカッティングする）。
- キックアップし、アタックし、ステップバックドリブルをし、コーナーの1番へパスし、＃3はギブ＆ゴー（ボールサイドへカッティング）でレイアップを狙う。

心構え

- 忍耐：3コーナーのプレイヤーはガードがドロップゾーンに達するまで動かない。
- コミュニケーション：3コーナーのプレイヤーは上がったときに、ディフェンスを引きつけ、バックドアをしかけるために「ボール！」と叫ぶ。これを必ず習慣にしなければならない。

メンフィス・ランニングドリル

メンフィス・ランニングドリルは、練習に臨む気持ちを正し、レイアップシュートを確実に決められるようになることに重要ポイントを置いている。

このドリルには5つのパートがあり、すべて設定した時間の中で終了しなければならない（プレイヤーの数とレベルに応じて5〜10分の制限時間を設定する）。ドリルのノルマを果たせなければ、チーム全体で最初からやり直しとなる。

どのドリルでも、プレイヤーは2本のレイアップを成功させなければならない。もし往路でミスをすれば、フリースローラインまで戻って、そこからもう1度やり直さなければならない。復路でレイアップシュートをミスした場合も同様に、フリースローラインに戻ってもう一度行う。

次のパートへは、全員が2本のレイアップを決めてから移る。

1. 右手のレイアップ

縦のコートを最大4回までのドリブル（低いレベルでは5〜6回）で右手のレイアップをする。ドリブルの回数は少なければ少ないほど良い。

2. 左手のレイアップ

縦のコートを最大4回までのドリブル（低いレベルでは5〜6回）で左手のレイアップをする。こちらもドリブルの回数は少なければ少ないほど良い。

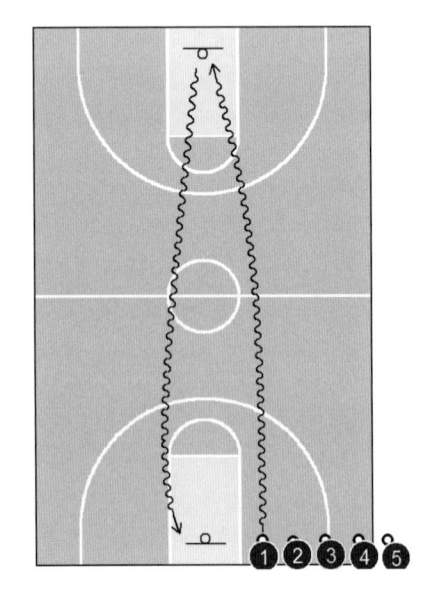

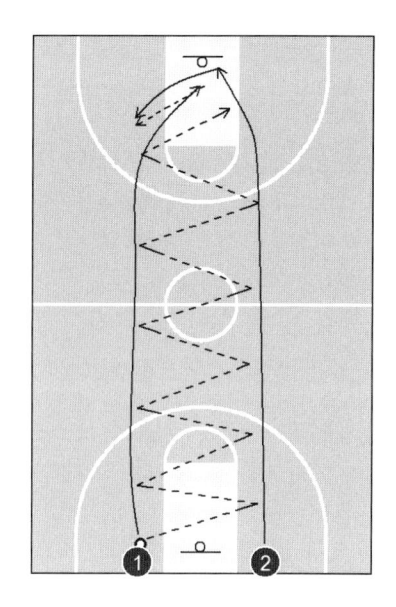

3. 2マンドリル

　プレイヤーは2列に並ぶ。お互いにパスをしながらコートを進み、レイアップを決め、同様に戻る。

　プレイヤーはボールをアウトオブバウンズにしてはならない。

　次のチームは最初のチームがフリースローラインに達したらスタートする。もし最初のチームがレイアップをミスしたら、2番目のチームは戻らなければならない。

<u>コミュニケーション</u>：パッサーは「シュート！」と叫んでパスをし、すぐに「リバウンド！」と叫びながらリバウンドに入る。

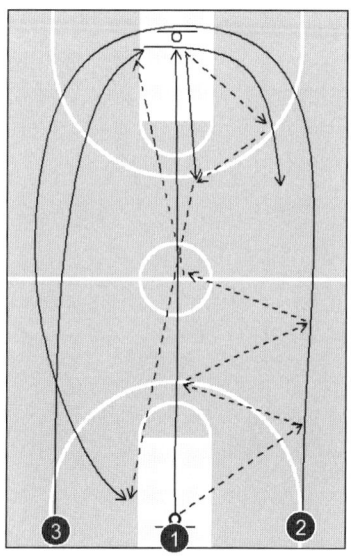

4. ミシガンドリル

　ポイントガードを中央に配置し、3列に並ぶ

・#1と#2は、走りながら4回のパスをする。4回目のパスの後、ハーフコートライン付近から#1は#3へロングパス。
・#1は、ボールが地面につく前にリバウンド。
・#2は、リングの下を走り過ぎる。
・#1は、#3にパスし、リターンパスを受けて、#2へレイアップにつながるパスを出す。

【注意】

・もし、レシーバーがパスに対する準備ができていなければ、#1はパスする前にジャンプストップをする。
・ウィングはパスとレイアップに適切な距離とアングルを保つために広がって走る。

5. ウィーブ（4パス＆レイアップ）

　ウィーブアップ＆バックできっちりと4回パスを行い、レイアップに持ちこむ。

　【注意】　もし、レシーバーが、パスを受ける準備ができていなければ、#1はパスする前にジャンプストップ、もしくはロブパスを用いてタイミングを計る。

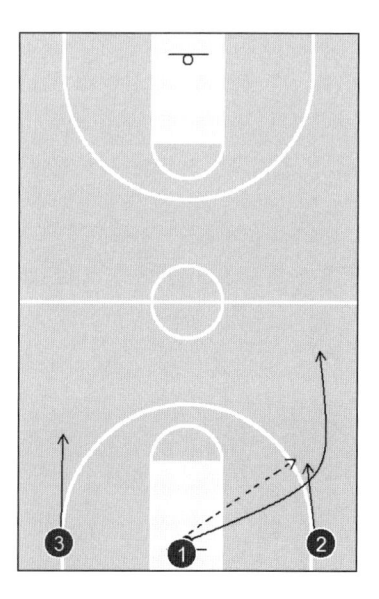

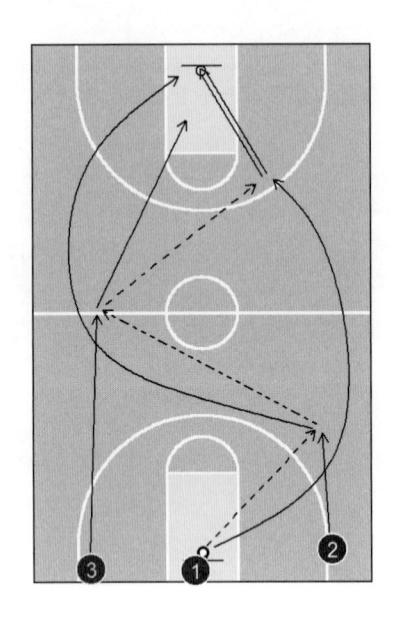

6. ウィーブ（3パス＆シュート）

プレイヤーはウィーブアップ＆バックできっちりと3回パスを行い、アウトサイドシュートをする。

一発でアウトサイドシュートが決まれば完璧である。シュートが外れたら、次のシュートを決めるため、インサイドでリバウンドをしてすぐにシュートする。もしボールが跳ねてアウトサイドでリバウンドすることになれば、リング下のチームメイトにパスし、そのプレイヤーがレイアップする。

チームが戻ってきてアウトサイドシュートを打ったタイミングで、次のチームがスタートする。

【注意】 もし、レシーバーが、パスを受ける準備ができていなければ、＃1はパスする前にジャンプストップ、もしくはロブパスを用いてタイミングを計る。

Daily45ゲームタイプドリル

アタックドリル

このドリルは、テキサス22とスクランブル（11マンブレーク）の両方に組み込まれる。

最少人数は、1on1の場合は4人、2on1の場合は6人である。

目的

Cカットおよび、アタックドリブルからの2on1を成功させる

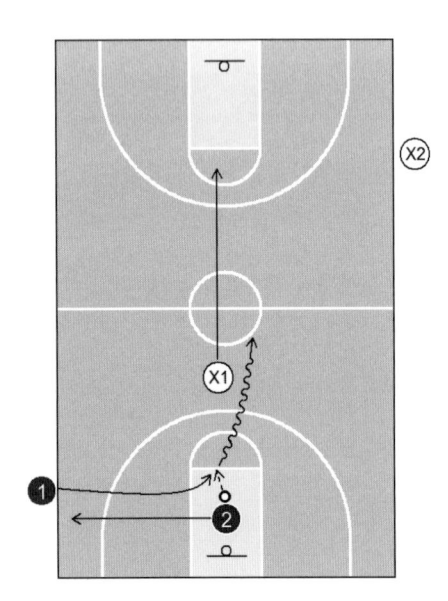

アタック　1on1

ドリルは、＃1がボールを受けるためにCカットするところから始まる。X1は、3ポイントラインの後方からスタートする。

＃1は、X1に激しくアタックしながら中央レーンを進まなければならない。

- オフェンスのプレイヤーはアタックして、シュートミスをしたら、リバウンドを取って再び攻めても良い。
- シューターは次のディフェンダーになる。
- X1がリバウンドを取ったら、新しいオフェンスプレイヤーX2はCカットしてボールをもらう。
- シュートが成功したらエンドラインから新しいオフェンスプレイヤーX2にパスを出す。
- もしシュートの前にミスをしたら、次の順番に進む。
- X1はフリースローラインの延長線上のX2がいた場所に並ぶ。

記録の方法

ディフェンスが攻撃を止めた場合はディフェンスにポイント、オフェンスがシュートを成功させた場合はオフェンスにポイントを与える。

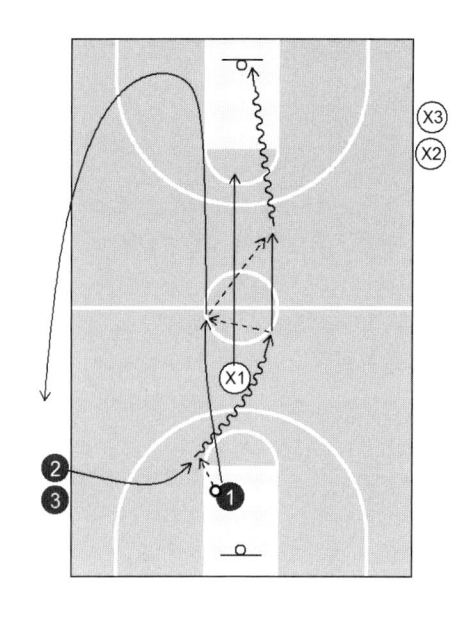

アタック　2on1

　ドリルは、#2がボールを受けるためにCカットすることから始まる。X1は、3ポイントラインの後方からスタートする。

　2on1では、オフェンスプレイヤーは、ハーフコートライン付近からパスを始める。これはディフェンスのバランスを崩すためである。

　【注意】　先行しているプレイヤーがアタックし、トレイラーがそのミスをリバウンドする。目的は2on1になることであるが、決して後方にパスをしてはいけない。
　・シューター（ここでは#2）は、次のディフェンダーになり、シュートしないアタッカー#1は、オフェンスの最後尾に移動する。
　・ディフェンスがリバウンドを取ったら、フリースローラインの延長線上から次のオフェンスプレイヤーがスタートする。
　・シュートが成功したら、エンドラインから次のオフェンスプレイヤーX2にパスを出す。
　・もしシュート前にミスをしたら、次に進む。
　・X1とX2は、#2に対して2on1を仕掛ける。

記録の方法

　ディフェンスが攻撃を止めた場合はディフェンスにポイント、オフェンスがシュートを決めた場合はオフェンスにポイントを与える。

テキサス11

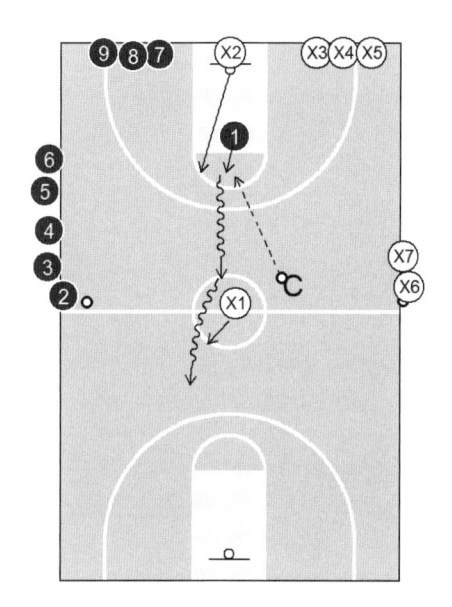

　本質的にはアタックドリルである。往路ではチェイサーをつけた形での1on1、復路では2on1を行う。

目的
　・オフェンスのアタックドリル（1on1）。
　・チェイサーを後方につけ、速いペースで行う。
　・シュートの成功後は、ディフェンスプレッシャーのドリルになる。
　・最少人数は9人。

練習環境
　コート上では、常に3人のプレイヤーがプレイする。
　・X1がボールを持ち、ハーフコートサークル付近に立つ（もしくはコーチがパスをする）。
　・#1は、フリースローラインでボールを待つ。
　・X2は、ベースラインからスタートする。

プレイヤーの列
　・ブルーとホワイトに別れた各チームがハーフコートに1列に並ぶ（ボールを持ってスタート）。
　・2列目は、ベースライン沿いのペイントエリアの左右に、ブルーチームとホワイトチームが並ぶ。

ハーフコート上のX1は、フリースローライン上の#1へボールを投げる。

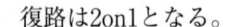

- ・Ｘ１は＃１が近くまで、センターサークルに留まる。
- ・オフェンスのプレイヤーは、パスを受け、すぐにアタックモードに入る。
- ・ベースライン上のディフェンスプレイヤーはチェイサーとなる。

ここからは、チェイサーがいる1on1ドリルとなるので

- ・ディフェンスがリバウンドを取るか、シュートが入るまでプレイする。
- ・Ｘ１は＃１をスローダウンさせるように努め、Ｘ２が戻ってプレイする時間を稼ぐ。
- ・Ｘ１はペイントエリアに先回りして戻ってはいけない。必ずオフェンスが来るまでセンターサークル内に留まるようにする。

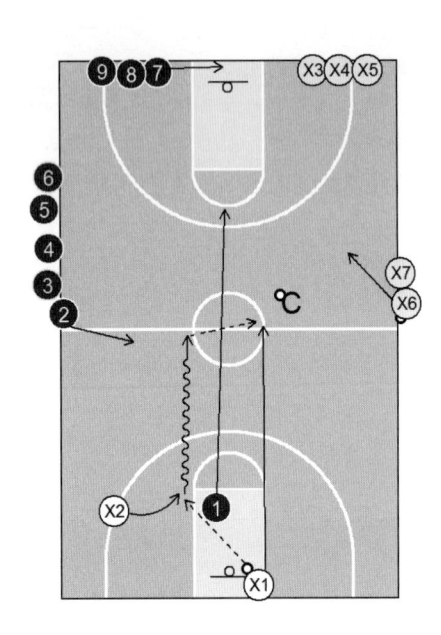

復路は2on1となる。

- ・＃１はディフェンスになる（フロントコート内でインターセプトしたら、もう１度シュートに行く）。
- ・インバウンドパスを受けるＸ２に対しては、激しくディナイする。
- ・シュートミスに対しては、セカンドチャンスが１度のみ与えられる。

記録の方法

- ・全てのゲームは８点取るまで続ける。
- ・２ポイントシュートは２点。
- ・ファウルはオフェンスに２点。
- ・バックコートでスティールした場合は、再びシュートを狙える。
- ・アウトオブバウンズになった場合は、次のプレイをスタートさせる。

指導のポイント

- ・インバウンドパスを受けるＸ２に対しては、激しくディナイする。
- ・このドリルは、必ず速いテンポで実施する。

テキサス22

2on1でのオフェンスアタックドリル

- ・チェイサーをつけて速いペースで実施する。
- ・スコア後は、ディフェンスのプレッシャードリルとなるため、ディフェンスは激しくディナイする。

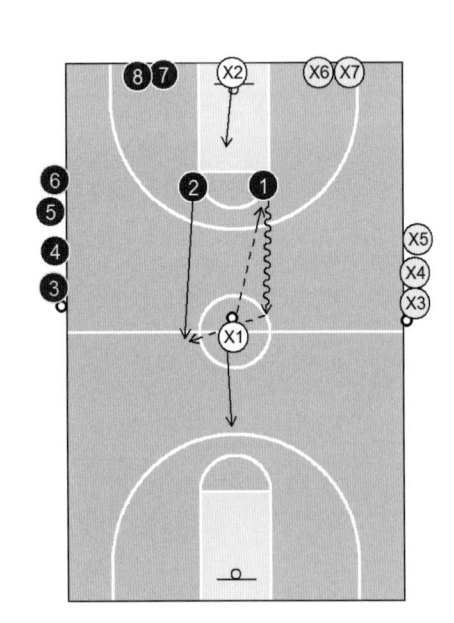

練習環境

練習環境は、以下のことを除いてテキサス11と同じである。

- ・新たにプレイに入る２人のオフェンスプレイヤーは、左右のエルボーの位置からスタートする。
- ・毎回のプレイで攻守を交代させる。

練習方法

センターコートのＸ１が、フリースローライン上のどちらかのオフェンス（＃１か＃２）にボールを渡す。

- ・ハーフコート周辺で待機しているＸ１は、先回りして自分のゴールを守っても良い。
- ・チェイサーＸ２がいる状態での2on1である。
- ・オフェンスはコートの中央までドリブルで進み、そこから先は数回の素早

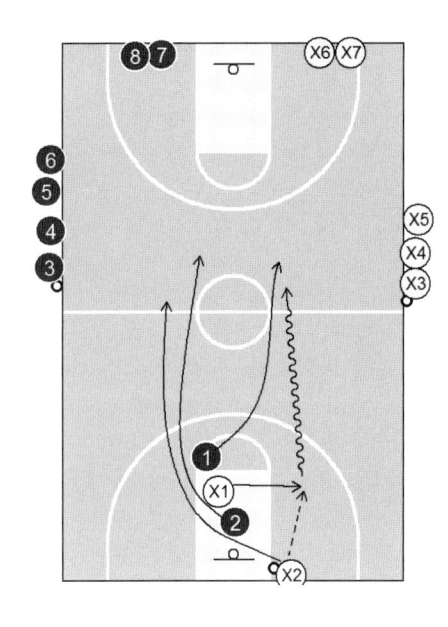

いパスで進む。

指導のポイント
- ここでのＸ１の最も大切な仕事は、まずオフェンスをスローダウンさせることである。トランジションの中で行う練習をする必要があるため、Ｘ１が先回りしてペイントエリアで待ち構えてはいけない。もう１人のディフェンスが戻ってくると、2on2のプレッシャーディフェンスドリルとなる。
- オフェンスで＃２がスコアした場合、インバンズパスを受けるプレイヤーに対して、フェイスガードする。
- ２人目のディフェンダーになる＃１は、Ｘ１の後方からディフェンスし、ロングパスを出させないようにする。
- シュート決めるか、ディフェンスがリバウンドを取られるか、アウトオブバウンズになるまでプレイする。

記録の方法
- 全てのゲームは８点もしくは12点取るまで続ける。
- ２ポイントシュートは２点。
- ３ポイントシュートは３点。
- ファウルはオフェンスに２点。
- バックコートでスティールした場合、再びシュートを狙える。
- アウトオブバウンズになった場合、次のプレイをスタートさせる。

指導のポイント
- カールカットなどを利用し、適切なスペーシングを保つ。
- ２つのボールを使用し、速いペースでプレイする。
- 全ての2on1のシチュエーションは、レイアップのみ許される。
- 全ての2on2のシチュエーションで、オフェンスは適切にスペースを保たないとボールを失うことになる。ボールに対してスクリーンに行っても良い。
- ポゼッションが変わるごとに、オフェンスプレイヤーはフリースローラインのエルボーに出てくる。
- 2on1アタックでは、最も判断力の高い選手にボールを持たせるようにする。

カーディナル21 − 2 on 1

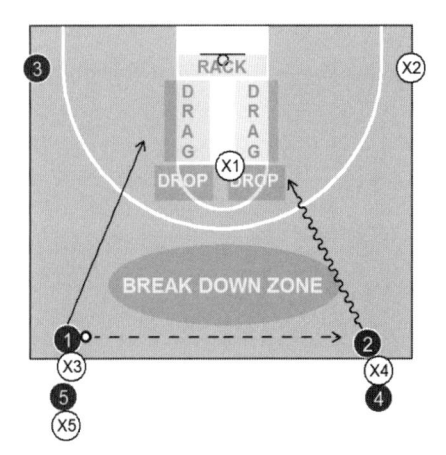

ペースの速い、継続性のある2on1ドリルであり、リングへのアタック、アウトレット、ディフェンスの強化に効果がある。広いスペースの2on1シチュエーションをシュミレーションする。

練習方法
センターライン上の左右のアウトサイドレーンに、リングを向いて２列に並ぶ。

＃１が＃２にパスを出し、ドリルを開始する。＃２はリングにドリブルでアタックする。
- もし、Ｘ１が＃２とリングを結ぶレーン上にいなければ、＃２はリングにアタックする。

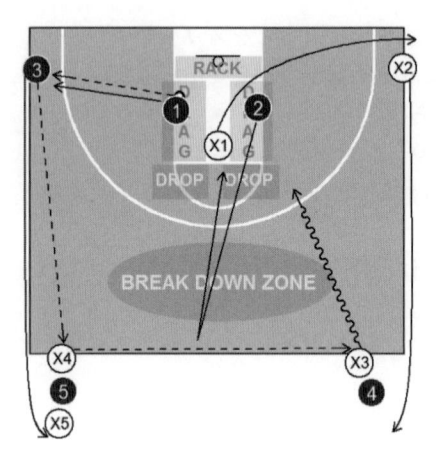

・もし、X1が#2とリングを結ぶレーン上にいたら、X1を引きつけるためにアタックし、アシストになるようなパスを出す。

2人がアウトレット（両サイドに1人ずつ）
・1人目はシュートしなかったプレイヤー。
・2人目は前のディフェンダー。
・シューターはリバウンドせずにハーフコートへダッシュし、センターサークルにタッチしてから、ディフェンスに戻る。
・リバウンダーはどちらかのコーナーにアウトレットパスを出す。
・アウトレットパスを受けたプレイヤーは、センターライン上のボールサイド側のプレイヤーにオーバーヘッドパスをする。
・逆サイドの列のプレイヤーへ、コートを横切るオーバーヘッドパスをする。
・X3はアタックを開始する。

記録の方法
・12点取るまでゲームを続ける（ホワイト vs ブルー）。
・2点シュートのみ。

指導のポイント
・練習のはじめにチーム分けをする。
・3ポイントシュートは不可とする。
・アタック、アタック、アタック。
・ビッグマンは、アタックできる状況でボールをもらったとき、ガードにボールを返してリングへダッシュするというオプションもある。
・アタックするときには下記の点に注意する。
　　＊バックボードを常に使う。
　　＊常に力強く攻める。

カーディナル32 － 3 on 2

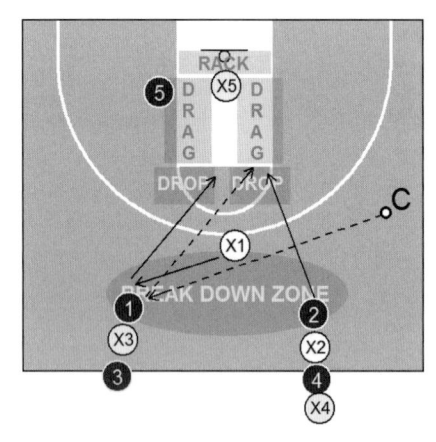

カーディナル21と同様にテンポの速いドリルだが、5番プレイヤーを加えるので、より実戦に近い練習である。

練習環境
・オフェンスとディフェンスの2チームに分ける。
・ブレイクダウンゾーンの内側から2列でスタート（カーディナル2on1よりも狭い間隔で）。
・#5は、ウィークサイドに立つ。
・X1は3ポイントラインのすぐ外側に立つ。
・コーチかマネージャーが、ゲーム開始のパスを出す。

練習方法
・コーチはブレイクダウンゾーンにいるどちらかのオフェンスにパスを出す（ここでは#1）。
・#2は、#1からのパスを受けるために、リングに向かってダッシュする。
・X1は、#1にクローズアウトしチップを狙わなければならない。
・もしオフェンスがボールを失ったら、次のオフェンスと交代し、ディフェ

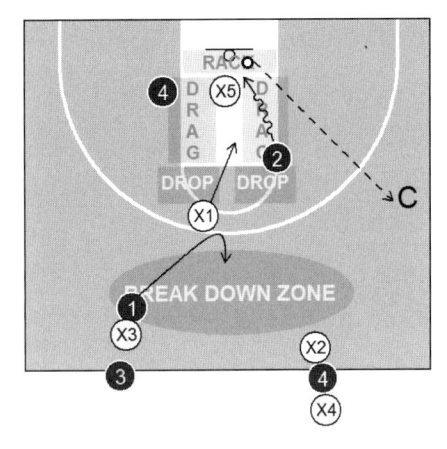

ンスは残る（ディフェンスチームに2点与える）。
・X1は、チップしに行った後、急いで戻り、X5をヘルプする。
・#1は、次のディフェンダーになる（X1の場所）。
・#2と#5は、X5にアタックし、X1はヘルプのために戻る。
・プレイの後、ディフェンスはコーチにアウトレットパスを出し、2人の5番プレイヤーは攻守交代する。
・コーチは次のオフェンスにパスし、プレイを開始する。

<u>記録の方法</u>
・12点取るまでゲームをする。
・2点シュートのみ。
・もし、ディフェンスがコート中央でチップするためにハッスルしなければ、2点のボーナスを得てオフェンスは残る。
・ディフェンスがチップしたらオフェンスは交代。

<u>指導のポイント</u>
・5番はタイミングよく、ポジションを修正する。
・オフェンスチームは、常にポストプレイヤーへのパスを狙わなければならない。
・練習の始めにチーム分けをする。
・3ポイントシュートは不可とする。
・アタック、アタック、アタック。
・"シュートパス"を使う。

スクランブル（11マンブレイク）

これはボールハンドリング、シュート、速攻時のレーンの埋め方、アウトレットパス、そしてハッスルすることに重点を置いた、連続して行うフルコートの3on2ドリルである。

2チーム、もしくは11人以上のプレイヤーで行うことが出来る。

11マンブレイクのオプション

通常の11マンブレイクでは、チーム分けをせず、3on2を連続で行う。この方法だと、練習に良い流れをもたらすが、あまり競争的とはいえない。しかし、このドリルでは、リバウンドを取った選手がドリルに残り続けるので、誰がベストリバウンダーであり、また最もハッスルしているかが明らかになる。

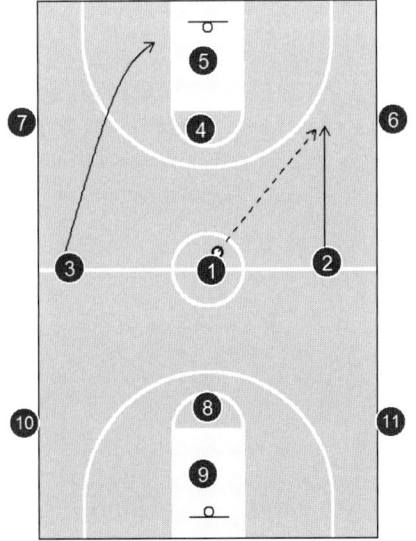

<u>練習環境</u>
・このドリルを行える最少人数は11人。
・常にアタッカー3人とディフェンダー2人。
・それぞれのリングにディフェンダー2人。
・フリースローラインの左右の延長線上に合計4列作る。

<u>練習方法</u>
・1回の攻撃につきシュートは1回。
・アタッカーとディフェンダーはリバウンドを取ったら残る。
・プレイヤーがボールを取ったら、両サイドのプレイヤーが入る。

- リバウンダーはサイドにアウトレットパスを出し、逆サイドにアタックする。
- シュートが入った後の2つのオプションは下記の通りである。
  ①アウトレットパスを出す（ディフェンスにプレッシャーをかけさせることにより、プレスディフェンスなどへの対応をすることができる）。
  ②アウトレットパスを出さずに、そのままドリブルで進む。

スクランブル（2チームに分けるオプション）

2チームで行うと、とても競争的になる。

練習環境

- このドリルを行える最少人数は14人。
- 常にアタッカー3人とディフェンダー2人。
- それぞれのリングにディフェンダー2人。
- フリースローラインの左右の延長線上に合計4列作る。

指導方法

- 1回の攻撃につきシュートは1回。
- リバウンドを取ったディフェンダーは残り、リバウンドを取らなかったディフェンダーは列に並ぶ。
- ディフェンスがボールを取ったら、それぞれのサイドからチームメイトが入る。
- リバウンダーはサイドにアウトレットパスを出し、逆サイドにアタックする。
- シュートが入った後の2つのオプションは下記の通りである。
  ①アウトレットパスを出す（ディフェンスにプレッシャーをかけさせることにより、プレスディフェンスなどへの対応をすることができる）。
  ②アウトレットパスを出さずに、そのままドリブルで進む。

スクランブル － 3on2の戦術

3on2において、縦に並ぶディフェンスを攻略するための戦術は下記の通りである。

- リバウンダーは自分のいるサイドにアウトレットパスを出す。
- アウトレットパスを受けるプレイヤーは必ずスイープしなければならない（ボールをもらうためのCカット）。
- アウトレットパスを受けるプレイヤーは、もしオープンであれば、ワンドリブルをつき、前へパスを出すことが好ましい。
- ウィングのプレイヤーは、パスを受けるために広がり、3ポイントラインの外側にとどまる。ボールマンは早くパスを出せるのであればパスをする。
- ウィングにボールが渡ったら、X1は#2を守らなければならない。もしオフェンスが、正しくプレイすれば、X2は#1と#3を同時に守らなければならなくなる。
- ボールがウィングの#2にあるときに、#1はボールサイド側のフリースローレーンの延長線上に、逆サイドの#3は逆サイドのローポストに位置を取る。
- #2は、オープンであればシュートをする。

・#1にパスをするとX2はボールマンを守らなければならず、#1から#3にパスが出ると#3はオープンになる。

・シュートのオプションはウィングからのシュート、リターンパスからのトップ・オブ・ザ・キーでの3ポイントシュート、インサイドプレイヤーへのパスなどである。

・ウィングからのベースラインドライヴに対して、#1はドラッグする。

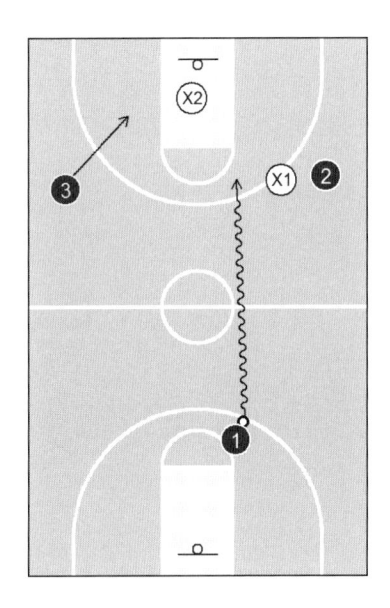

ディフェンスがウィングへのパスのスティールを狙っていれば、#1はリングにアタックするか逆サイドにパスをする。

スクランブル（ヴァンス・ウォルバーグ氏の方法）

ヴァンス・ウォルバーグ氏がドリルを行う方法は、11マンスクランブルバージョンである。

ドリルを以下のようなセクションに分けている。

記録なしのパターン

①スクランブル戦術：2〜4分間、戦術のみに集中させる。

②スクランブル・ドリブルなし：2〜4分間、フットワークと判断力を向上させる。トラベリングを防ぐためにジャンプストップを用いる。

記録ありのパターン

①プレイヤーの誰か1人が8点取るまで行う。

②2ポイントシュートは2点を、オフェンスチームのプレイヤーへ与える。

③3ポイントシュートは3点を、オフェンスチームのプレイヤーへ与える。

④オフェンスリバウンドには1点を、オフェンスチームのプレイヤーへ与える（アウトオブバウンズではない場合）。

3on3トランジションドリル

　楽しく挑戦できる、連続したオールコート3on3のドリルである。2チームで競いながら、DDMブレイク、サイドラインブレイク、およびディフェンスのトランジションを繰り返し練習する。

　スクランブル（11マンブレイク）で行った内容と同じ戦術を用いて実施するが、異なる点は、ウイングのプレイヤーに対して、ドリブルでマークマンを抜き去り、アウトナンバーを作ることに重点を置いていることである。

　このドリルを行っていると、プレイヤーは正攻法のファストブレイクを忘れてしまう可能性もある。その場合は、DDMオプションを使うなど、必要に応じて、正しいやり方を取り入れながら行うと良いだろう。

　ディフェンス面では、ブラッドドリルやスクランブルドリルで行なった内容に反して、素早く戻ることが要求される。トランジションでは、オフェンスプレイヤーはアタックした後に、すぐにディフェンスに切り替えなければならない。このとき、誰が誰をピックアップするのかの連携も取らなければならないため、ディフェンス間のコミュニケーション力を強化する練習にもなる。

練習方法

　10人以上のプレイヤーが必要である。12点もしくは、15点先取制とし、それぞれのチームは決まったリングを攻める。

　オフェンス→ディフェンス→コートの外に出て待機、というパターンが基本的な流れとなるが、リバウンドを取ったディフェンダーは、コートに残りプレイを続ける。

　オフェンス3人、ディフェンス3人でスタートする。双方のチームは、自陣のフリースローラインの延長線上からスタートする。

　ボールを失ったら、オフェンスはすぐにディフェンスに切り替わる。

　リバウンドを取ったディフェンスプレイヤーは、プレイを続けることができる。X2はリバウンドを取り、近いほうのサイドラインから出てくるX5にアウトレットパスを出す。

　X5はボールを受けるためにCカットし、ブローアウトドリブルを数回し、前方のX4にパスを狙う。X4はアウトレットパスがもらえないと判断した時点でダッシュする。

　X4がボールを受けたら、X2は逆サイドのサイドラインをダッシュし、ポストへ動く。X5はトレイラーとなる。

オプション

・7〜10秒にショットクロックをセットして練習してもよい。

ローナンバー

　ドリルは以下のように行うことも出来る：

・1on1（最少で4人、リバウンダーがコートから出て、新しいオフェンスプレイヤーが入る）。

・2on2（最少で6人、リバウンダーがとどまり、リバウンドを取らなかったディフェンスがコートを出る）。

・4on4（ポストプレイヤーはベースラインからミドルレーンをダッシュする）。

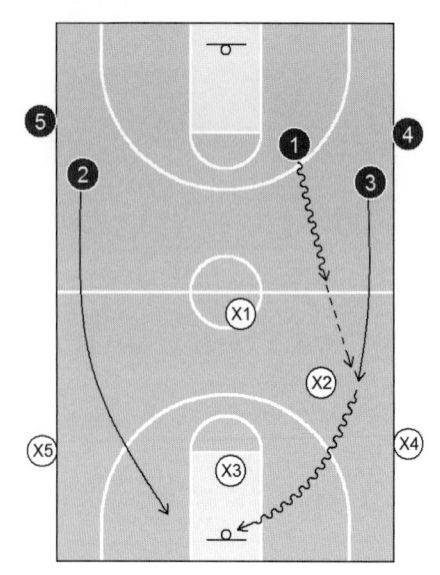

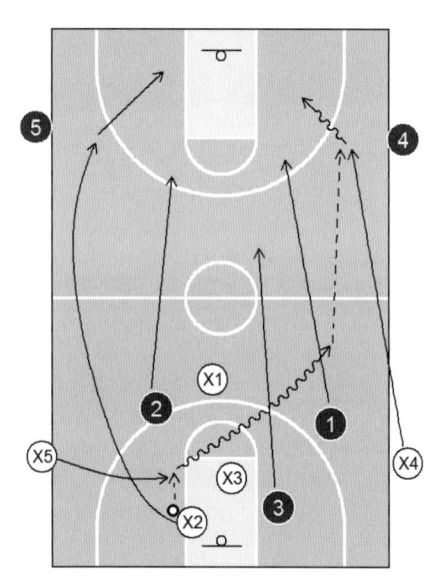

ブラッドドリル

「ブラッド」ドリルこそ、このオフェンスを教えるための重要なエッセンスである。これはプレイヤーの状況判断能力を高めるために、オフェンスの原則をシンプルに分解したドリルである。速いペースに慣れるための訓練としても使われるドリルである。

ドリルは
・ブラッド22：2on2、ガードとポストプレイヤー。
・ブラッド32：3on3、ガードとポストと2番。
・ブラッド33：3on3、ガードとポストと3番。
・ブラッド44：4on4、ガードとポストと2番と3番。

ブラッドドリルは、タフに、ハードに激しくプレイすることを強調するために名づけられた。ブラッドドリルは、ポイントガードがマークマンを抜き去るスキルのアップと、全てのプレイヤーの状況判断力を高めることに重点を置いている。

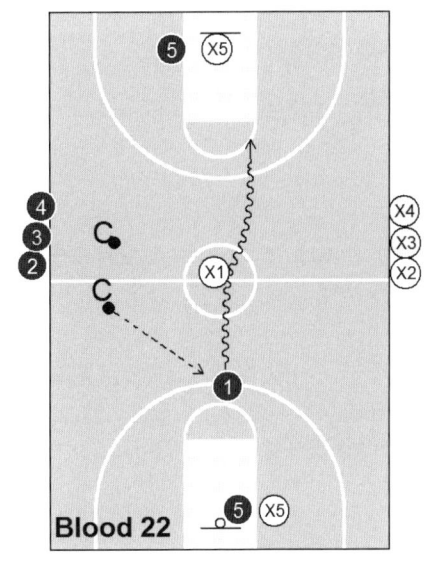

Blood 22

練習方法

オフェンスチームがディフェンスチームにアタックし、これを連続的に行う。
・コーチがボールを持ち、図に示されているように、バックコートからアタックしてくるプレイヤーにパスを出す。
・マネージャーもボールを持ち、コーチにボールを渡す準備をしておく。
・オフェンスチームは、ボールを持ったプレイヤーが、ラックゾーン、ドラッグゾーン、ドロップゾーンのどのゾーンでプレイするかの選択を見て、対応する。
・ブラッド22では、#5とX5は、ドリル全体を通してペイントエリアに留まる。ポイントガードのみがエンドからエンドへ移動する。
・ドリルを2回行う。全員がオフェンスとディフェンスの両方でプレイする。

記録の方法

・8点取るまで続ける。2ポイントシュートは2点、3ポイントシュートは3点。
・ブラッド22は1回のシュートに対し1回のチップを許す。ドロップゾーンもしくはラックゾーンのみの使用を許す。
・ブラッド32、33、44では、ディフェンスに止められるまで、オフェンスリバウンドを取ったら何度でも攻撃できる。

プレイヤー

・全員が参加する。
・自分のポジションを意識してプレイする。

戦術

・マークマンを抜き切れなかった場合は、ドロップゾーンでストップすることを徹底させる。特にブラッド22ではこれを強化する。
・ロブ、アリウープパスは正確なコントロールのため両手で扱うようにさせる。

・効率的に行うために、マネージャー2人とボール2個が必要である。

・ポイントガードはボールを扱う時間が長くなる分、どのように「クリップ・ザ・ヒップ」するかを学ぶ機会も増える。切り替えの際、ポイントガードは一刻も早くディフェンスに戻らなければならない。

・ブラッド22を片方のエンドで、ブラッド33／44を逆サイドで行うこともできる。

プレイヤーが少ないときのブラッドドリル

プレイヤーが少ないときでも、ブラッドドリルを行うことはできる。

オフェンスとディフェンスは毎回チェンジ。ガードは1列に、＃1はオフェンス、X1はセンターサークルでディフェンスをする。

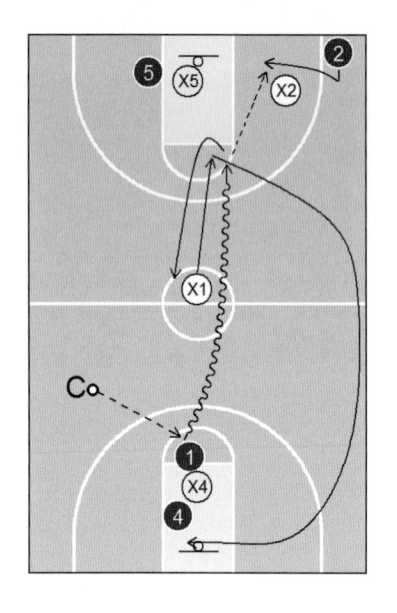

これをブラッド22（5番のみが攻撃サイドのエンドにいる）もしくは、ブラッド33（2番と3番のどちらかを加える）、またはブラッド44（2番と3番の両方を加える）にアレンジして行うこともできる。

オフェンスの後、＃1はセンターサークルで次のディフェンダーとなり、X4が次のガードとなる。

ポストとフォワードは交互にオフェンスとディフェンスを行う。

ブラッド22、32／33、44

ブラッド22、ブラッド32／33、ブラッド44ドリルは、オフェンスにおけるチームワークと個人スキルを鍛えるドリルである。

【注意】 ボールを持ったプレイヤーが、コートの中央に来るまでウィングは高い位置にとどまらなければならない。その後、ウィングのプレイヤーは、ボールマンがドロップゾーンでストップするまでコーナーにとどまる。

ブラッド32の練習環境

コーチが＃1にボールを渡す。＃1はX1にアタックする。X1は＃1がセンターサークル内に到達するまで、センターサークル内に留まっていなければならず、決して後退してはならない。オフェンスリバウンドを取ったら、もう1度シュートができる。ブラッド32は、このオフェンスの重要な要素を含んでいる。

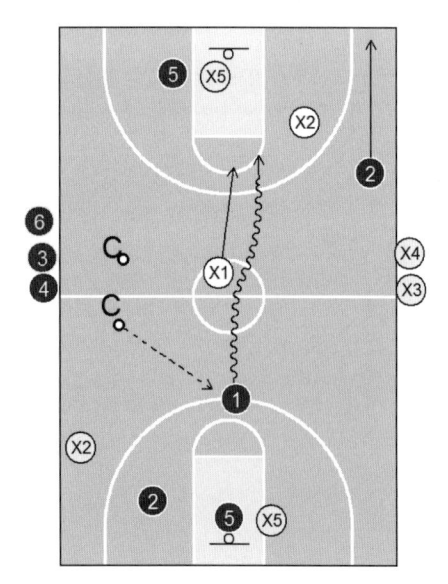

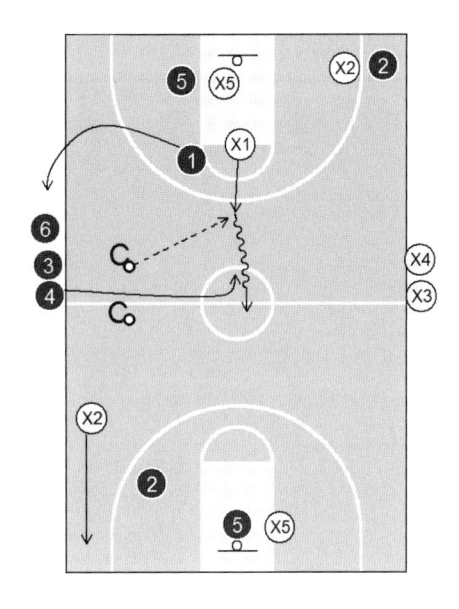

3on3のアタックの後、コーチは、逆サイドに向かうＸ１にボールを渡す。

＃４はハーフコートに入り、ディフェンダーとして待っている。＃１は列に並ぶ。Ｘ１とＸ４、Ｘ５はオフェンスとなる。１つのチームが８点取るまで連続してオフェンスを行う。

ブラッド22における注意

１番と５番のみで行えるブラッドドリルである。

・ドロップゾーンでストップしてはいけない。ドラッグゾーンストップでは、ドラッグアップもしくは後方をドラッグする＃３、＃４へのパスのみが可能である。＃１から＃５へのパスはないので、＃１はラックゾーン、ドロップゾーンへ行くために、早めの判断が必要となる。このことによってガードがラックゾーンに行けるかどうかを判断する能力が養える。ドラッグゾーンでストップすることは、極力避けなければならない。

・シュートもチップも１回のみ認める。

ブラッド44における注意

ブラッド44は、ブラッド33と同じように行われ、どちらかのコーナーに、もう１人プレイヤーを加えただけである。

ここで紹介するドリルは、DDMで必要となる状況判断を細分化し、日々の練習の中でプレイヤーがより正確に状況判断できるようになることを目的としている。

3on0 分解練習

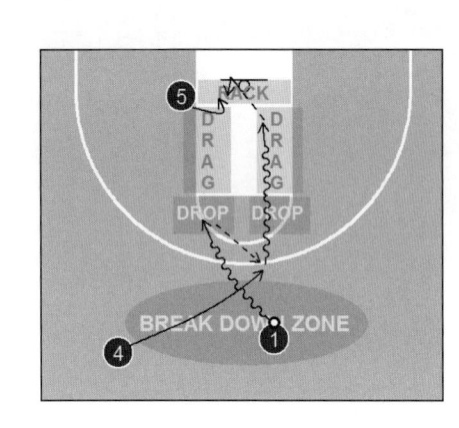

10分間のドリルで、速いペースの練習の後に、頭は働かせつつ、体の休養を取らせることができる。

目的

プレイヤーに次のことを理解させる。

1）DDMとそのオプション。

2）DDMで用いられる用語。

練習環境

3つのゴールを使用し、3〜6人のプレイヤーと1人のコーチをそれぞれのゴールに配置する。それぞれのコーチは、異なるポジションを担当する。通常は2つのペリメーターのポジションとポストを使ってドリルを行うが、以下のようなパターンが考えられる。

- ・1、4、5
- ・1、2、5
- ・2、3、5
- ・1、2、3（ポストは置かず、2番と3番がダイナミックに動く）

コーチはプレイさせたいオプションをコールする。これは、プレイヤーがDDMで用いられる用語を覚えることにもつながる。

全てのセットで行われる各ポジションの判断を合計すると25以上にもなり、これら全てを1日の練習で網羅することはできないので、積み重ねが大切となる。

ローテーション

それぞれのゴールで2〜3分ほど練習させる。切り替えを素早く行うのも練習の1つである。

3on0 分解練習（1，2，5）

　図は1、2、5番のドリルである。この場合、2番がセーフティの責任を持つ。

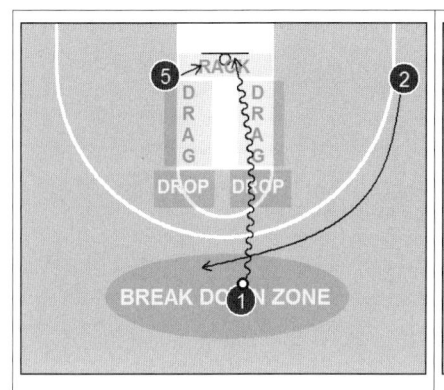

ラックシリーズ（ラックゾーン①）

　＃1は、シュートを狙って、ラックゾーンにアタックする。

　＃5は、リバウンドに備える。

　＃2は、シュートが打たれるまで辛抱強く、コーナーにとどまり、シュートが打たれたらセーフティに戻る。

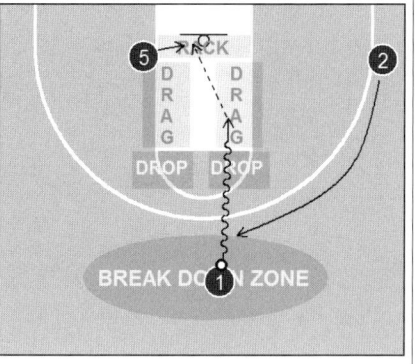

ラックシリーズ（ラックゾーン②）

　＃1は、シュートを狙って、ラックゾーンにアタックするが、＃5に早めにロブパスを出す（X5がヘルプに来るため）

　＃5は、リバウンドポジションに動き、ロブパスを受け取りシュート。

　＃2は、シュートが打たれたらセーフティに戻る。

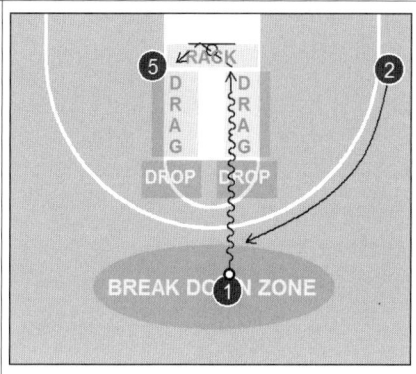

ラックシリーズ（ラックゾーン③）

　＃1は、シュートを狙って、ラックゾーンにアタックするが、ヘルプディフェンスが来たら、バックボードにボールを投げる。

　＃5は、リバウンドしシュートを打つ。

　＃2は、シュートが打たれたらセーフティに戻る。

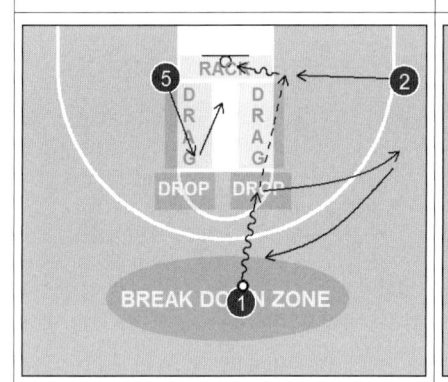

ドロップシリーズ（ドロップ2①）

　＃1は、シュートを狙って、アタックし、ドロップゾーンでストップ。

　＃5は、＃2がバックドアをするためにスペースを空ける。

　＃2は、バックドアからシュート（直接もしくはフェイクをして）。

　＃1は、＃2の後方にドラッグし、アウトレットパスに備える。

　＃5は、リバウンドに備える。

　＃1は、シュートが打たれたらセーフティに戻る。

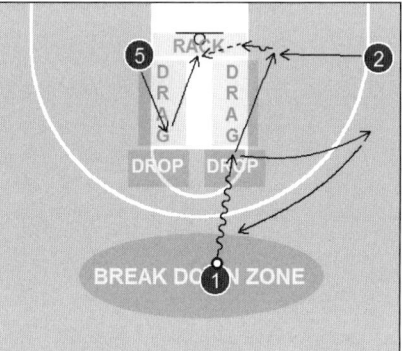

ドロップシリーズ（ドロップ2②）

　＃1は、シュートを狙って、アタックし、ドロップゾーンでストップ。

　＃5は、＃2がバックドアをするためのスペースを空ける。

　＃2は、バックドアし、シュート狙いながら、＃5にパスをしてシュートを打たせる。

　＃1は、シュートが打たれたらセーフティに戻る。

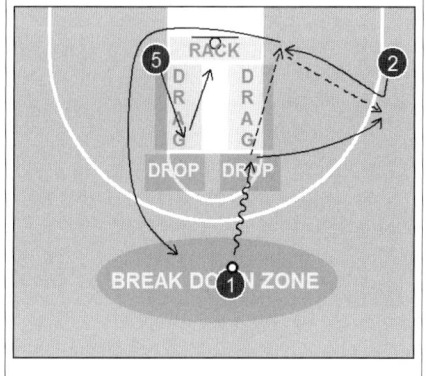

ドロップシリーズ（ドロップ2③）

　＃1は、シュートを狙って、アタックし、ドロップゾーンでストップ。

　＃5は、＃2がバックドアをするためのスペースを空ける。

　＃2は、バックドアからパスを受けるが、X5に止められたら、＃1にパスしてシュートを打たせる。

　＃5は、リバウンドに備える。

　＃2は、シュートが打たれたらセーフティに戻る。

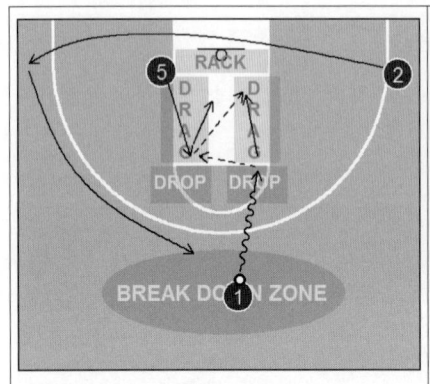

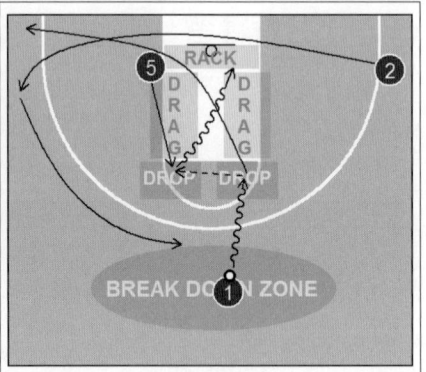

ドロップシリーズ（ドロップ2④）

　＃1は、シュートを狙って、アタックし、ドロップゾーンでストップ。

　＃5は、＃2がバックドアをするためのスペースを空ける。

　＃2は、バックドアでボールをもらわない。

　＃1は、バックドアのパスフェイクをし、＃5にパスをする。

　＃5は、＃1とギブ＆ゴーをする。

　＃5は、リバウンドに備える。

　＃2、シュートが打たれたらセーフティに戻る。

ドロップシリーズ（ドロップ2⑤）

　＃1は、シュートを狙って、アタックし、ドロップゾーンでストップ。

　＃5は、＃2がバックドアをするためのスペースを空ける。

　＃2は、バックドアでボールをもらわない。

　＃1は、バックドアのパスフェイクをし、＃5にパスをする。

　＃5は、＃1へパスフェイクをし、リングへ向かう。

　＃2は、シュートが打たれたらセーフティに戻る。

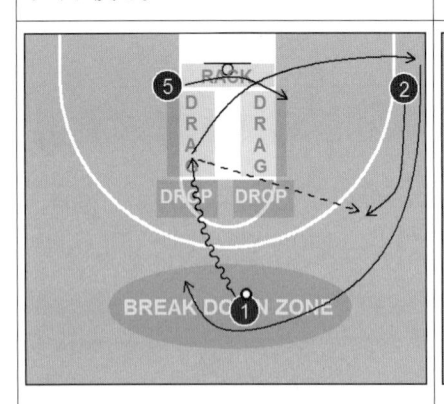

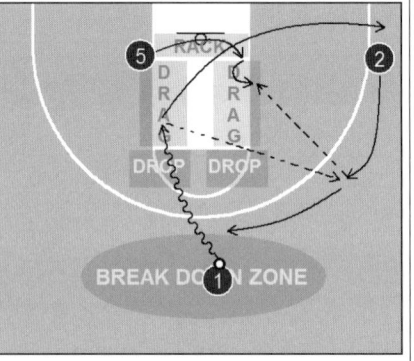

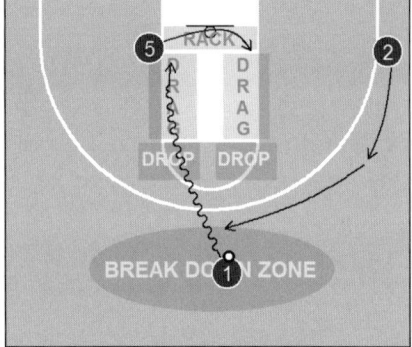

ドラッグシリーズ（ドラッグ3①）

　＃1は、ドラッグ3ゾーンへアタックする。

　＃5は、逆サイドへ動く。

　＃2は、ウィングにあがり、＃1からのスキップパスを受けてシュートする。

　＃5は、ポストアップしてボールを要求する。

　＃1は、すぐにセーフティに戻る。

ドラッグシリーズ（ドラッグ3②）

　＃1は、ドラッグ3ゾーンへアタックする。

　＃5は、逆サイドへ動く。

　＃2は、ウィングにあがり、＃1からのスキップパスを受ける。

　＃5は、ポストアップしてボールを要求し、＃2からボールを受ける。

　＃2は、すぐにセーフティに戻る。

ミドルペネトレーション（ラックゾーンにアタックしシュート）

　＃1は、シュートを狙って、ラックゾーンへアタックし、シュートする。

　＃5は、逆サイドへ動き、リバウンドに備える。

　＃2は、ウィングにあがり、その後すぐにセーフティに戻る。

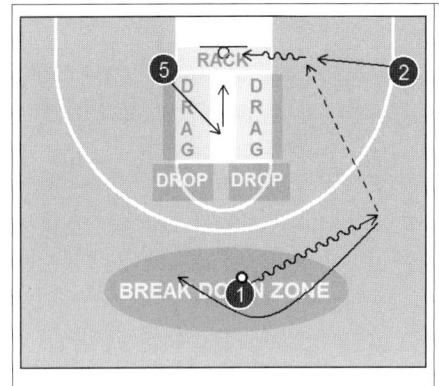

ドロップ5シリーズ（バックドア2①）

　#1は、ウィングへ鋭いドリブルで近づく。

　#5は、Tアップする。

　#2は、バックドアし、#1からのパスを受ける。

　#1は、すぐにセーフティに戻る。

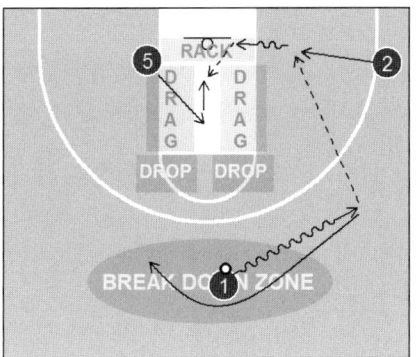

ドロップ5シリーズ（バックドア2②）

　#1は、ウィングへ鋭いドリブルで近づく。

　#5は、Tアップする。

　#2は、バックドアし、#1からのパスを受け、#5へロブパスを出す。

　#1は、すぐにセーフティに戻る。

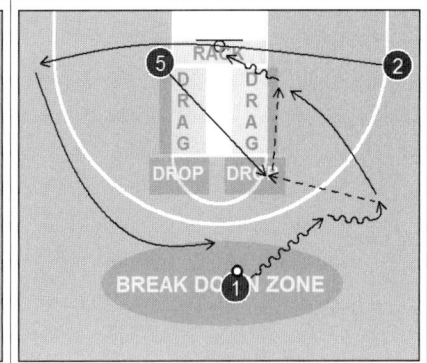

ドロップ5シリーズ（ギブ＆ゴー①）

　#1は、ウィングへ鋭いドリブルで近づく。

　#2は、ボールを受けずに3コーナーにカッティングする。

　#5は、ボールサイドのエルボーに上がる。

　#1は、プルバックをして、#5にパスをする。

　#5は、#1とギブ＆ゴーする。

　#2は、すぐにセーフティに戻る。

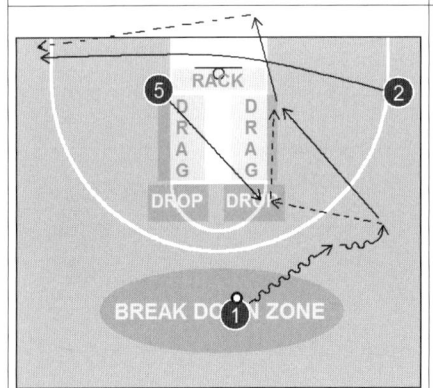

ドロップ5シリーズ（ギブ＆ゴー②）

　#1は、ウィングへ鋭いドリブルで近づく。

　#2は、ボールを受けずに3コーナーにカッティングする。

　#5は、ボールサイドのエルボーに上がる。

　#5は、#1とギブ＆ゴーするが、#1はシュートを打たずに3コーナーの#2に3ポイントシュートを打たせる。

　#1は、すぐにセーフティに戻る。

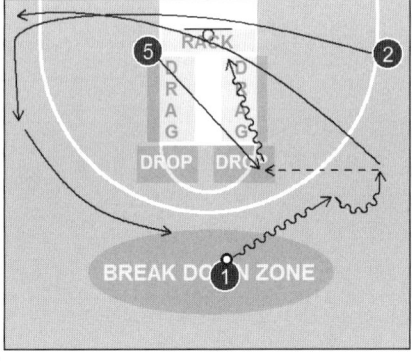

ドロップ5シリーズ（ギブ＆ゴー③）

　#1は、ウィングへ鋭いドリブルで近づく。

　#2は、ボールを受けずに3コーナーにカッティングする。

　#5は、ボールサイドのエルボーに上がる。

　#5は、#1とギブ＆ゴー狙うが、パスせず、直接シュートに向かう。

　#2は、すぐにセーフティに戻る。

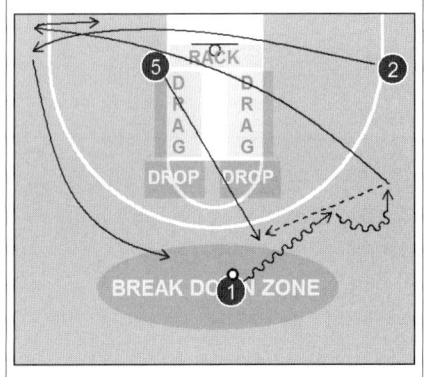

ドロップ5シリーズ（#5-3ポイントシュート）

　#1は、ウィングへ鋭いドリブルで近づく。

　#2は、ボールを受けずに3コーナーにカッティングする。

　#5は、Tアップするかのように、トップ・オブ・ザ・キーに動く。

　#1は、プルバックをして、#5にパスをする。

　#5は、3ポイントシュートを打つ。

　#1は、ウィークサイドのリバウンダーとなる。

　#2は、すぐにセーフティに戻る。

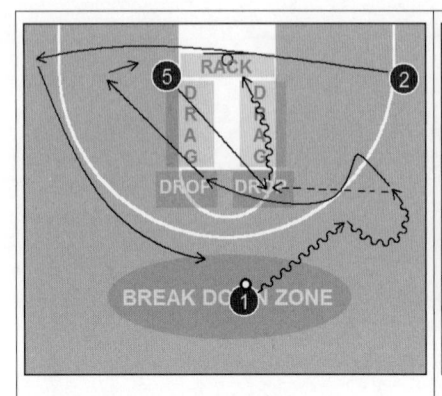

ドロップ5シリーズ（ハンドオフ①）

　#1は、ウィングへ鋭いドリブルで近づく。

　#2は、ボールを受けずに3コーナーにカッティングする。

　#5は、ボールサイドのエルボーに上がる。

　#5は、#1とギブ＆ゴー狙うが、#1はバックドアをせず、#5とのハンドオフを狙う。

　#5は、#1とハンドオフをせず、直接アタックする。

　#1は、ウィークサイドのリバウンダーとなる。

　#2は、すぐにセーフティに戻る。

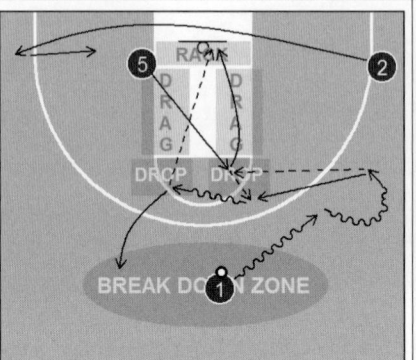

ドロップ5シリーズ（ハンドオフ②）

　#1は、ウィングへ鋭いドリブルで近づく。

　#2は、ボールを受けずに3コーナーにカッティングする。

　#5は、ボールサイドのエルボーに上がる。

　#5は、#1とギブ＆ゴー狙うが、#1はバックドアせず、#5とのハンドオフを狙う。

　#5は、#1とハンドオフをし、ゴールに向かってダイヴする。

　#1は、#5にロブパスをして、シュートを打たせる。

　#2は、ウィークサイドのリバウンダーとなる。

　#1は、すぐにセーフティに戻る。

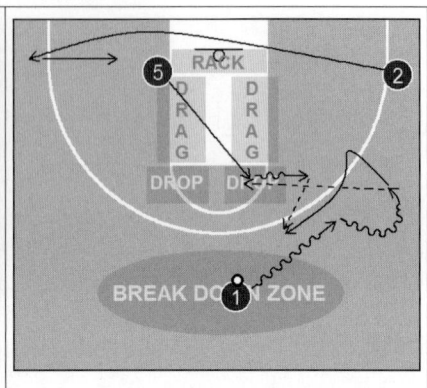

ドロップ5シリーズ（ハンドオフ③）

　#1は、ウィングへ鋭いドリブルで近づく。

　#2は、ボールを受けずに3コーナーにカッティングする。

　#5は、ボールサイドのエルボーに上がる。

　#5は、#1とギブ＆ゴーを狙うが、#1はバックドアせず、#5とのハンドオフを狙う。

　#5は、#1に向かってドリブルで近づいてからハンドオフをして、#1に3ポイントシュートを打たせる。

　#2は、ウィークサイドのリバウンダーとなる。

　#1は、すぐにセーフティに戻る。

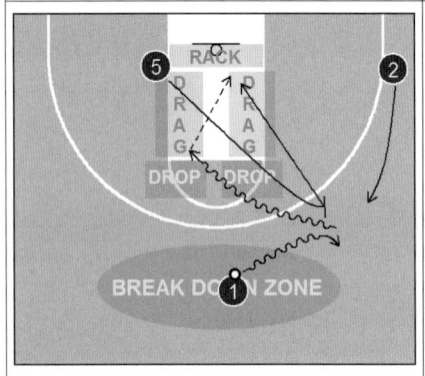

フィストボールスクリーンシリーズ（フィスト①）

　#1は、拳を上げながら、ウィングへ鋭いドリブルで近づく。

　#5は、#1にスクリーンをセットするためにダッシュする。

　#2は、2コーナーに辛抱強くとどまる。

　#1は、プルバックをし、#5のスクリーンを使う。

　#5は、ゴールに向かってダイヴする。

　#1は、ロブパスでアシストする。

　#2は、ドラッグし、セーフティに戻る。

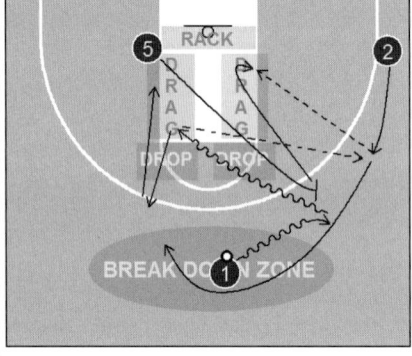

フィストボールスクリーンシリーズ（フィスト②）

　#1は、拳を上げながら、ウィングへ鋭いドリブルで近づく。

　#5は、#1にスクリーンをセットするためにダッシュする。

　#1は、ステップバックドリブルをし、#5のスクリーンを使う。

　#5は、ゴールに向かってダイヴする。

　#2は、ここでウィングにあがり、#1からのパスを受け、#5にパスをし、シュートさせる。

　（#1は、#5がボールを受けたと同時に、ゴールに向かってダイヴする。）

　#2は、すぐにセーフティに戻る。

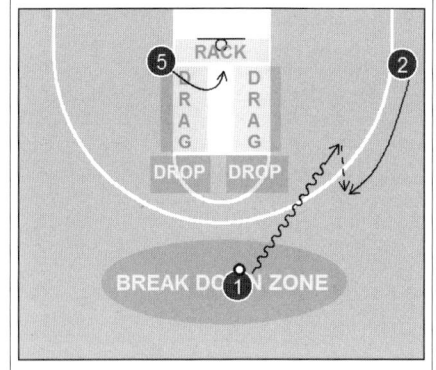

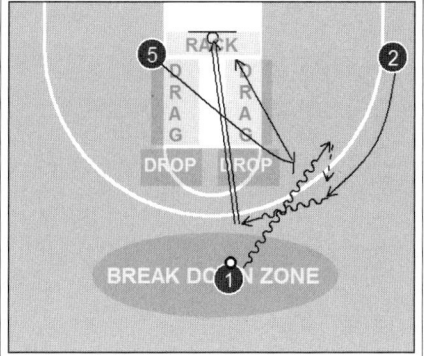

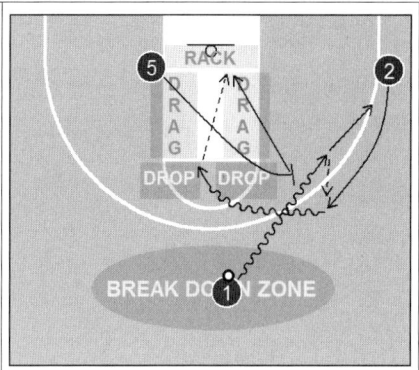

ピストルシリーズ（ピストルショット）

　ピストルはコールプレイであり、通常のDDMのルールは適用されない。

　#1は、（練習ではX2を置かないが試合では）X2がそこにいるであろう位置に向かって鋭いドリブルで近づく。

　#2は、ハンドオフでボールをもらいシュートを打つ。

　#5は、リバウンドに備える。

ピストルシリーズ（ピストルフィスト①）

　#1は、X2がそこにいるであろう位置に向かって鋭いドリブルで近づく。

　#5は、#2がハンドオフでボールをもらうと同時に、#2にスクリーンをセットするためにダッシュする。

　#2は、#5とピックアンドロールを行い、#2はシュート、#5はゴールに向かってダイヴする。

ピストルシリーズ（ピストルフィスト②）

　#1は、X2がいるであろう位置に向かって鋭いドリブルで近づく。

　#5は、#2がハンドオフでボールをもらうと同時に、#2にスクリーンをセットするためにダッシュする。

　#2は、#5とピックアンドロールを行い、ゴールに向かってダイヴする#5に、ロブパスを出す。

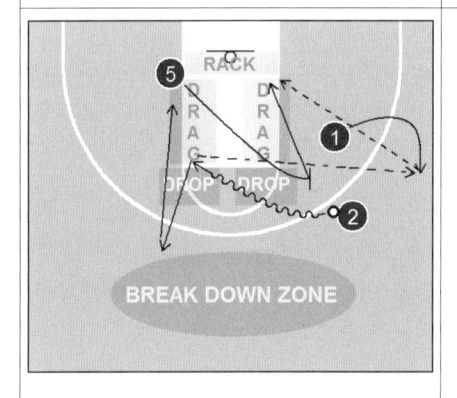

ピストルシリーズ（ピストルフィスト③）

　#1は、X2がいるであろう位置に向かって鋭いドリブルで近づく。

　#5は、#2がハンドオフでボールをもらうと同時に、#2にスクリーンをセットするためにダッシュする。

　#2は、#5とピックアンドロールを行うが、ウィングにドラッグする#1へパスを出す。

　#1は、ゴールに向かってダイヴした#5に、パスを出す。

　#2は、#5がボールを受けたと同時に、ゴールに向かってダイヴする。

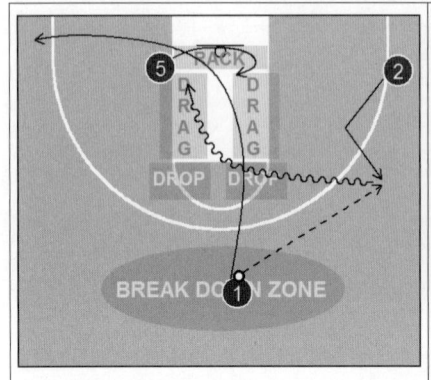

クイックシリーズ（ペネトレーション①）

　#2は、Vカットしウィングでオープンになる。

　#1は、#2へパスをし、ゴールに向かって勢いよくカッティングし、3コーナーへと動く。

　#2は、#1がゴールに向かって勢いよくカッティングできるようにヘジテーションし、ミドルドライヴをして、ラックゾーンにアタックする。

　#5は、逆サイドへ動き、リバウンドに備える。

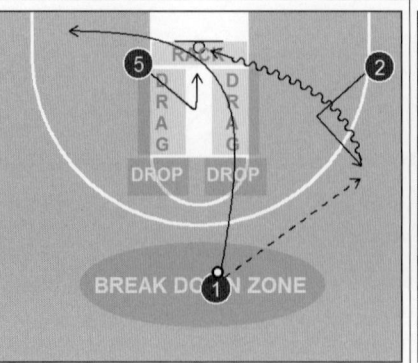

クイックシリーズ（ペネトレーション②）

　#2は、Vカットしウィングでオープンになる。

　#1は、#2へパスをし、ゴールに向かって勢いよくカッティングし、3コーナーへと動く。

　#2は、#1がゴールに向かって勢いよくカッティングできるようにヘジテーションし、ベースラインドライヴして、ラックゾーンにアタックする。

　#5は、Tアップし、リバウンドに備える。

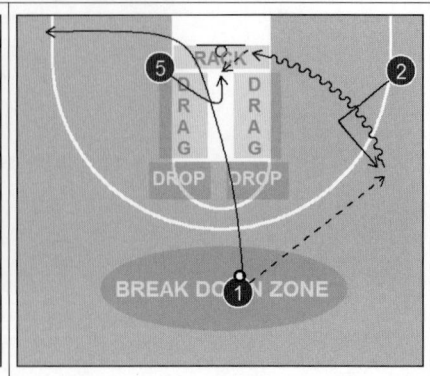

クイックシリーズ（ペネトレーション③）

　#2は、Vカットしウィングでオープンになる。

　#1は、#2へパスをし、ゴールに向かって勢いよくカッティングし、3コーナーへと動く。

　#2は、#1がゴールに向かって勢いよくカッティングできるようにヘジテーションし、ベースラインドライヴして、ラックゾーンにアタックする。

　#5は、Tアップし、#2からパスを受ける。

　#1は、すぐにセーフティに戻らなければならない。

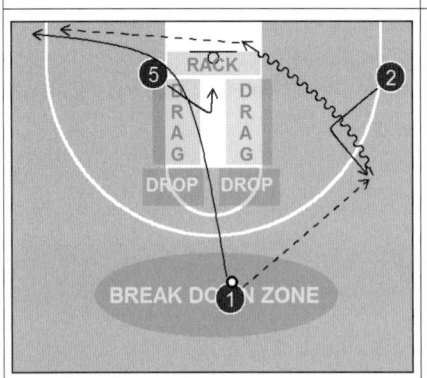

クイックシリーズ：（ペネトレーション④）

　#2は、Vカットしウィングでオープンになる。

　#1は、#2へパスをし、ゴールに向かって勢いよくカッティングし、3コーナーへと動く。

　#2は、#1がゴールに向かって勢いよくカッティングできるようにヘジテーションし、ベースラインドライヴして、ラックゾーンにアタックする。

　#5は、Tアップする。

　#2は、3コーナーの#1にパスをし、3ポイントシュートを打たせる。

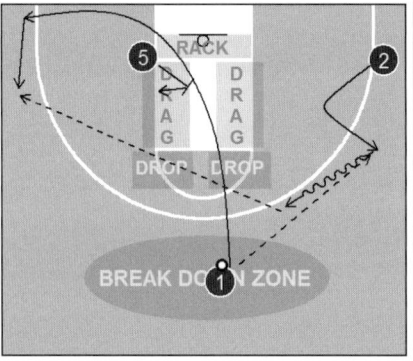

クイックシリーズ（スキップ3）

　#2は、Vカットしウィングでオープンになる。

　#1は、#2へパスをし、ゴールに向かって勢いよくカッティングし、3コーナーへと動く。

　#2は、#1がゴールに向かって勢いよくカッティングできるようにヘジテーションし、#1がカッティングした後、ミドルへ1つドリブルしボールをスキップする。

　#1は、ボールを受けるためにコーナーからウィングにあがる。

　#5は、スキップパスがされる間にポストアップする。

　#2は、すぐにセーフティに戻る。

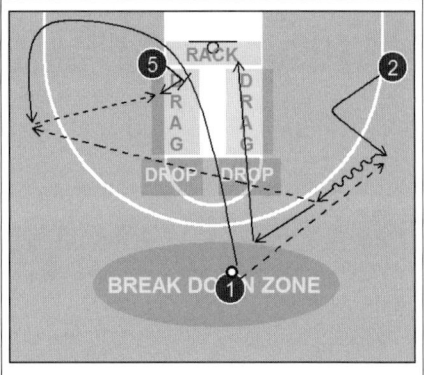

クイックシリーズ（スキップ35）

　#2は、Vカットしウィングでオープンになる。

　#1は、#2へパスをし、ゴールに向かって勢いよくカッティングし、3コーナーへと動く。

　#2は、#1がゴールに向かって勢いよくカッティングできるようにヘジテーションし、#1がカッティングした後、ミドルへ1つドリブルしボールをスキップする。

　#1は、ボールを受けるためにコーナーからウィングにあがる。

　#5は、スキップパスがされる間にポストアップし、#1がボールを入れる。

　#2は、ポストにボールが入るとダイヴする。

　#1は、すぐにセーフティに戻る。

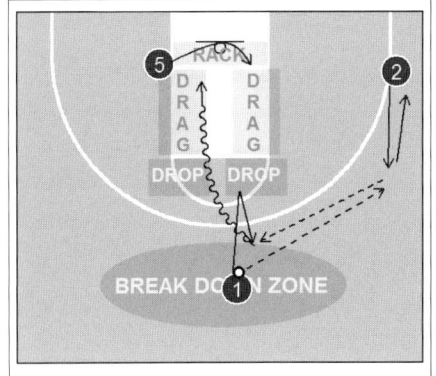

クイックリプレイス（ラックゾーン）

＃2は、ウィングでオープンになる。

＃1は、＃2へパスをし、ゴールに向かって勢いよくカッティングするが、ボールをもらうためにリプレイスする。

＃1は、＃2からボールを受ける。

＃2は、＃1がアタックするタイミングで2コーナーに動く。

＃5は、逆サイドへ動き、リバウンドに備える。

＃2は、すぐにセーフティに戻らなければならない。

【注意】 リプレイスのアクションはプルバックと同じであり、5on5では＃1のリプレイスに対しては、＃4が3コーナーにカッティングする。

クイックリプレイス（ドラッグ2）

＃2は、ウィングでオープンになる。

＃1は、＃2へパスをし、ゴールに向かって勢いよくカッティングするが、ボールをもらうためにリプレイスする。

＃1は、＃2からボールを受ける。

＃2は、＃1がアタックするタイミングで2コーナーに動き、＃1からパスを受けて3ポイントシュートを打つ。

＃5は、ボールサイドへ動き、リバウンドに備える。

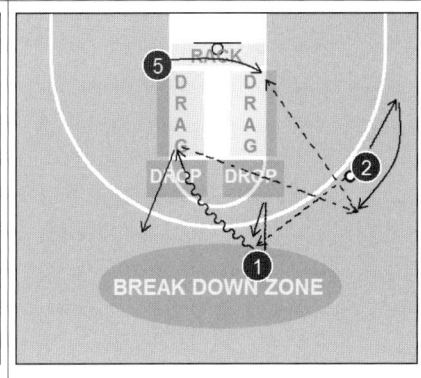

クイックリプレイス（ドラッグ25）

＃2は、ウィングでオープンになる。

＃1は、＃2へパスをし、ゴールに向かって勢いよくカッティングするが、ボールをもらうためにリプレイスする。

＃1は、＃2からボールを受ける。

＃2は、＃1がアタックするタイミングで2コーナーに動き、＃1からパスを受ける。＃1はトップに動く。

＃5は、ボールサイドへ動き、＃2からパスを受ける。

＃2は、すぐにセーフティに戻る。

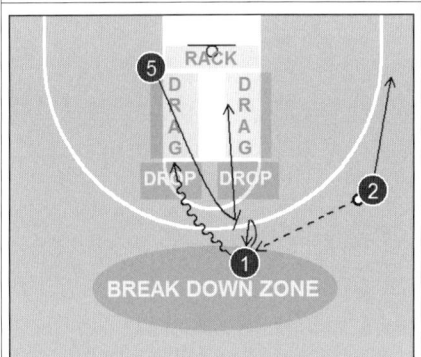
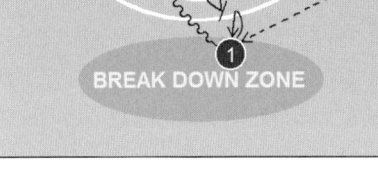

クイックリプレイス（フィスト）

クイックリプレイス（フィスト）はクイックリプレイス（ラックゾーン）と同様に行われるが、

＃2は、ウィングでオープンになる。

＃1は、＃2へパスをし、ゴールに向かって勢いよくカッティングするが、ボールをもらうためにリプレイスする。

＃1は、＃2からボールを受ける。

＃5は、＃1にダッシュでスクリーンをセットする。

＃2は、＃1がアタックするタイミングで2コーナーに動く。

＃1と＃5は、ピック＆ロールをする。

＃2は、すぐにセーフティに戻る。

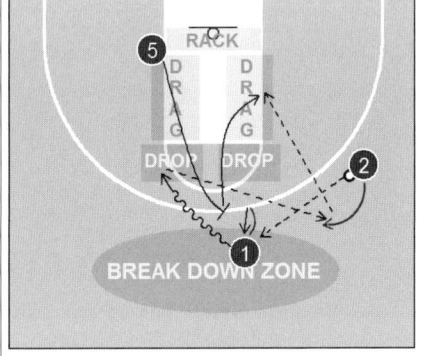

クイックリプレイス（フィストドラッグ）

＃2は、ウィングでオープンになる。

＃1は、＃2へパスをし、ゴールに向かって勢いよくカッティングするが、ボールをもらうためにリプレイスする。

＃1は、＃2からボールを受ける。

＃5は、＃1にダッシュでスクリーンをセットする。

＃1と＃5は、ピック＆ロールをする。

＃1は、ドラッグしてくる＃2にパスを出す。

＃2は、ダイヴしポストアップする＃5にパスをする。

＃2は、すぐにセーフティに戻る。

3on0 分解練習（1、4、5）

下の図は1、4、5番のドリルである。

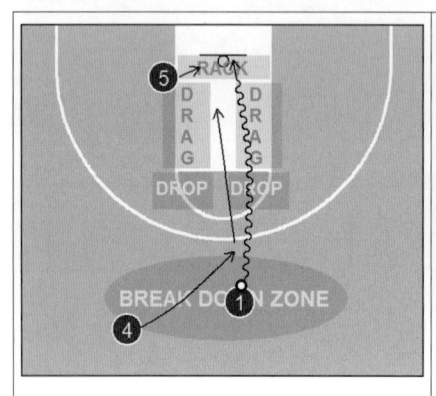

ラックシリーズ（レーンドライヴ）

　#1は、リングへアタックする。

　#5は、リバウンドに備える。

　#4は、「ドラッグ4」と叫びながら、#1の後方をドラッグし、リバウンドに備える。

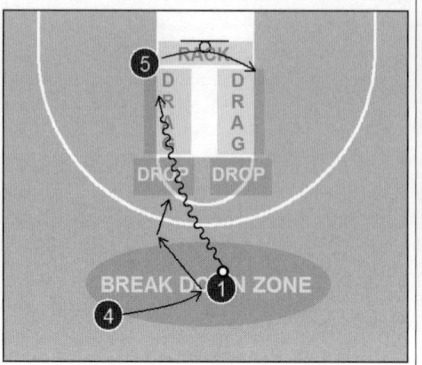

ラックシリーズ（ミドルドライヴ）

　#1は、ミドルにアタックする。

　#5は、逆サイドへ動き、リバウンドに備える。

　#4は、キックバックに備えて動く。

　#4は、「ドラッグ4」と叫びながら、#1の後方をドラッグし、リバウンドに備える。

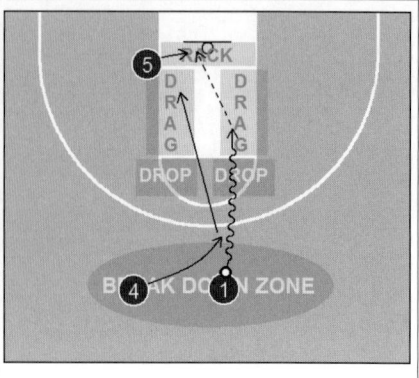

ラックシリーズ（ロブパス）

　#1は、リングへアタックする。

　#5は、ロブパスを受けてシュートを打つ。

　#4は、「ドラッグ4」と叫びながら、#1の後方をドラッグし、リバウンドに備える。

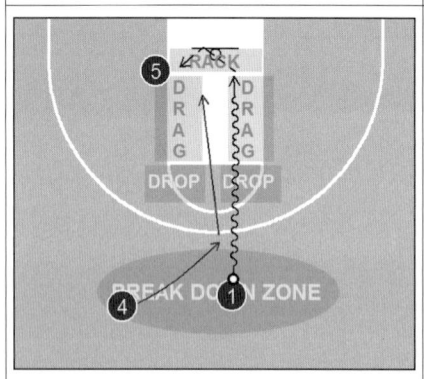

ラックシリーズ（クリーンアップ）

　#1は、リングへアタックし、ヘルプディフェンスが来たら、バックボードにボールを投げる。

　#5は、空いている（クリーンアップ）ポジションへ動き、リバウンドを取ってシュートする。

　#4は、「ドラッグ4」と叫びながら、#1の後方をドラッグし、リバウンドに備える。

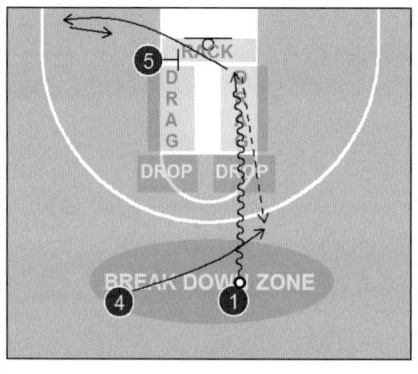

ドラッグ4シリーズ（ドラッグ4）

　#1は、ラッグゾーンまでアタックする。

　#4は、「ドラッグ4」と叫びながら、#1の後方をドラッグする。

　#1は、ドラッグゾーンで止まったら、ピボットを踏み、#4にパスをする。

　#1は、#5のスクリーンをもらって3コーナーにカッティングする。

　#4は、シュートする。

　#5と#1は、リバウンドに備える。

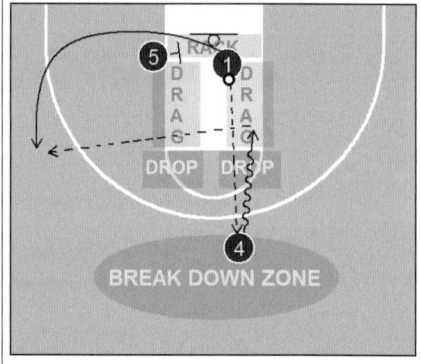

ドラッグ4シリーズ（ダブルドラッグ）

　#1は、ラッグゾーンまでアタックする。

　#4は、「ドラッグ4」と叫びながら、#1の後方をドラッグする。

　#1は、ドラッグゾーンで止まったら、ピボットを踏み、#4にパスをする。

　#1は、#5のスクリーンをもらって3コーナーにカッティングする。

　#4は、ヘジテーションやシュートフェイクをしてからドラックゾーンへドライヴし、ドラッグする#1へパスをする。

　#1は、シュートする。

　#4と#5は、リバウンドに備える。

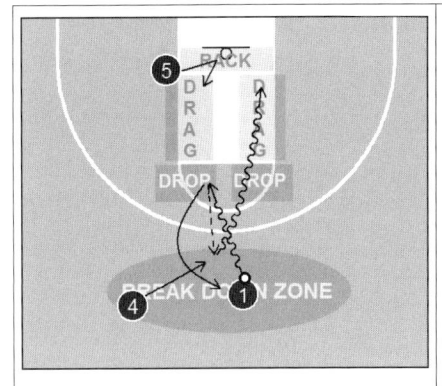

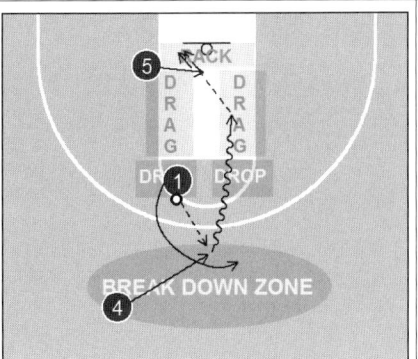

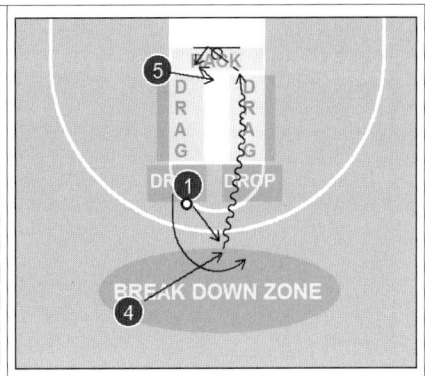

キックバックシリーズ(ラックゾーン①)

#1は、ミドルへアタックし、#4へキックバックする。

#4は、ラックゾーンにドライヴする。

#5は、最初の#1のアタックで逆サイドに動き、#1が#4にキックバックすると同時に元の位置に戻り、リバウンドに備える。

#1は、#4の後方を「ドラッグ4」と叫びながらドラッグし、リバウンドに備える。

キックバックシリーズ(ラックゾーン②)

#1は、ミドルへアタックし、#4へキックバックする。

#5は、最初の#1のアタックで逆サイドに動き、#1が#4にキックバックすると同時に元の位置に戻り、リバウンドに備える。

#4は、ラックゾーンにアタックし、#5へ早めにロブパスを出す。

#1は、#4の後方を「ドラッグ4」と叫びながらドラッグし、リバウンドに備える。

キックバックシリーズ(ラックゾーン③)

#1は、ミドルへアタックし、#4へキックバックする。

#4は、ラックゾーンにアタックし、ロブパスかバックボードにボールを投げ、#5へパスを出す。

#5は、最初の#1のアタックで逆サイドに動き、#1が#4にキックバックすると同時に元の位置に戻り、リバウンドに備える。

#1は、#4の後方を「ドラッグ4」と叫びながらドラッグし、リバウンドに備える。

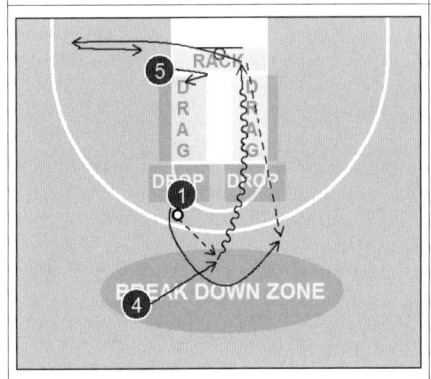

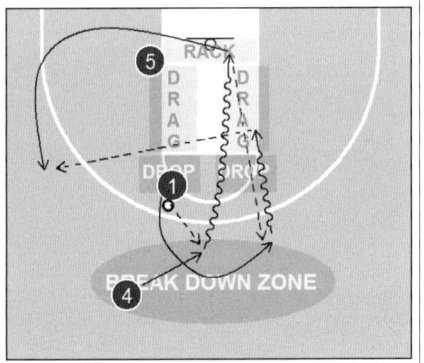

キックバックドラッグシリーズ(ドラッグ4①)

#1は、ミドルへアタックし、#4へキックバックする。

#4は、ミドルへアタックし、ラッグゾーンで止まったら、ピボットを踏み、#1にパスをする。

#5は、最初の#1のアタックで逆サイドに動き、#1が#4にキックバックすると同時に元の位置に戻り、リバウンドに備える。

#4は、3コーナーにカッティングした後、リバウンドに備える。

キックバックドラッグシリーズ(ドラッグ4②)

キックバック（ドラッグ4）とダブルドラッグを組み合わせる。

#1は、ミドルへアタックし、#4へキックバックする。

#4は、ラックゾーンにアタックし、止まったらピボットを踏み、#1にパスをする。その後、コーナーに動く。

#4は、「ドラッグ4」と叫びながら、#1の後方をドラッグし、パスを受ける。

#1は、ドラッグゾーンにアタックし、ウィングにあがってくる#4にパスを出し、シュートさせる。

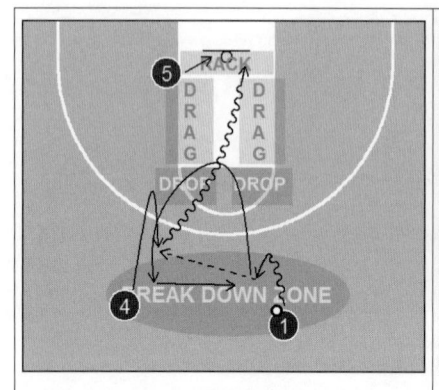

414シリーズ（T－ラックゾーン①）

　414においては、通常より少し3ポイントラインに近いところに動く。

　#4は、3ポイントラインの内側までVカットをして、ボールを受ける。

　#1は、プルバックをして、#4にパスをする。

　#1は、フリースローラインまでカッティングし、#4の近くまで動く。

　#4は、リングへアタックする。

　#1は、#4の後方を「ドラッグ4」と叫びながらドラッグし、リバウンドに備える。

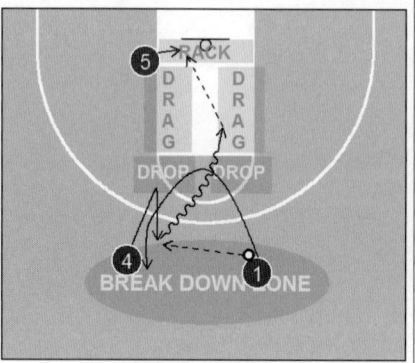

414シリーズ（T－ラックゾーン②）

　#4は、3ポイントラインの内側まで、Vカットをしてボールを受ける。

　#1は、プルバックをして、#4にパスをする。

　#1は、フリースローラインまでカッティングし、#4の近くまで動く。

　#4は、リングへアタックする。

　#4は、#5へロブパスをしてシュートさせる。

　#1は、#4の後方を「ドラッグ4」と叫びながらドラッグし、リバウンドに備える。

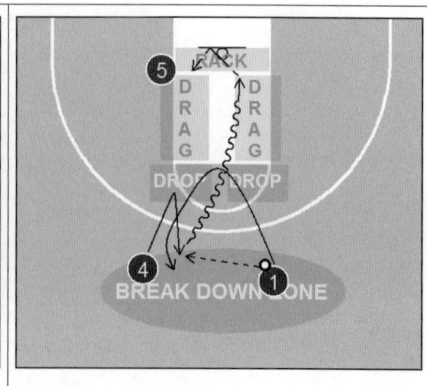

414シリーズ（T－ラックゾーン③）

　#4は、3ポイントラインの内側まで、Vカットをしてボールを受ける。

　#1は、プルバックをして、#4にパスをする。

　#1は、フリースローラインまでカッティングし、#4の近くまで動く。

　#4は、リングへアタックする。

　#4は、バックボードにボールを投げて、#5にシュートさせる。

　#1は、#4の後方を「ドラッグ4」と叫びながらドラッグし、リバウンドに備える。

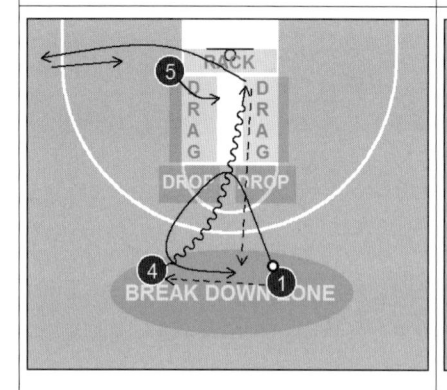

414シリーズ（T－ドラッグ4）

　#4は、3ポイントラインの内側まで、Vカットをしてボールを受ける。

　#1は、プルバックをして、#4にパスをする。

　#1は、フリースローラインまでカッティングし、#4の近くまで動く。

　#4は、リングへアタックする。

　#4は、ドラッグゾーンで止まったら、ピボットをし、後方をドラッグする#1にパスをする。

　#1は、シュートを打つ。

　#4と#5は、リバウンドに備える。

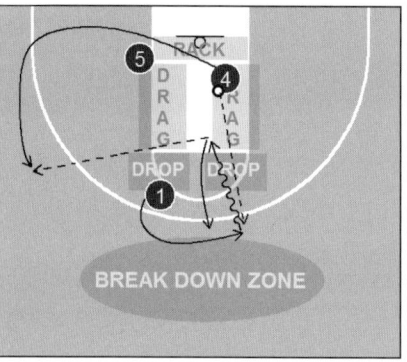

414シリーズ（T－ダブルドラッグ）

　#4は、3ポイントラインの内側まで、Vカットをしてボールを受ける。

　#1は、プルバックをして、#4にパスをする。

　#1は、フリースローラインまでカッティングし、#4の近くまで動く。

　#4は、リングへアタックする。

　#4は、ドラッグゾーンで止まったら、ピボットをし、後方をドラッグする#1にパスをする。

　#1は、3コーナーからあがってくる#4にパスをし、シュートさせる。

　#1は、すぐにセーフティに戻る。

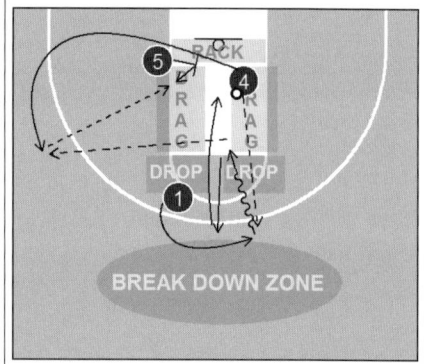

414シリーズ（T－ダブルドラッグ35）

　#4は、3ポイントラインの内側まで、Vカットをしてボールを受ける。

　#1は、プルバックをして、#4にパスをする。

　#1は、フリースローラインまでカッティングし、#4の近くまで動く。

　#4は、リングへアタックする。

　#4は、ドラッグゾーンで止まったら、ピボットをし、後方をドラッグする#1にパスをする。

　#1は、3コーナーからあがってくる#4にパスをする。

　#4は、#5にパスを入れる。

　#1は、#5がパスを受けたと同時に、必ずダイヴする（逆サイドのトップの位置にいるプレイヤーはポストエントリーと同時に、常にダイヴする）。

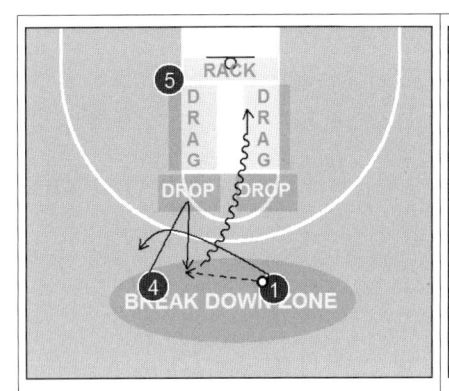

414シリーズ（ラブ）

414シリーズは414Tシリーズと同じオプションをもつが、Tカットの代わりに、パスの後、#1は#4のすぐ前をカッティングし、#4は、#1とX1に、X4をこすりつける。

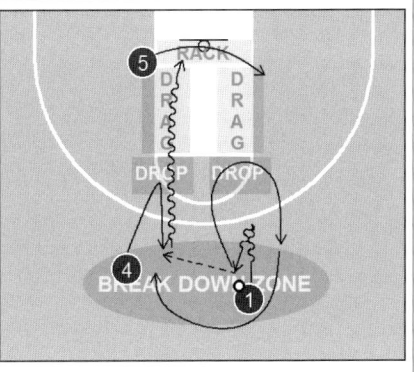

414シリーズ（リループ①）

X4が、ミドルペネトレーションを防いでいる状態で414ループを行う。

#1は、#4にパスをした後、フリースローラインの周りをループして、元の位置に戻る。この動きは、#5がポジションを変えるサインとなる。

#4は、3サイドからラックゾーンにアタックする。

#5は、リバウンドに備える。

#1は、#4の後方をドラッグする。

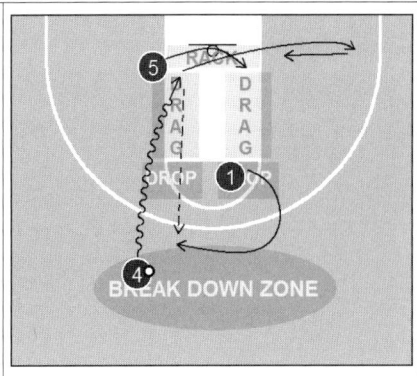

414シリーズ（リループ②）

#1は、#4にパスをした後、フリースローラインの周りをループして、元の位置に戻る。

#4は、3サイドからラックゾーンにアタックする。

#4は、後方をドラッグする#1にパスをし、シュートさせる。

#4は、2コーナーに動いた後、リバウンドに備える。

#5は、リバウンドに備える。

リループから414シリーズの全てのオプションを実行できる。

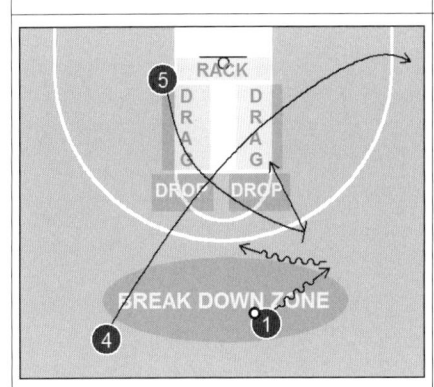

フィストシリーズ（フィストショット①）

フィストはハイピック＆ロールオプションである。

#1は、「フィスト」をコールし、サイドライン方向にドリブルをする。

#4は、2コーナーにダッシュする。

#5は、#4の後方を、X4をこすりつけるようにダッシュする。

（このタイミングが確実に体得できるまで練習させる）

#5は、ボールスクリーンをセットし、ダイヴする。

#1は、スクリーンを使ってシュートする。

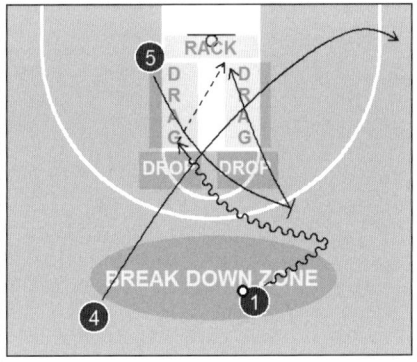

フィストシリーズ（フィストショット②）

#1は、「フィスト」をコールし、サイドライン方向にドリブルをする。

#4は、2コーナーにダッシュする。

#5は、#4の後方を、X4をこすりつけるようにダッシュする。

#5は、ボールスクリーンをセットし、ダイヴする。

#1は、スクリーンを使って、#5にロブパスを出す。

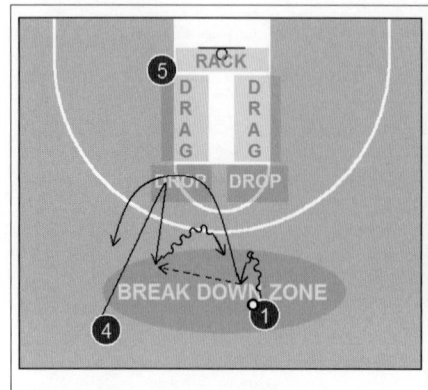

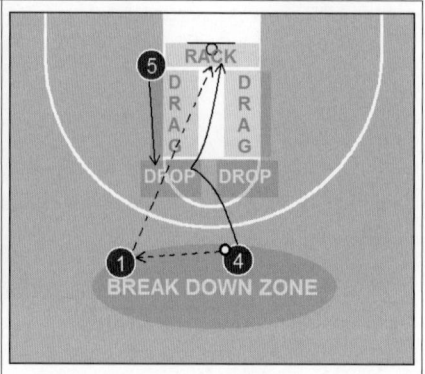

サムズアップシリーズ①

　サムズアップは、サギングしたり、先回りしたりしてくるディフェンスを逆手にとり、バックカットを狙うプレイである。

　#1は、プルバックをする。

　#4は、Vカットしてオープンになる。

　#4は、アタックするが、プルバックをして、Tカットからポップアウトをしてくる#1にパスをする。

サムズアップシリーズ②

　#5は、#4から#1へのパスの直後に、ハイポストへダッシュする。

　#4は、Tカットのフェイクをした後、ゴールへダッシュし、#1からのロブパスを受ける。

3on0 分解練習 （2、3、5）

下の図は2、3、5番のドリルである。これらのドリルでは、コーチかマネージャーに、＃1の位置からパスを出させてスタートする。

クイックシリーズ

クイックシリーズにおいて、＃3がどのように動くかによって、2つのオプションがある。

ハーフコートでのクイックは、＃1は常にカッティングし、＃3はウィングにあがる。

ファストブレイクでのクイックは、＃2は、＃1がカッティングする前に動き出し、＃3は3コーナーにとどまる。

両方のオプションを練習することができる。ポジションに関わらず、プレイヤーに良い習慣を身につけさせるのであれば、3コーナーに＃3がとどまるオプションが良いだろう。

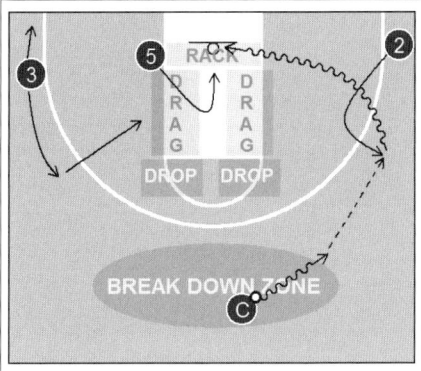

クイックシリーズ （ベースライン①）

＃2は、Vカットしてオープンになり、コーチからボールをもらう。

＃2は、リップスルーして、ベースライン側をアタックする。

＃5は、リバウンドに備える。

＃3は、＃1が3コーナーにくるので、ウィングにあがるか、3コーナーに動く。

＃3は、リバウンドに備える。

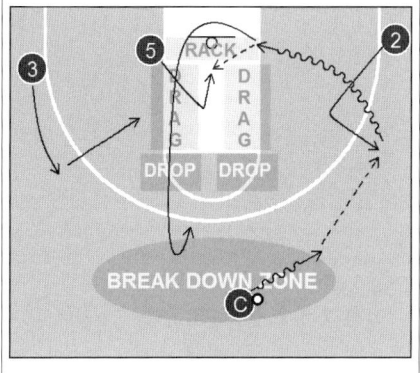

クイックシリーズ （ベースライン②）

＃2は、Vカットしてオープンになり、コーチからボールをもらう。

＃2は、リップスルーして、ベースライン側をアタックする。

＃5は、Tアップし、＃2からのロブパスを受ける。

＃2は、すぐにセーフティに戻る。

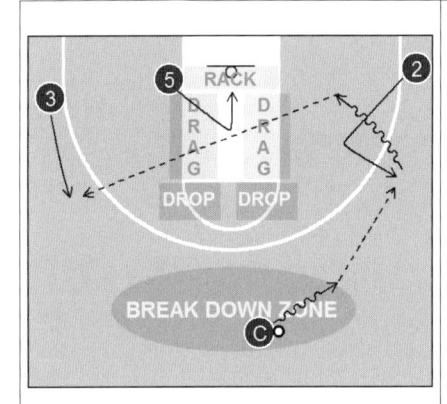

クイックシリーズ （ベースライン③）

＃2は、Vカットしてオープンになり、コーチからボールをもらう。

＃2は、リップスルーして、ベースライン側をアタックする。

＃2は、＃3へスキップパスを出し、シュートをする。

＃2は、すぐにセーフティに戻る。

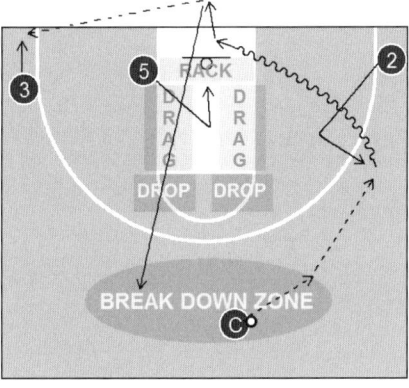

クイックシリーズ （ベースライン④）

＃2は、Vカットしてオープンになり、コーチからボールをもらう。

＃2は、リップスルーして、ベースライン側をアタックする。

＃2は、シュートを打たずに3コーナーの＃3に3ポイントシュートを打たせる。

＃2は、すぐにセーフティに戻る。

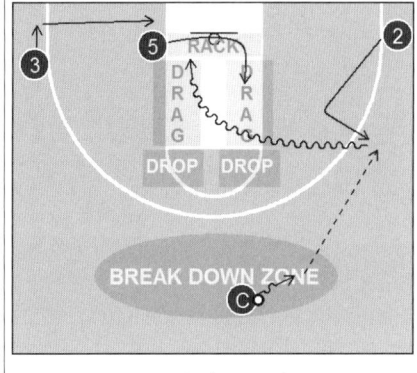

クイックシリーズ （ミドル）

＃2は、Vカットしてオープンになり、コーチからボールをもらい、ミドルへドライヴする。

＃5は、逆サイドへ動き、リバウンドに備える。

＃3は、3コーナーに辛抱強くとどまるが、＃2からボールが離れたらリバウンドに備える。

【注意】　＃3は、＃1がコーナーにカッティングしてこないかのように、その場にとどまっておく。これは型通りのオフェンスの動きを再現するのではなく、状況判断力を身につけるのに良いからである。

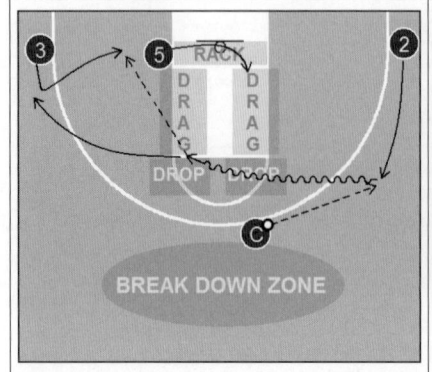

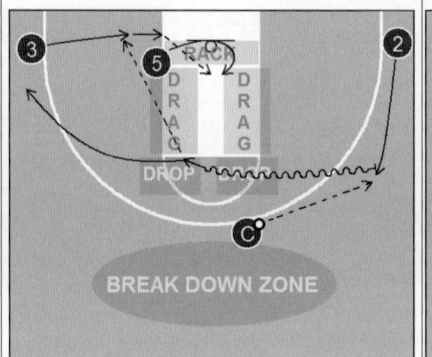

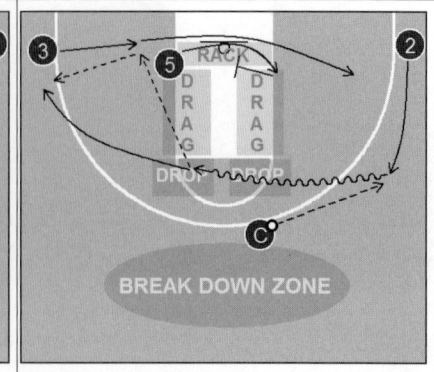

クイックドロップシリーズ（ドロップ23①）

　#2は、Vカットしてオープンになり、コーチからボールをもらい、ミドルへドライヴする。

　#5は、逆サイドへ動き、リバウンドに備える。

　#3は、3コーナに辛抱強くとどまるが、一旦#2がドロップゾーンで止まったら、#3はバックドアし、#2からパスを受けて、シュート（直接もしくはフェイクをして）する。

　#5は、Tアップする。

　#2は、#3の後方をドラッグする。

クイックドロップシリーズ（ドロップ23②）

　#2は、Vカットしてオープンになり、コーチからボールをもらい、ミドルへドライヴする。

　#5は、逆サイドへ動き、リバウンドに備える。

　#3は、3コーナに辛抱強くとどまるが、一旦#2がドロップゾーンで止まったら、#3はバックドアする。

　#5は、Tアップし、#3からパスを受ける。

　#2は、#3の後方をドラッグする。

クイックドロップシリーズ（ドロップ23③）

　#2は、Vカットしてオープンになり、コーチからボールをもらい、ミドルへドライヴする。

　#5は、逆サイドへ動き、リバウンドに備える。

　#3は、3コーナに辛抱強くとどまるが、一旦#2がドロップゾーンで止まったら、#3はバックドアする。

　#3は、#2からのパスを受けるが、ディフェンスに阻まれたら、ウィングに動いてきた#2にパスを戻しシュートする。

　#3は、#5のスクリーンを使い2サイドへ動く。

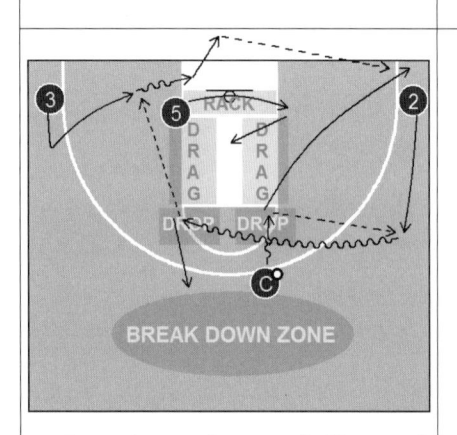

クイックドロップシリーズ（ドロップ23④）

　【注意】　このドリルにおいて、コーチは、ドロップゾーンでストップしなければならず、シューターになるために2コーナーへカッティングしなければならない。

　#3は、バックドアをして、#2からパスを受け、2コーナーにいるコーチへパスをする。

　#2は、すぐにセーフティに戻る。

　#5は、リバウンドに備える。

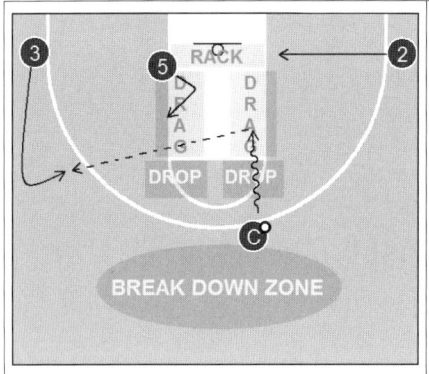

クイックドラッグシリーズ（ドラッグ3）

コーチがドロップゾーンをドライヴで通過し、ドラッグする＃3へパスをする。

＃5は、ポストアップする。

＃3は、シュートする。

＃2は、リバウンドに備える。

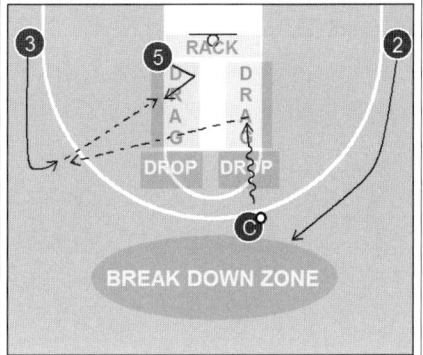

クイックドラッグシリーズ（ドラッグ34①）

＃5は、ポストアップする。

＃3は、＃5にパスをする。

＃2は、ポストへのパスと同時にセーフティにあがる。

＃5は、シュートする。

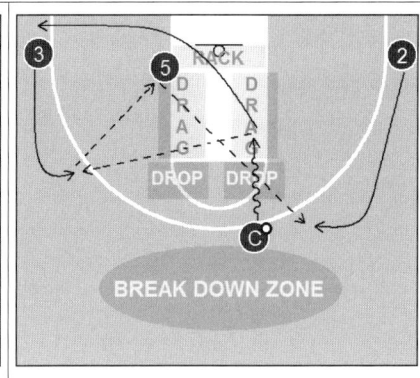

クイックドラッグシリーズ（ドラッグ34②）

＃5は、ポストアップする。

＃3は、＃5にパスをする。

＃5は、セーフティにあがってきた＃2にパスを出し、シュートさせる。

＃5と＃3は、リバウンドに備える。

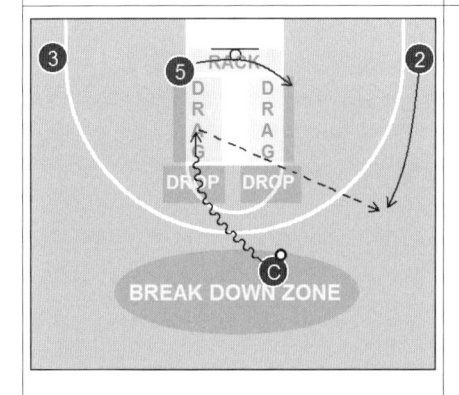

クイックドラッグシリーズ（ミドルドライヴ）

コーチはミドルへドライヴし、ウィングに上がってくる＃2にパスをして、シュートさせる。

＃5は、逆サイドへ動き、リバウンドに備える。

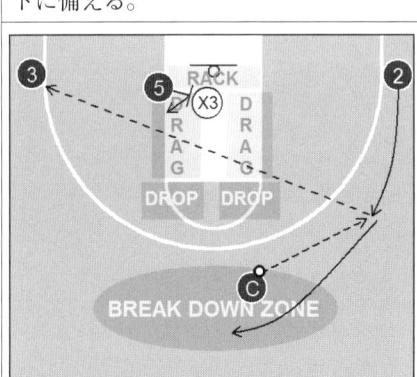

クイックスキップシリーズ（スキップ①）

＃2は、ウィングにあがりボールを受ける。

＃5は、X3にスクリーンをかける。

＃2は、＃3にスキップパスを出し、シュートさせる。

＃5は、リバウンドに備える。

＃2は、すぐにセーフティに戻る。

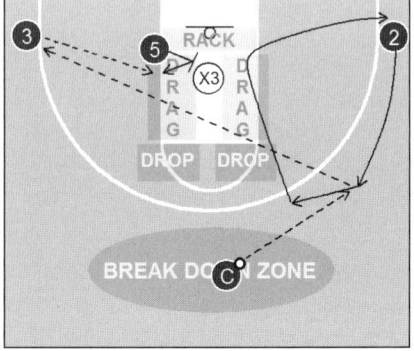

クイックスキップシリーズ（スキップ②）

＃2は、ウィングに上がりボールを受ける。

＃5は、X3にスクリーンをかける。

＃2は、＃3にスキップパスをする。

＃3は、＃5にボールを入れる。

＃2は、＃5が1on1をし始めたらダイヴする。

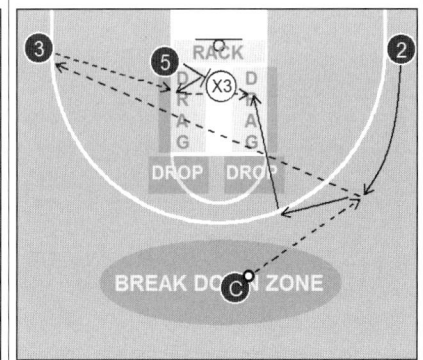

クイックスキップシリーズ（スキップ③）

＃2は、ウィングにあがりボールを受ける。

＃5は、X3にスクリーンをかける。

＃2は、＃3にスキップパスをする。

＃3は、＃5にボールを入れる。

＃5は、ダイヴする＃2にパスを出し、シュートさせる。

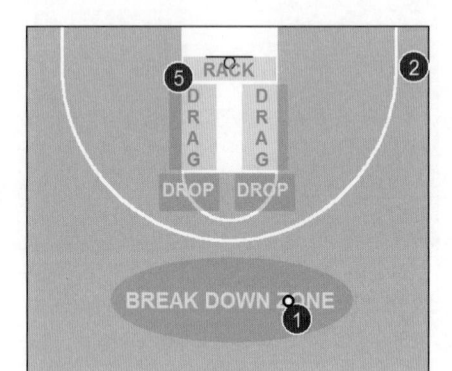

2パス 3on3 分解練習

　協力してプレイすることを目的としたドリルであり、プレイヤーは必ず2回パスをしなければならない。

　最初は、流れを理解させるために3on0から教えるが、段階を経て3on3でプレイすることで、どういった状況でどういったプレイを選択するかの判断力を身につけることができる。3on3をするときには、ディフェンス側に最初のドライヴとパスをさせるように指示をする。

このドリルはいくつかのポジションから行われる
- ・1、2、5
- ・2コーナーの2、4、5
- ・2コーナーの2、ウィングの3、5

　2回パスをするルールがあるため、ディフェンスが実際のゲームほど激しくせずに、単にドリルをこなすような守り方になってしまうことがある。コーチたちは、実際のゲームのように激しくディフェンスすることをプレイヤーに要求しなければならない。もし、それでもプレイヤーが激しくディフェンスをしないのであれば、「最大でパスを2回」とルールを変更しても良い。

1、2、5のためのドロップバックドアオプション

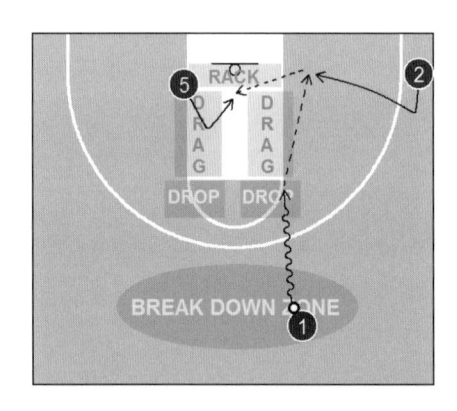

1、2、5（バックドア）
　＃1は、ドロップゾーンにドライヴする。
　最初のパスは、バックカットをする＃2に出す。
　2番目のパスは、＃2からTカットする＃5へ出す。
　＃5は、シュートをする。

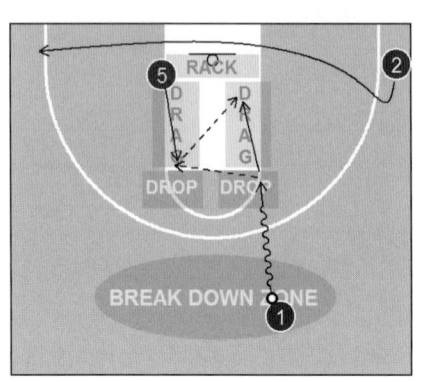

1、2、5（ギブ&ゴー)
　＃1は、ドロップゾーンへドライヴする。
　＃2は、バックドアをして、3コーナーに動く。
　最初のパスは、エルボーに動いてくる＃5に出す。
　2番目のパスは、＃5とギブ&ゴーをする＃1へ出す。
　＃1は、シュートをする。

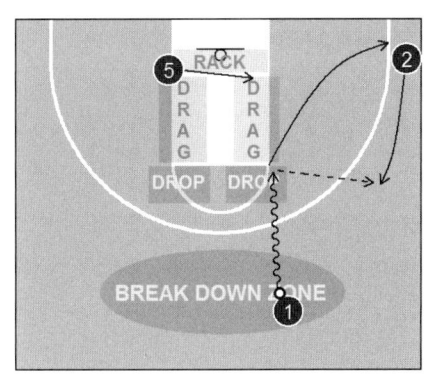

ドロップ2　キックアップ

1、2、5（キックアップ）

#1は、ドロップゾーンへドライヴする。
#2は、ウィングにあがり、最初のパスをもらう。
#1は、2コーナーへダッシュする。

ここからのオプションは以下の3つがある。

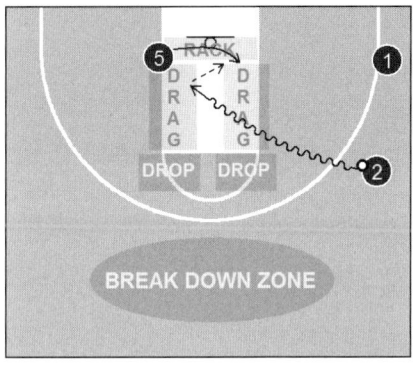

① #2は、ラックゾーンへドライヴして、2番目のパスは、逆サイドに動いた#5へ出す。

② #2は、ステップバックドリブルをして、2番目のパスは、2コーナーの#1へ出す。

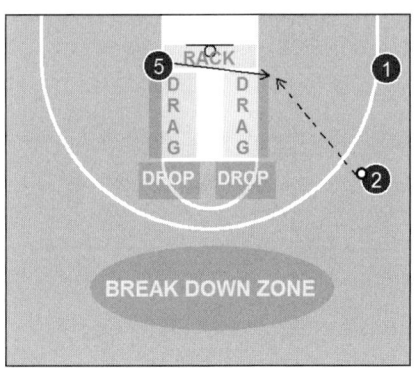

③ #2は、ボールサイドのローポストに動いてきた#5へ、2番目のパスを出す。
　#5はシュートを打つ。

2コーナーの2、4、5（クイック、エレベート）

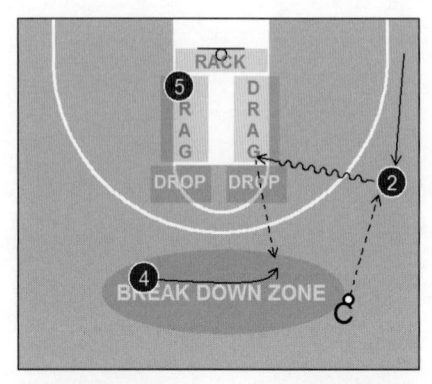

＃2は、コーチからボールを受け、ミドルドライヴをする。
最初のパスは＃4へ出す。

2番目のパスのオプションは、以下の3つがある。

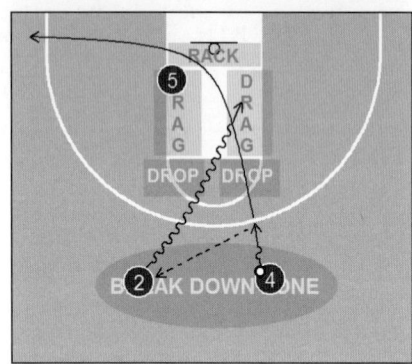

①＃4は、2番目のパスで、＃2にパスを戻し、3コーナーにカッティングする。これで＃2がラックゾーンにアタックするためのスペースができる。

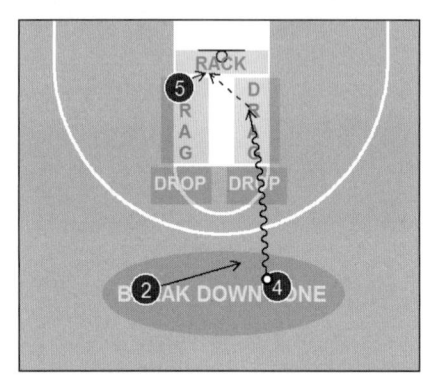

②＃4は、ラックゾーンにドライヴする。2番目のパスは、＃5へ出し、シュートを打たせる。

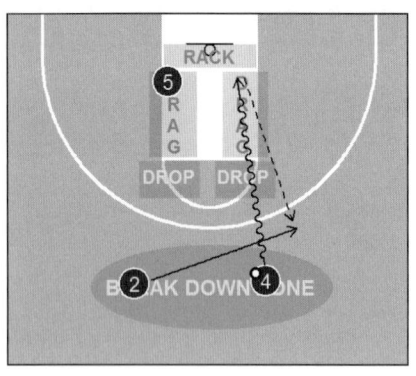

③＃4は、ドラッグゾーンにドライヴする、2番目のパスは、後方をドラッグする＃2へ出し、シュートを打たせる。

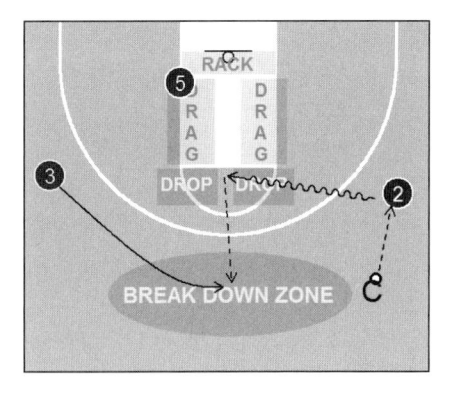

2コーナーの2、ウィングの3、5

　2コーナーの2、4、5（クイック、エレベート）と同じオプションだが、唯一違う点は、＃2は＃3にミドルライン上でパスを出すことである。

全体練習

　次は、分解練習で学んだ判断力を強化するための全体練習をいくつか紹介する。

5on0　フルコートウォームアップ

　ジョン・カリパリ氏は、ウォーミングアップとしてフルコートのファストブレイクの5対0を行うことがある。この際、クイック、ホールド、ポストドラッグ、スイングもしくはストレートアタックなどのオプションを指示することにより、プレイヤーの判断力を高めることができる。誰がシュートを打つかはプレイヤーの判断に任せる。また「全てのオプションを実行せよ」と指示すると、プレイヤーは全てを実行する方法を見つけなければならず、実践的な判断力を効率よく向上させるいい方法だといえる。

ヴァンス・ウォルバーグ氏における1、2、3、4、5とオプションドリル

　1、2、3、4、5とオプションドリルは、ヴァンス・ウォルバーグ氏が「アップ／バックアップ／バックアップ／バック」ドリルと呼んでいるものである。これはトランジションドリルで全てのプレイヤーがシュートできるように作られている。

- ・最初は、＃1がシュートしなければならない。
- ・次は、＃2がシュート（ミドルかベースラインドライヴ）。
- ・＃3がシュート（いくつかのオプションがある）。
- ・＃4がシュート（いくつかのオプションがある）。
- ・＃5のシュートに関しては、インサイドにボールを入れるスキップ、またはボールサイドのポストで受けてシュートなどがある。
- ・最後のオプションは「特定のオプション」を行うことである。コーチがスキップ、ドロップなどのプレイをコールする。

特定のオプション

　初めから終わりまで特定のオプションを行うことは可能である。ドロップを行うドリルでは、順番に＃1、＃2、＃3、＃4、＃5のシュートチャンスを見つけなければならないが、ドロップゾーンでストップすることから始めなけ

ればならない。
- 最初はチームで＃1のためにシュートチャンスを作らなければならない（ドロップ2、バックドア、ポストへのパス、ギブアンドゴー）。
- ＃2のシュートは、ドロップ2バックドアかキックアップから打つ。
- ＃3のシュートは、ドロップ3から打つ。
- ＃4のシュートは、キックダウンから打つか、アウトサイドシュートを打つ。
- ＃5のシュートは、ドロップゾーンでのストップから、ハイポストでパスをもらって打つか、もしくはドロップ2バックドアからTアップして打つ。
- 最後のオプションは「特定のオプション」を行うことである。コーチがスキップ、ドロップなどのプレイをコールする。

その他のオプション

プレイヤーは、コーチから指示された「特定のオプション」をプレイしなければならない。

次のようなものがある。
- 前方へのパス
- ドロップ3シリーズ
- ドロップ2シリーズ
- ドロップ5シリーズ（ハイポスト）
- 415シリーズ
- 43シリーズ
- キックバックシリーズ

ここで紹介するドリルの目的は、ペリメーターでのシュート力と判断力の向上である。シュート力の向上には、実戦に近い状況でシュートを打つ練習に加え、シンプルなシューティングドリルで数多くのシュートを打つ練習が必要である。しかも、どちらかに偏ることなく、バランス良くドリルを組み立てることが大切である。

ジョン・カリパリ氏のガードシューティングドリル

以下の2つのシンプルなドリルは、ペリメーターのシュートとドライヴの練習である。

記録の方法

プレイヤーの1人が決められたスコアのシュートをクリアするか、または2つのチーム間で競争させることができる。プレイヤー個人の場合は、コーチにパスをした後、カットをしながらリターンパスをもらって3ポイントシュートを打つ。チームで競う場合は、チームAとチームBが交互に決められたスポットでシュートを打つ。各スポットで、どちらかのチームが10～15点（決められたスコアを）取った時点で、次のスポットに移る。最終的に、より多くのスポットで勝ったチームを勝ちとする。

シューティングドリル（キックバック）

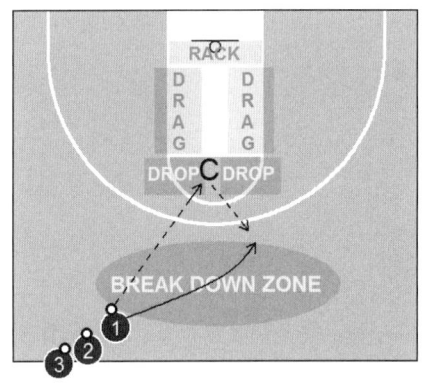

多くのアシスタントコーチがいるのであれば、コーチにパスをさせると良いだろう。シンプルにこのドリルを行うには、プレイヤーが1列に並び、自分の順番がきたときに、コーチにパスを出し、リターンパスを受けてシュートを打つのが良いだろう。この方法だと、他のコーチをサポートさせずにできる。

プレイヤーは大きな歩幅でトップ周辺へダッシュし、コーチからボールを受けて、以下の4つのシュートを練習する。

・ジャンプシュート
・（ジャンプストップ）＋ ワンドリブルレイアップ
・ストレートアタック
・プルアップジャンプシュート

シューティングドリル（キックアップ）

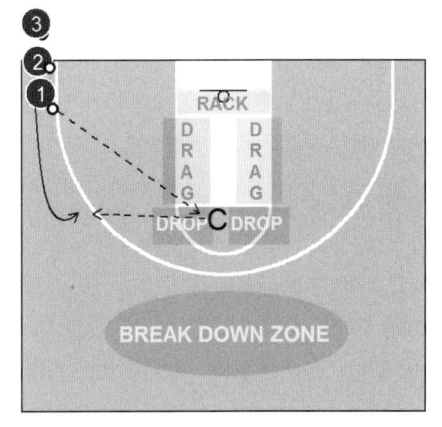

スタッフが充実しているチームであれば、上記のキックバックと同様に行えば良い。

クロスオーバーステップを使って、ウィングに上がり、リングに正対しながら、ボールをキャッチし、以下の4つのシュートを練習する。

・ジャンプシュート
・（ジャンプストップ）＋ワンドリブルレイアップ
・ストレートアタック
・エルボーでのプルアップジャンプシュート

　2ボール・シューティングのメリットは実戦的なシューティングが行えることである。プレイヤーは、コーチにパスをして、実際のオフェンスのようにカッティングをしてからパスを受け、シュートをする。

　デメリットは、他のシューティングドリルほど多くのシュート本数を打てないことである。

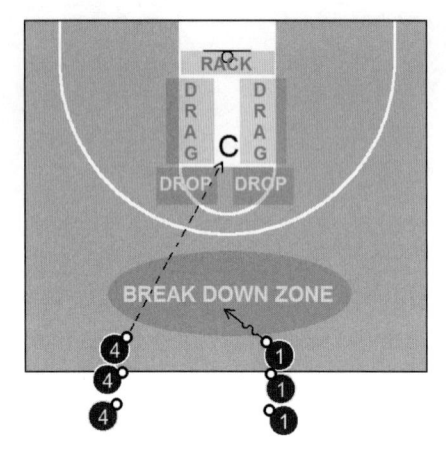

練習方法
　このドリルでは、2人のプレイヤーがお互いの連携を確認しながら、試合中にプレイするポジションでシュートを打っていく。ポジションごとに別れて2列になり、それぞれに列の先頭がコーチ（またはマネージャー）にボールをパスし、リターンパスを受け、ドリルを開始する。プレイヤーはシュート後にリバウンドをする。

　もし、コーチやマネージャーの数が足りなければ、以下のようなローテーションで対応できる。
- ・列のうち1列のみがボールを持つ。
- ・パッサーはプレイヤー同士で行う。
- ・シューターは自分のシュートをリバウンドする。
- ・次のチームのどちらかがパッサーとなる。

シュートスキルのない選手への対応
　もし3ポイントシュートを打てないプレイヤーがいたら、打てる場所からプルアップシュートをさせる。

バリエーション
　コーチはDDMに含まれるあらゆるコンビネーションを想定してドリルを自ら考案することができる。

コミュニケーション
　プレイヤーは何がしたいのかを伝え、コミュニケーションを取りながら行うことが重要である。例えば、＃4はドラッグしたのであれば、「ドラッグ」と叫んで＃1にオプションを伝える。

練習の初期段階
　始めはボール1個から行う。プレイの知識を深め、判断力が身についてきたら、ボールをもう1個加える。

コーチのコール
　プレイヤー同士が、お互いにどのように動くかを学び、確認するためのドリルである。ジョン・カリパリ氏やヴァンス・ウォルバーグ氏も似たようなドリルをボール1個で行っている。コーチによっては2個のボールを使った方がより練習になり、おもしろいと感じることもあるだろう。
　ヴァンス・ウォルバーグ氏がプレイをコールして、プレイヤーは自由にオプションを使う。

- キックバック－＃1はキックバックを行い、＃4はそれに応じる。
- ラックゾーン－＃1はミドルかレーンからラックゾーンへアタックし、＃4 はそれに応じる。

2ボール：ガードのシューティング

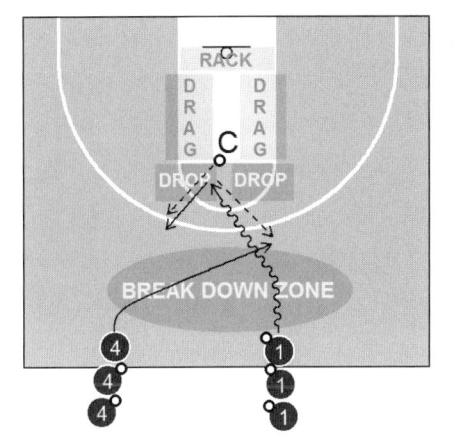

2ボール：ガードシューティング（キックバック）

　＃1は、フリースローラインにドライヴし、＃4にキックバックする。

　＃4は、シュートを打つ。

　＃1は、3ポイントラインの外に出て、コーチからボールをもらいシュートを打つ。

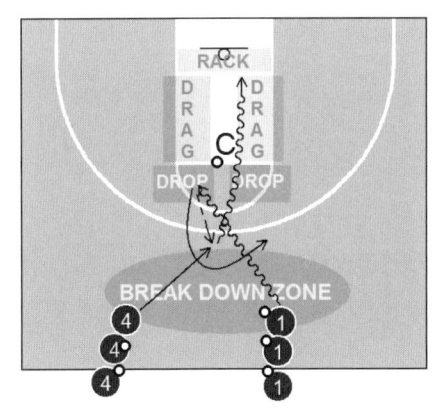

2ボール：ガードシューティング（キックバックラックゾーン）

　＃1は、フリースローラインにドライヴし、＃4にキックバックする。

　＃1は、＃4の後方をドラッグし、コーチからボールをもらいシュートを打つ。

　＃4は、コーチのコールに従い、シュートか、ラックゾーンにアタックする。

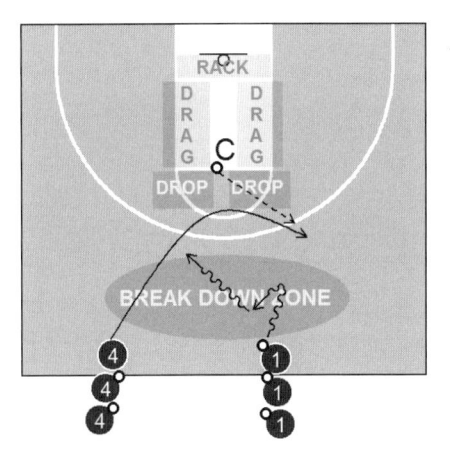

2ボール：ガードシューティング（プルバック）

　＃1は、プルバックをして、＃4にシャローカットさせる。

　＃4は、コーチからパスを受けて、シュートを打つ。

　＃1は、ドライヴをし、自分のシュートレンジから、シュートか、レイアップをする。

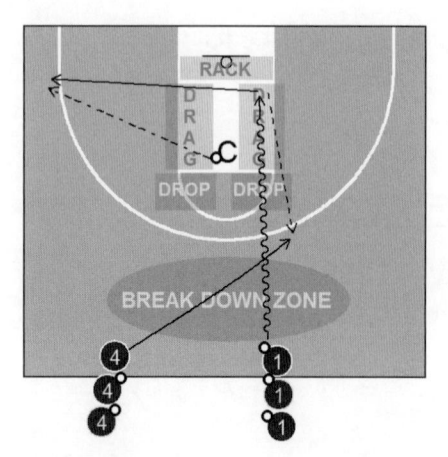

2ボール：ガードシューティング（ストレート・ドラッグゾーン）

　#1は、ラックゾーンにドライヴして、ジャンプストップし、後方の#4にパスを出す。

　#4は、シュートを打つ。

　#1は、3コーナーへ動き、コーチからパスを受けて、シュートを打つ。

リバース

　逆サイドで行うと、逆サイドでの練習も出来る。

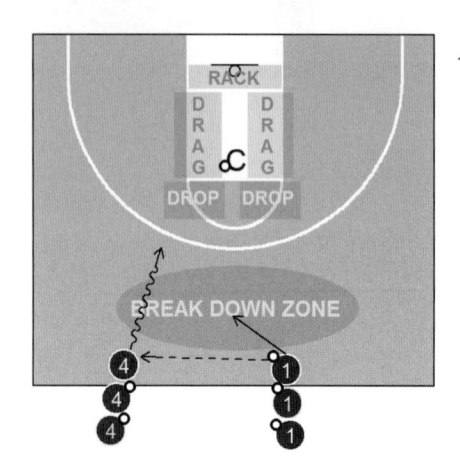

2ボール：ガードシューティング（パスアクロス）

　キックバックとドラッグゾーン・シューティングドリルでは、パスして逆サイドから練習することができる。

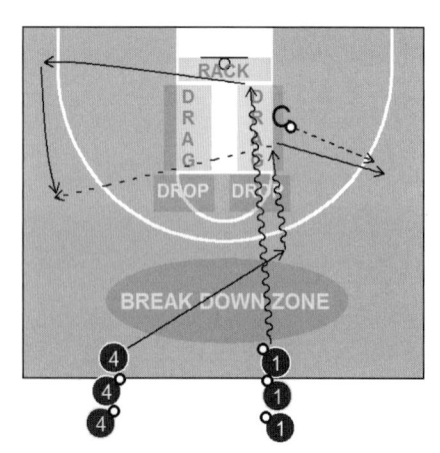

2ボール：ガードシューティング（ダブルドラッグ）

　#1は、ラックゾーンにアタックして、#4にパスを戻す。

　#1は、3コーナーへ動く。

　#4は、ヘジテーションをし、ペネトレートして、ウィングにあがってくる#1にパスをするか、もしくは3コーナーでの3ポイントシュートを打たせる。

　#4は、2サイドのウィングへ動き、コーチからパスを受けてシュートする（#1からのスキップパスを想定して）。

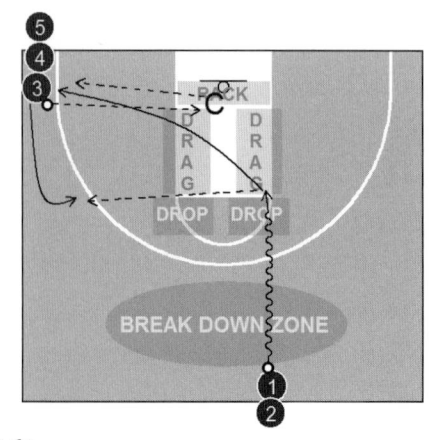

2ボール：ドラッグ1から#3へのスキップパス

　#1と#3のスポットに並ぶ。

　両方の列がボールを持ってスタートする。#3の列が、コーチにパスをしてドリルがスタートする。

　#1は、ドラッグゾーンへドライヴして#3へスキップパスを出す。#3はウィングにあがってきて、ボールをキャッチすると同時にリングに正対する。

　#1は、3コーナーへ行き、コーチからパスを受けて3ポイントシュートを打つ。

　【注意】　#3のプレイヤーは、ウィングからドライヴしても良いし、得意な距離でプルアップシュートを選択しても良い。

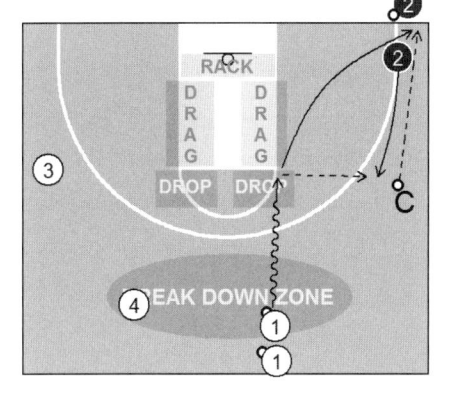

2ボール：ドロップゾーンシューティング

2スポット、3スポットの動きのなかでシュートを練習する。

常に1つのグループを2コーナーか3コーナーに置き、もう1つのグループを1スポット、4スポット、または高い位置の2スポット、3スポットに配置する（それぞれのグループが異なるポジションにつく）。

どのポジションからもシュート練習できるように、毎回違うポジションで行うようにする。

両列でボールを持って並ぶ。2番目のプレイヤーがコーチにパスをしてドリルをスタートする。

#1は、ドロップゾーンへドリブルしストップする。
#2は、ウィングにあがり、リングに正対してボールをもらう。

ここからは下記の異なるオプションがある。

2マンドロップ①

セーフティの動きも練習する必要がある。通常であれば#2にセーフティの責任があるが、#2がシュートした場合は、#1に責任がある。

#2は、ウィングにあがり、リングに正対してボールをもらう（ここでは常にポジティブパスを意識する）。

#1は、#2にパスをした後、ウィングをループしてトップに動き、シュートを打つ。

シュートを打ったプレイヤーは、自分のシュートをリバウンドし、別の列に移動する。

バリエーション

このドリルのバリエーションとして#2がドライヴしても良い。その場合は、#1にセーフティの責任がある。
・ヘジテーションから、ドライヴする。
・ボールを受けると同時にドライヴする。

2マンドロップ②

1スポット以外のプレイヤーは、セーフティの責任を持たない。
#2は、ウィングでボールを受ける。
#4は、2コーナーへ移動し、コーチからボールを受け、3ポイントシュートを打つ。
プレイヤーは自分のシュートをリバウンドし、別の列に移動する。

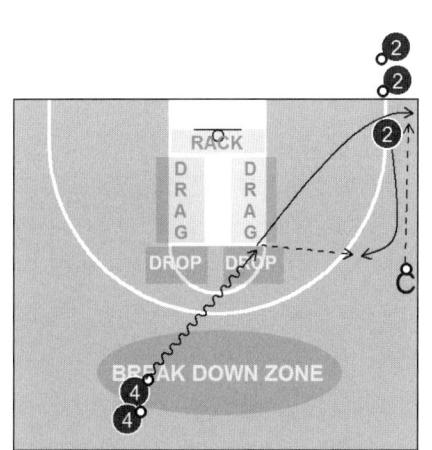

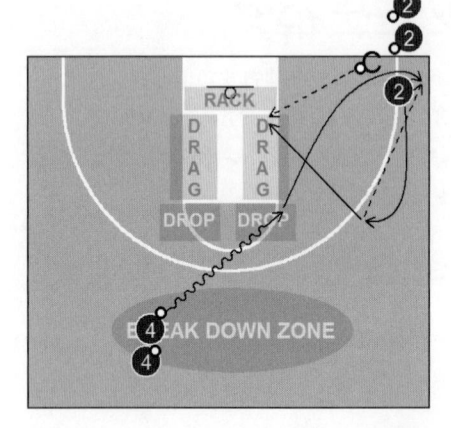

2マンドロップ③

　#2はボールを受けたら、以下の3つのオプションを持つ。

・2コーナーのコーチにパスをし、ギブ&ゴー。

・ヘジテーションからドライヴする。

・ボールを受けると同時にドライヴする。このとき、#4は2コーナーで3ポイントシュートを構える。

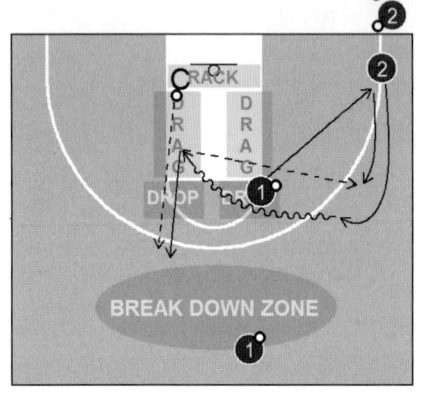

2マンドロップ④

　キャッチ&シュートのバリエーションとして、#2がミドルドライヴをし、ウィングにあがってくる#1へスキップパスをすることもできる。

　#2は#1へスキップパスを出した後、バックランでセーフティに戻り、コーチからパスを受ける。

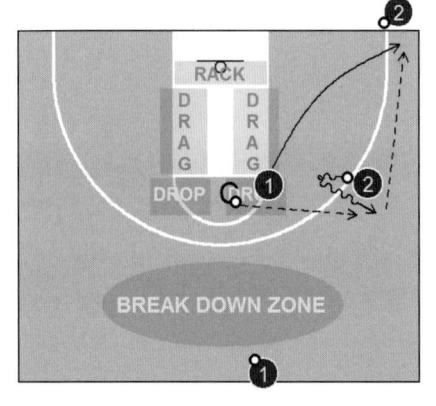

2マンドロップ⑤

　#2はボールを受け、ミドルに向かってワンドリブルをする。それからリバースドリブルをして、2コーナーに移動した#1にパスをする。

　#2は、フリースローライン上にいるコーチからボールをもらう。

　これはディフェンスのスイッチに対するカウンターとして用いることができる。X1が、ドライヴをする#2を捕まえようとするとき、#1は2コーナーでオープンになる。

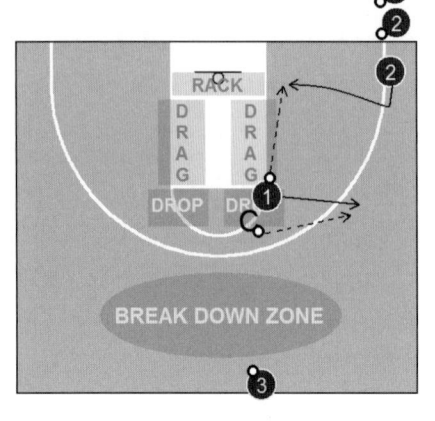

2マンドロップ⑥

　#2は、バックドアからレイアップをして、#1はステップバックから3ポイントシュートを打つ。

このドリルは、ヴァンス・ウォルバーグ氏のドリルであり、たくさんの長所がある。

これはペアで行うシューティングドリルで、プレイヤーの真面目さとシュート力を評価するために行う。

レイアップとリングに近い所でのシュートから始める。プレイヤーは1つのセクションを終了したら、他のプレイヤーが同じセクションをしている間、ドリブルの練習をする。

全てのセクションを終了したら、プレイヤーが残りの時間を使って、3ポイントシュートを打つ。20分間で決めた3ポイントシュートの本数が得点になる。

常に全てのプレイヤーに得点を大声でカウントさせる。これは競争心を煽るとともに、ごまかしや数え間違えの防止にもつながる。

Around The World Positions

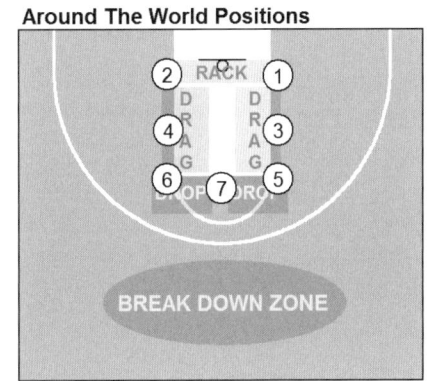

各セクションで行われるドリルは以下の通りである。
・マイカンドリル20　→　20本決めたら交代する。
・アラウンド・ザ・ワールド（1回目）　→　7つのスポットで連続してシュートを打つ。もし、ミスショットがフロアに落ちたら、最初のスポットからやり直す。2人が交互に行う。
・エルボーレイアップ　→　左右のエルボーからのレイアップを20本ずつ決める。2人が交互に行う。
・アラウンド・ザ・ワールド（2回目）　→　1回目と同様。
・エルボーシュート　→　5本連続でエルボーからのシュートを決める。プレイヤーは、成功した本数を大声でカウントする。特に3本目以降は「コーチ！3本目です！」と叫ぶ。2人のプレイヤーが同時に行う。
・3ポイントシュート　→　20分が終わるまで3ポイントシュートを打つ。2人のプレイヤーが同時に行う。

ヴァンス・ウォルバーグ氏は、このドリルを使って、誰が、どれくらいの本数の3ポイントシュートを打って良いのかを決定している。プレイヤーは、このドリルを1シーズンに20回程度行い、アベレージスコアによって、どのくらい3ポイントシュートを打ってよいのかを決める。

ストリークシステム（相手が波に乗っている時間帯）
ヴァンス・ウォルバーグ氏は、相手チームが波に乗っている時間帯に「ストリーク」と叫ぶ。この時間帯は通常のハイペースから突如スローダウンする。

このときは、チーム内でのシュート力が1位、2位のプレイヤーのみが「ストリークブレーカー」としてシュートを許される。「ストリークブレーカー」の仕事は相手の好調の波を止めることである。

「ストリーク」のときに、シュートが許される他のプレイヤーは、20分間の3ポイントシュートドリルで決まる。

50本以下：試合中に決して3ポイントシュートを打ってはいけない。

50〜65本：1本のミスのみが許される。1本ミスしたらその試合ではもう3ポイントシュートは打てない。

65〜80本：「ストリーク」の場合を除いてオープンであればシュートを打ってもよい。

80本以上：たとえ3ポイントシュートのベストプレイヤーでなくても「ストリーク」の場合にシュートを打ってもよい。

バックドアの状況判断ドリル

このドリルは、チームが切り替わった年度の早い時期に行い、ドロップゾーンでのストップに対する判断を指導するものである。コーチかマネージャーは、あらゆるポジションに立ったり、プレイを仕掛けてみたりする。これに対してプレイヤーは、正確な判断でプレイを選択し、対応しなければならない。

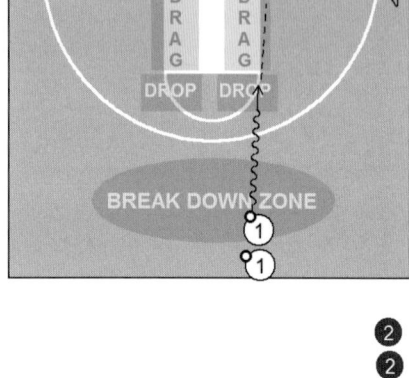

タイトなディフェンスの場合

もしコーチがタイトにディフェンスをした場合、#2は、ウィングに向かって鋭く一歩フェイントをして、バックドアをする。

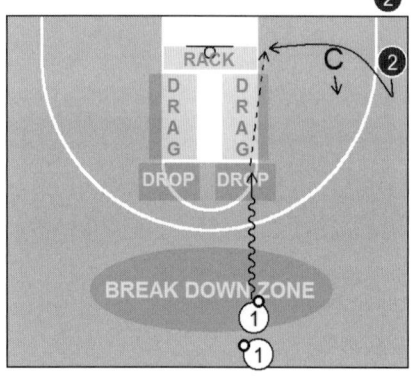

ルーズなディフェンスの場合①

もしコーチがルーズにディフェンスをした場合、#2はウィングに向かって鋭く一歩フェイントをする。もしコーチが一緒にウィングの方向に動いたら、#2はバックドアをする。

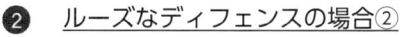

ルーズなディフェンスの場合②

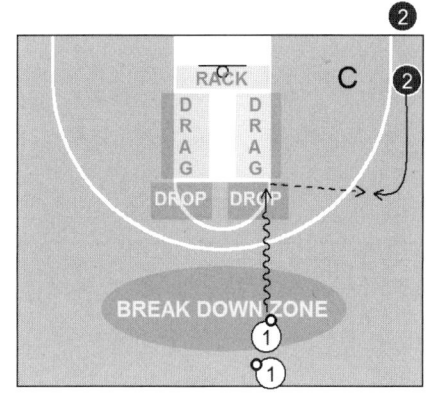

　もしコーチがルーズにディフェンスをし続けた場合、#1から#2にキックアップする。

ハイサイド

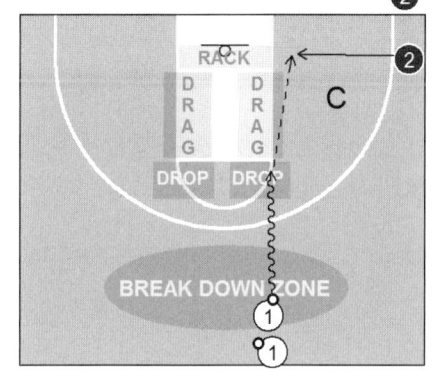

　もしコーチがオフェンスよりも高い位置でディフェンスをした場合、#2はコーチの頭を見る。コーチが#2から目線をそらしたら、#2はバックドアをする。

　もしコーチが#2から目線をそらさなくても、#2はウィングでボールを受けることができないので、#1がエルボーで止まったらバックドアをする。

ステップバック・ボールハンドリング

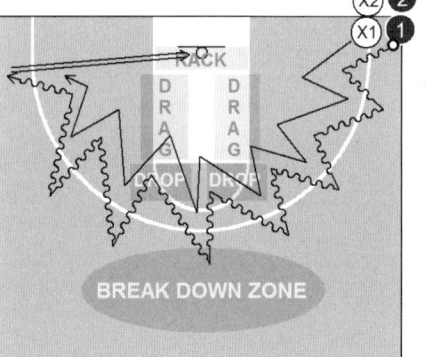

　このドリルは、ボールハンドリング能力を向上させることを目的としており、特にステップバックドリブルを重要視している。

練習の方法

　#1は、リングに向かって鋭くドリブルする。低い姿勢を保ちながら、肩をリングに対して平行にし、ステップバックする。ステップバックは、1歩だけ下がること、インサイドフットでしっかりと床を蹴ることを徹底する。

　#1は3ポイントライン沿いに移動し、逆サイドのコーナーで3ポイントシュートを打つ。

　次のグループは、前のグループがトップオブ・ザ・キーに到達したらスタートする。

ローテーション

　ドリルを終了したら、プレイヤーはラインに再び並び、オフェンスとディフェンスを交代する。
　左右両サイドで行い、両手のドリブルスキルの向上を目指す。

バリエーション

・ステップバック・クロスオーバーからラックゾーンアタック：最後のステップバックで、クロスオーバーをしてラックゾーンへアタックする。
・ステップバック・レッグスルーからクロスオーバーしてアタック：ステップバックの度に、レッグスルーをしてクロスオーバーからアタックする。

4on4ダイレクションドリル

このドリルでは、ポストプレイヤー以外のプレイヤーのために、コーチはDDMの異なる部分を選んで練習することができる。特にエントリーとカッティングに対して有効である。

このときポストプレイヤーは違う練習ができる。

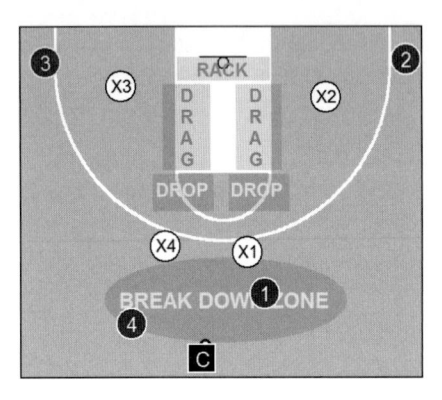

練習の環境

コーチはコートの中央でボールを持つ。オフェンスプレイヤーは通常のDDMのポジションに立ち、ディフェンスプレイヤーはマッチアップする。

コーチはオフェンスの誰かにパスをする。＃2か＃3にパスをする場合、しっかりウィングに上がってからパスを受ける。

指導のポイント

通常のオフェンスと同様に、1ガードでプレイする方が良いので、最初のパスが出たら、2人のガードのうち1人は必ずカッティングする。

＃1か＃4へのパスに対しては、もう1人のガードは、あらゆるカッティングが可能である（＃1によるエックスカットも含まれる）。

＃2か＃3へのパスに対しては、ボールサイドのガードがカッティングする。

ここで紹介するいくつかのドリルは、ポストプレイヤーに、DDMにおける適切な動き方と、フィニッシュの方法を身につけさせるものである。

また、ポストプレイヤーを育成するドリルに取り組んでいる間は、コートの別の場所を使って、ガードプレイヤーに、2個のボールを使ったシューティングドリルをさせると効率が良いだろう。

キャッチドリル

キャッチドリルでは、ポストプレイヤーは、DDMでプレイさせるように動き、ボールを受け、シュートを打つ。

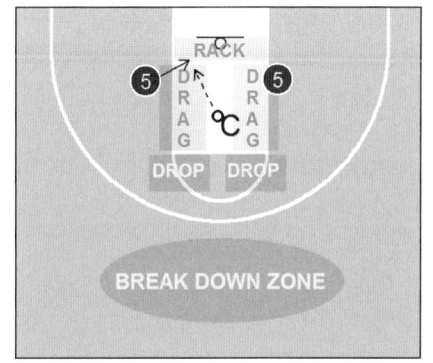

キャッチドリル①

ポストプレイヤーは、通常のDDMでポイントガードがドライヴしてきたときと同じように、ゴールに向かってステップする。肩よりも高い位置、かつリング付近でパスを受け、頭より下にボールを下げてはならない。高い位置にボールを保ったまま、シュートを打つ。常にゴールから遠い方の手を使って、柔らかいシュートを打たなければならない。シュート後は逆サイドに移動する。

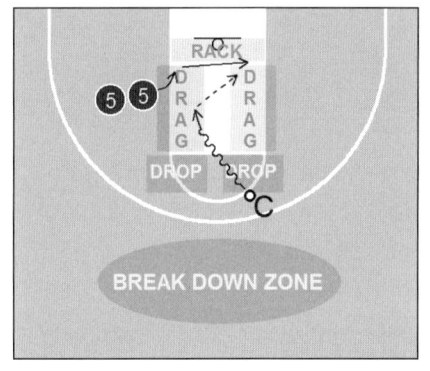

キャッチドリル②

このドリルでは、フットワークが重要となる。ポストプレイヤーはペイントエリアを横切り、2歩でフィニッシュする。常にゴールから遠い方の手を使って、柔らかいシュートを打たなければならない。必ずトップ・オブ・ザ・キー側の足で踏み切り、ペネトレーションを待っている間は、足を動かし続ける。
シュート後は逆サイドに移動する。

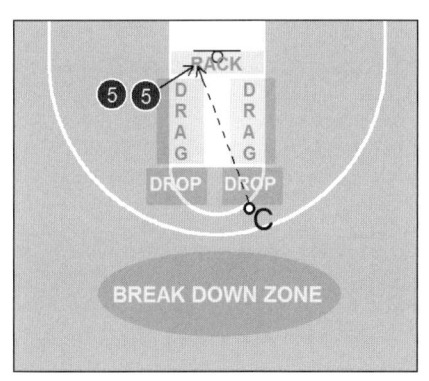

キャッチドリル③

このドリルでは、ポストプレイヤーはロブパスを受け、フィニッシュする方法を学ぶ。
コーチは、ポストプレイヤーに直接ロブパスを出すか、バックボードにぶつけてパスを出す。
パスのアングルを変えるために、コーチはドリブルで移動しながらパスを行う。

以下のドリルは、DDMにおいてポストプレイヤーに、ゴール周辺でのフィニッシュ方法を習得させるためにヴァンス・ウォルバーグ氏が開発したものである。

いくつかの種類があるこのドリルを、毎日選択しながら、継続して取り組むべきである。

一旦、プレイヤーが基礎スキルと様々な状況判断を身につけたら、10分程度でこのドリルを終えることができるはずである。

パッサーは、コーチかマネージャー、もしくはペリメーターのプレイヤーが行う。

ヴァンス・ウォルバーグ氏のクイックアップ

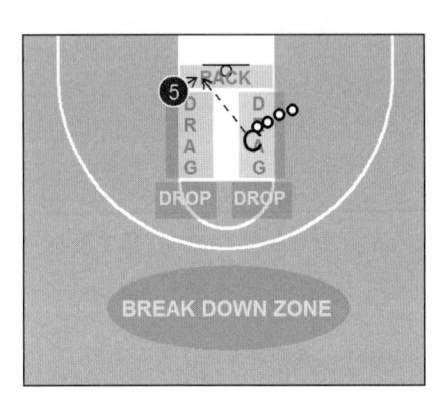

このドリルは、ポストプレイヤーが素早くシュートすることを身につけるものである。

目的

シュートする前にボールを下げさせない習慣を身につける（ポストエリアでシュートブロックされる最大の要因であるから）。

練習の方法

コーチがボールを4個持ち、次々とポストプレイヤーにパスをしていく（慣れるまではボール3個で始めるのも可）。

ポストプレイヤーは、ボールをキャッチすると同時に、高い位置にボールを移動させ、シュートし、次のボールに備える。

指導のポイント

スキルに焦点を当てるために、まずはハーフスピードで行ってから、徐々にスピードアップしていくと良いが、最終的にはフルスピードで行うことが実戦に役立ち、ポストプレイヤーの成長にもつながる。

ヴァンス・ウォルバーグ氏のロブパス

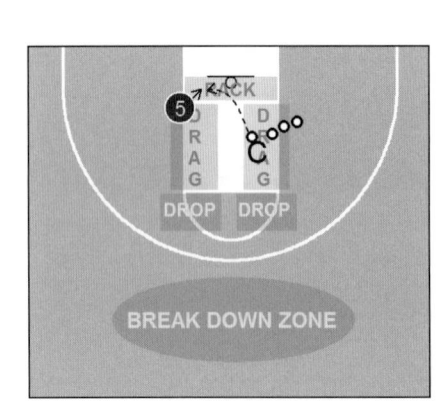

このドリルは、クイックアップドリルとほぼ同じ内容である。ポストプレイヤーに、ポイントガードからのダイレクトパスや、バックボードを使ったパスをフィニッシュにつなげる方法を指導する。

目的

ポストプレイヤーが、パスを受けたまま空中でフィニッシュするコツや、ボールの落下点を予測してジャンプするタイミングを指導する。

ポストプレイヤーに連続ジャンプを指導する。

練習の方法

コーチがボールを4個持ち、1個ずつポストプレイヤーにロブパスを出す（慣れさせるためにボール3個で始めることも可能である）。

ポストプレイヤーは、必ず空中でボールをキャッチし、そのままフィニッシュに持ちこむ。もしダンクシートをしないのであれば、必ず連続ジャンプをしてフィニッシュする。

＃4は、パスをしてポジションを移動する。

指導のポイント

ポストプレイヤーにボールの落下点を予測させる。

連続ジャンプすることで、ポストプレイヤーは1試合につき、2〜3回のゴール下のイージーシュートチャンスを得られることを伝える。

ヴァンス・ウォルバーグ氏のサイドチェンジ

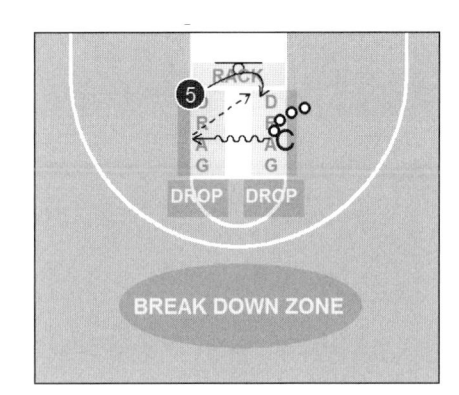

ポストプレイヤーは、サイドチェンジからフィニッシュに持ちこむ。高いパスとバウンズパスの両方の練習が必要である。

目的

ポストプレイヤーに、サイドチェンジの動きから素早くキャッチし、正確にフィニッシュするプレイを指導する。

練習の方法

コーチはペイントエリアの逆サイドにドリブルし、ポストプレイヤーにパスを出す。ポストプレイヤーはキャッチすると同時に、ジャンプしてシュートする。また絶対にボールを下げないようにする。

ダンクシュートをしないのであれば、連続ジャンプからシュートに持ちこむようにする。

毎回交代しながら連続して行う。

指導のポイント

ポストプレイヤーにボールの落下点を予測させる。

連続ジャンプすることで、ポストプレイヤーは1試合につき、2〜3回のゴール下のイージーシュートチャンスを得られることを伝える。

ポストプレイヤーがボールを受けるときに、両肩をパッサーに向け、シュートするときには反転してリングに正対するように指導する。

ヴァンス・ウォルバーグ氏のリバウンドポジション

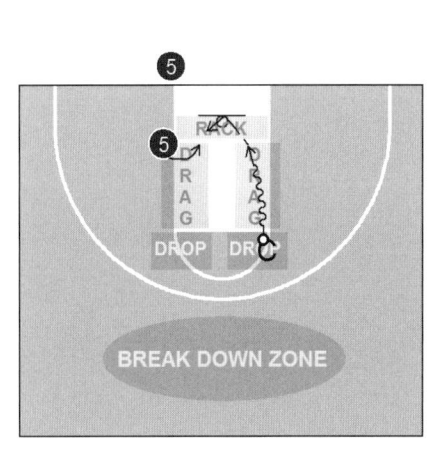

ポストプレイヤーに、リバウンドポジションとフィニッシュを体得させる。

目的

ドライヴが始まる前、ドライバーの方向を向いている状態から、ドライヴが始まった後、リングに両肩を平行にして立つリバウンドポジションを、ポストプレイヤーに指導する。

練習の方法

コーチがドリブルでフリースローラインを超えたら、ポストプレイヤーはリバウンドポジションに移動する。

コーチはバックボードを使ってシュートするが、わざとリングの反対側に落

ちるようなシュートにする。

　ポストプレイヤーは、ボールをキャッチしたら、下げることなくシュートする。もしダンクシートをしないのであれば、必ず連続ジャンプをしてフィニッシュする。

　毎回交代する。

　ポストプレイヤーにボールの落下点を予測させる。

　連続ジャンプすることで、ポストプレイヤーは1試合につき、2～3回のゴール下のイージーシュートチャンスを得られることを伝える。

　ポストプレイヤーがボールを受けるときに、両肩をパッサーに向け、シュートするときには反転してリングに正対するように指導する。

ヴァンス・ウォルバーグ氏のコンビネーションドリルと状況判断

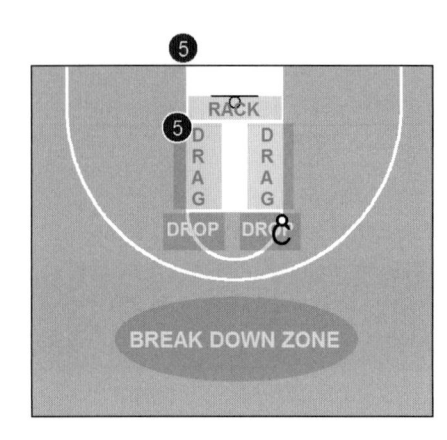

　プレイヤーは、前述の4つのオプションのうち、どれをコーチが選択したかを素早く判断する。

目的

　単なる基本動作を教えるだけではなく、プレイヤーが、実戦的な判断をできるようにする。

練習の方法

　コーチは、フリースローライン上からスタートし、以下の4つのオプションから選択する。

- ・クイックアップ
- ・ロブパス
- ・サイドチェンジ
- ・リバウンドポジション

　ダンクシュートをしないのであれば、連続ジャンプからシュートに持ちこむようにする。

　毎回交代しながら連続して行う。

指導のポイント

　次の順番のプレイヤーは、コーチがどのオプションを選択したのか声に出してチームに伝達する。こういった練習も状況判断能力の向上につながってくる。

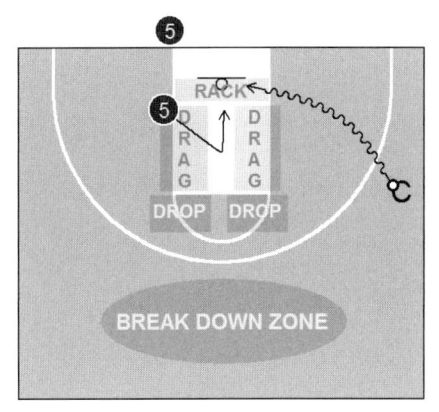

ヴァンス・ウォルバーグ氏のウィングドライヴ

ポストプレイヤーは、今までのドリルと同様の判断をしなければならない。異なる点は、このドリルでは、ウィングからペネトレーションがスタートすることである。

目的

基本動作を教えるだけではなく、プレイヤーが実戦的に判断ができるようにする。

ベースライン側のドライヴに対してはTアップし、ミドル側のドライヴに対しては、サイドチェンジすることを習慣化する。

練習の方法

コーチはフリースローラインの延長線上のウィングに立つ。最初、ポストプレイヤーに対して、ベースライン側のドライヴを数回ずつ行う。その後にミドル側のドライヴを数回ずつ行う。最後にベースラインドライヴとミドルドライヴをランダムに組み合わせて行う。

パッサーは、以下の4つのオプションから選択する。
・クイックアップ
・ロブパス
・サイドチェンジ
・リバウンドポジション

ダンクシュートをしないのであれば、連続ジャンプからシュートに持ちこむようにする。

毎回交代しながら連続して行う。

指導のポイント

次の順番のプレイヤーは、コーチがどのオプションを選択したのか声に出してチームに伝達する。こういった練習も状況判断能力の向上につながってくる。

ヴァンス・ウォルバーグ氏のドロップシリーズ

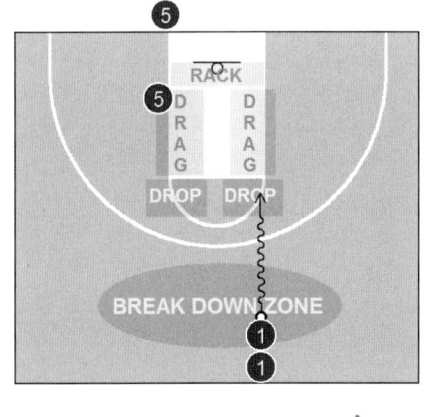

ペネトレーターがドロップゾーンでストップした場合の状況判断を練習する。

目的

ポストプレイヤーに対して、ペネトレーターがドロップゾーンでストップした場合の対応方法を指導し、反復練習する。

練習の方法

このドリルを行うときには、2人のマネージャー、もしくは2人のペリメーターのプレイヤーがドロップゾーンをアタックすると良いだろう。ペネトレーターはドロップゾーンでストップし、まずバックドアパスのフェイクをしてから、Tアップするポストプレイヤーにパスをする。

#1が2サイドのドロップゾーンでストップする場合のオプションを1通り行う。
・ギブ&ゴー（バックボードを使ってのリバウンドシュート）

- ＃1は3コーナーにカッティングし、ポストプレイヤーはパスフェイクの後、ゴールにアタックする。

＃1から3サイドのドロップゾーンでストップする場合のオプションを1通り行う。
- サイドチェンジ、ギブ＆ゴー（バックボードを使ってのリバウンドシュート）
- サイドチェンジ、＃1は2コーナーにカッティングし、ポストプレイヤーはパスフェイクの後、ゴールにアタックする。
毎回交代する。

指導のポイント
次の順番のプレイヤーは、コーチがどのオプションを選択したのか声に出してチームに伝達する。こういった練習も状況判断能力の向上につながってくる。

ポストにおけるエリア別シューティングドリル

ポストスキップドリル

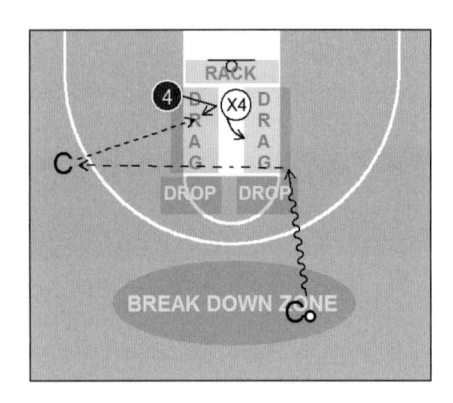

コーチはボールサイドのドロップゾーンにアタックし、ウィークサイドのウィングへパスを出す。
ポストプレイヤーはディフェンスをシールし、オープンになる。
Ｘ4（ポストのディフェンダー）は、様々なディフェンスをし、ポストプレイヤーに異なるフィニッシュをさせるようにする。

ポストドロップゾーンドリル

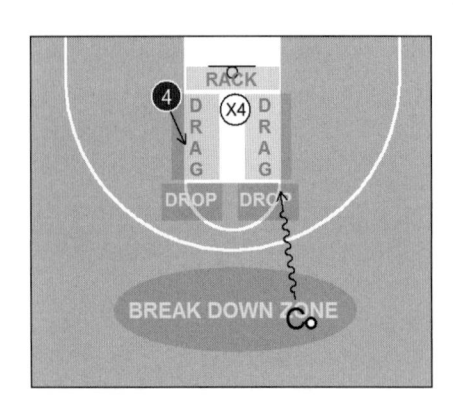

コーチはボールサイドのドロップゾーンにアタックし、ストップする。
ポストプレイヤーはTアップのために1歩あがり、ディフェンスの動きを読む。
ポストプレイヤーが可能なオプションは、
- Ｘ4をシールし、オープンになる。
- Ｘ4をシールし、ボールに向かって上がる。
- 真っ直ぐボールに向かって上がる。
ポストプレイヤーの技術レベルによって、使えるオプションは変わってくる。
Ｘ4（ポストのディフェンダー）は、様々なディフェンスをし、ポストプレイヤーに異なるフィニッシュをさせるようにする。

ポストプルバックドリル①

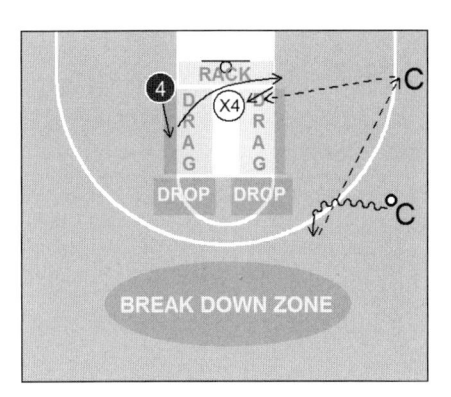

コーチはウィングからミドル側にアタックするが、3ポイントライン付近でプルバックドリブルをし、2コーナーにパスを出す。

#4は、ボールサイドに移動し、X4をシールする。

X4（ポストのディフェンダー）は、様々なディフェンスをし、ポストプレイヤーに異なるフィニッシュをさせるようにする。

ポストプルバックドリル②

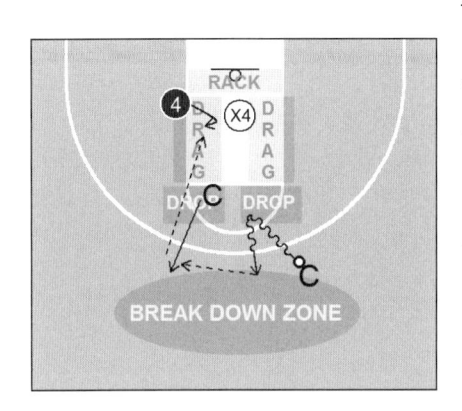

コーチはトップからミドル側にアタックするが、フリースローライン付近でプルバックし、フリースローラインから3ポイントラインの外へ飛び出してくるコーチにパスを出す。

#4は、ポジションを修正し、X4をシールする。

X4（ポストのディフェンダー）は、様々なディフェンスをし、ポストプレイヤーに異なるフィニッシュをさせるようにする。

ポストフラッシュミドルドリル①

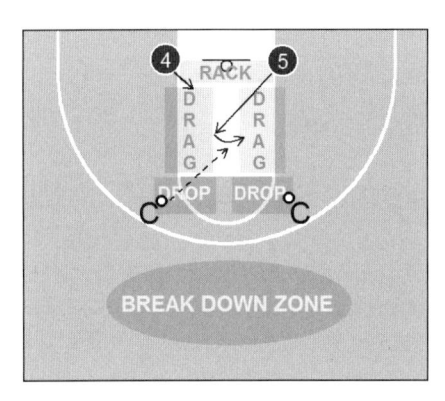

#5はペイントエリアの中央にフラッシュする。コーチは#5のリングから遠い方の手にパスを出し、フックシュートを打たせる。

次のプレイヤー（#4）は、逆サイドからフラッシュする。

【注意】　もしコーチやマネージャーが1人しかいなければ、片方のサイドだけからフラッシュさせ、その後、逆サイドからのプレイを練習する。

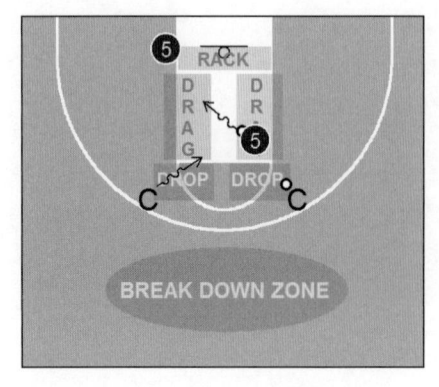

ポストフラッシュミドルドリル②

　#5はペイントエリアの中央にフラッシュする。コーチは#5がフックシュートを打てるように、リングから遠い方の手にパスを出す。

　#5はフックシュートのフェイクをし、前足（リングに近い方の足）の前でドリブルし、アップアンドアンダーを行う。

　次のプレイヤー#4は、逆サイドからフラッシュする。

　【注意】　もしコーチやマネージャーが1人しかいなければ、片方のサイドだけからフラッシュさせ、その後、逆サイドからのプレイを練習する。

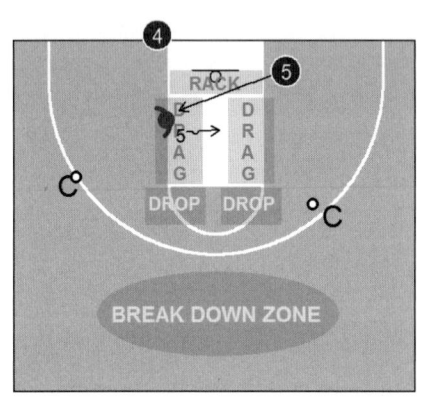

ポストフラッシュミドルポストドリル①

　#5は逆サイドのミドルポストにフラッシュし、コーチは#5にパスを出す。

　#5はペイントエリアへスライドドリブルまたはドロップステップして、フックシュートを打つ。

　次のプレイヤー（#4）は、逆サイドからフラッシュする。

　【注意】　もし、コーチやマネージャーが1人しかいなければ、片方のサイドだけからフラッシュさせ、その後、逆サイドからのプレイを練習する。

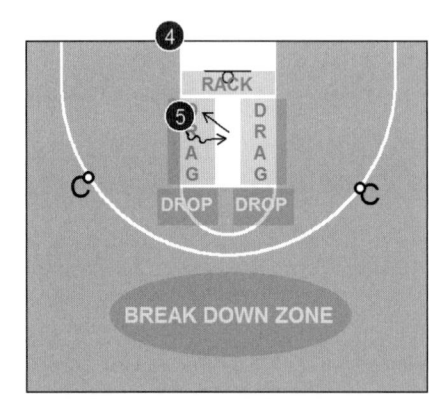

ポストフラッシュミドルポストドリル②

　#5は逆サイドのミドルポストにフラッシュし、コーチは#5にパスを出す。

　#5はペイントエリアへスライドドリブルまたはドロップステップして、フックシュートのフェイクをする。その代わりに、アップアンドアンダーをする。

　次のプレイヤー（#4）は、逆サイドからフラッシュする。

　【注意】　もし、コーチやマネージャーが1人しかいなければ、片方のサイドだけからフラッシュさせ、その後、逆サイドからのプレイを練習する。

ここで紹介するドリルは、ドロップ5シリーズにおける様々な状況判断の練習である。必要に応じて練習に取り組んでほしい。

<u>目的</u>

ドロップ5シリーズでのプレイを反復練習し、状況判断力を身につける。

<u>練習の方法</u>

2人のポストプレイヤーと数人のコーチかマネージャー、ペリメーターのプレイヤーが必要である。＃5を絡めた様々なシチュエーションに対する状況判断を練習する。

ドロップ5　ギブ＆ゴー①

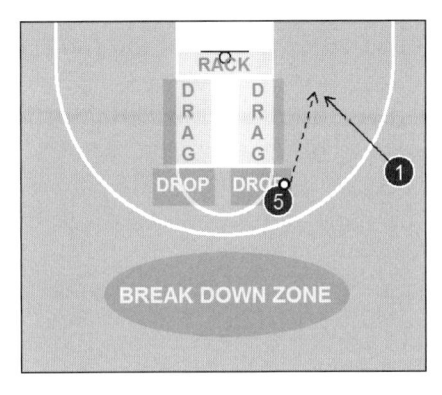

サイドライン側のスペースを空け、最初に＃5は＃1とギブ＆ゴーを狙う。

ドロップ5　ギブ＆ゴー②

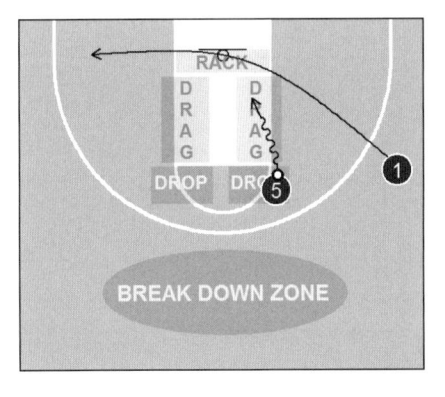

＃1は、ギブ＆ゴーでボールをもらえなければ、3コーナーにカッティングし、＃5にアイソレーションの状態を作り出す。

＃5は、ゴールから遠い位置にいる、ディフェンスに不慣れなX5とアイソレーションの状態になる。

【注意】このプレイをするときに、適切なタイミングをとるために、＃5はまず、＃1にパスフェイクをして、その後、ステップバックをして、ドライヴするようにする。そうしなければ、＃1もしくはX1と衝突してしまうことになる。

ドロップ5　オーバー・ザ・トップ・ラブ

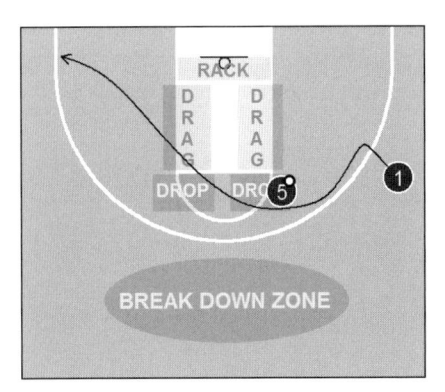

オーバー・ザ・トップ・ラブのために＃1は、まずバックドアのフェイクをして、＃5の上をこするかのように通って、3コーナーにカッティングする。

＃5の両肩のラインは、＃1に対して平行にする。＃5は＃1に対して、ハンドオフのフェイクをした後、勢いよくドライヴする。

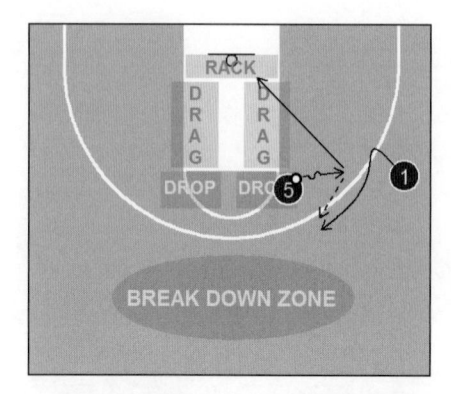

ドリブル・ハンド・オフからの3ポイント

　最後のオプションはドリブル・ハンド・オフである。#1はバックドアのフェイクの後、#5からハンドオフでボールをもらう。

　このプレイは、ピック&ロールのように機能する。#1はハンドオフからシュートを狙う。

　#5は、ゴールに向かってしっかりとダイヴするか、3ポイントラインの外側に出てシュートを打つ。それらは#5のシュートレンジと判断力によって決まる。ここでの状況判断はピック&ロールのときと同じようなものである。

　#5は、リバウンドに備えなければならない。

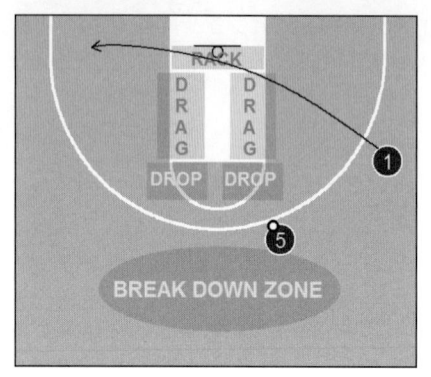

　ポストプレイヤーが、確率の高い3ポイントシュートを打つことができるのであれば、3ポイントラインの外にフラッシュするのも良いだろう。

　イメージを広げることで、ドリブル・ハンド・オフから、数多くのプレイを作り出すことができる。

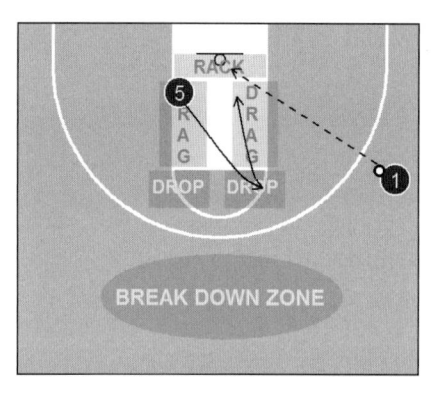

ドロップ56

　フラッシュを数回繰り返すと、X5が#5にディナイディフェンスをし始めるだろう。このときこそ、ドロップ56を使うタイミングである。

　#5は、両足がフリースローラインの外側に出るところまでしっかりフラッシュし、その後、#1からのロブパスを受ける。あるいは直接ダイヴせずに、X5をシールしてからダイヴしても良い。

ドロップ53シリーズドリル

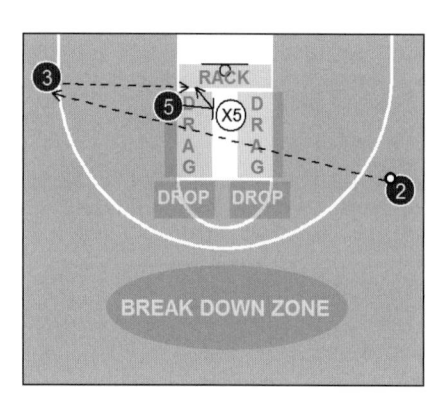

　このドリルは、2サイドから3サイドへのスキップパスに対するポストプレイヤーの動きを練習する。

　ボールが2サイドの高い位置にあるときには、#3は対角線上にいなければならない。

　スキップパスが出され、ボールが空中にある間に、#5は、必ずマークマンであるX5をシールしなければならない。このシールをしっかり習得することは、このドリルの主な目的の1つである。

　#3はパスを受けたらすぐに、#5にパスを出し、シュートを打たせる。

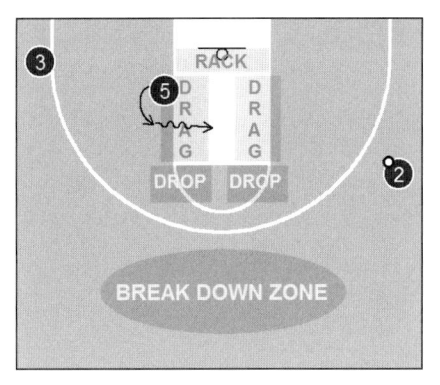

53 ベビーフック

　＃5はハーフターンし、＃1が2コーナーへカッティングするの待って、ドリブルを開始し、ベビーフックを打つ。

53 その他のフィニッシュ

　ポストプレイヤーの能力とスキルレベルに応じて、その他のフィニッシュを指導する。

ポストプレイヤーのピック＆ロール

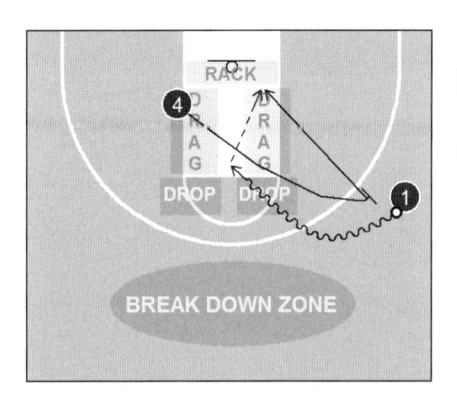

　このドリルにおいて、ポストプレイヤーはピック＆ロールにおける様々な判断を練習する。両サイドで行い、基本的な判断を学んだら2on2へ移る。

サイドピック＆ロール①

　ボールマンもしくはコーチは、ポストプレイヤーのスクリーンを使って、ミドルにアタックする。ポストプレイヤーはダイヴし、ロブパスを受ける。

サイドピック＆ロール②

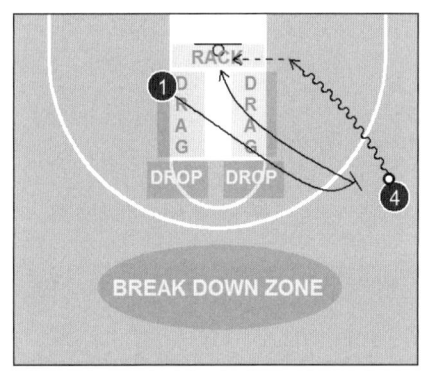

　ボールマンもしくはコーチは、ポストプレイヤーのスクリーンを使わずに、ベースライン側をドライヴする。ポストプレイヤーはダイヴし、ロブパスを受ける。

サイドピック＆ロール③

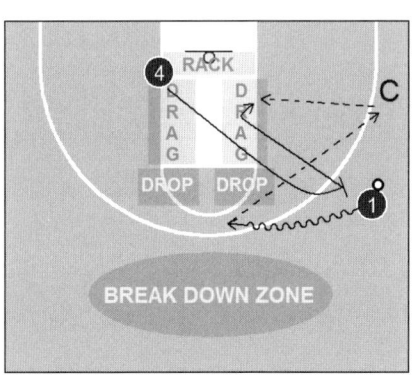

　ボールマンもしくはコーチは、ポストプレイヤーのスクリーンを使わずに、ベースライン側をドライヴする。その後、2コーナーのコーチにパスを出す。ポストプレイヤーはボールサイドでポストアップし、シュートを狙う。

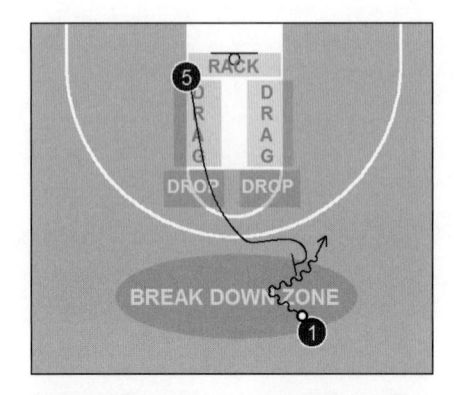

トップピック＆ロール　スクリーンを使う

　ボールマンもしくはコーチは、ポストプレイヤーのスクリーンを使い、ダイヴするポストプレイヤーに、ロブパスを出す。

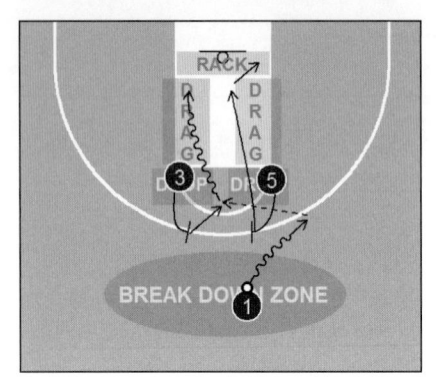

"ホーンズ"でのピック＆ロールの判断

　"ホーンズ"の場合でも、ポストプレイヤーは、通常のDDMのように動く。決してドライヴの邪魔をしない。

ローポストシューティングドリル

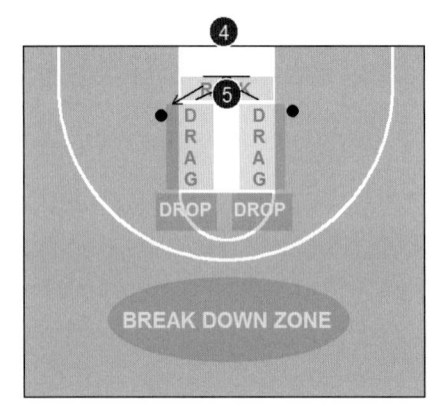

　2個のボールをニュートラルゾーンに置き、ポストプレイヤーは背中をベースラインに向けてリングの下に立つ。プレイヤーはボールを拾い、リングに近い方の足をピボットフット（軸足）にして、ドリブルをしないでシュートする。（ラックゾーンから出てはいけない。足が床から離れてはいけない。）

　他のプレイヤーにリバウンドをさせて、逆サイドで同じことに取り組む。

　1セット30〜60秒を2〜5セット繰り返し、多く入れた方の勝ちとする。

スーパーマン（20回×2セット）、スーパーマン＋ダンク（20回×2セット）

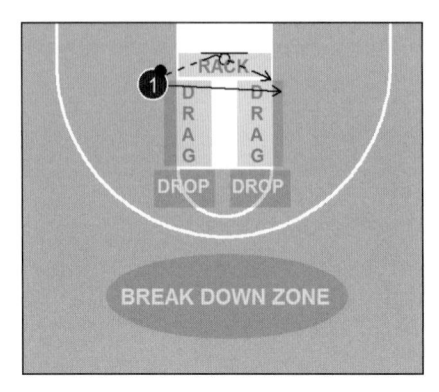

　スーパーマンドリルは、7分間ほぼノンストップで続けなければならず、非常に負荷のかかるドリルである。リバウンドがとれるかどうかは、本人のモチベーションによるところが大きいので、「野獣になれ！」と伝えて、一心不乱に取り組んでほしい。疲労困憊の状態においても、フィジカルにプレイする努力を徹底させる。

- ・各プレイヤーは、ボールを持ってバックボードに正対し、ペイントエリアの外側から2.5mほど離れた場所に立つ。
- ・プレイヤーは、ボールをバックボードに強くぶつけ、逆サイドに落ちるようにする。
- ・プレイヤーはボールが床に落ちる前に、キャッチする。ボールに向かって

ジャンプし、ペイントエリアの外側に両足で着地する。
・「キャッチ」、「パス」、「チェイス（追いかける）」の３つの動作を迅速に切り替える。20回２セットを可能な限り速く行うようにする。

そして、「野獣になれ！」のドリルへ
・基本的には上記のドリルと同じだが、ここでは、リバウンドの後にワンステップでダンク！
・20回の２セット
　指導のポイントは、プレイヤーに「追い込んだ先にある景色」を見つけさせることである。これが、この先のシーズンにおいて、奇跡を起こすような素晴らしいプレイにつながる可能性があるからだ。

スリー・ティップドリル

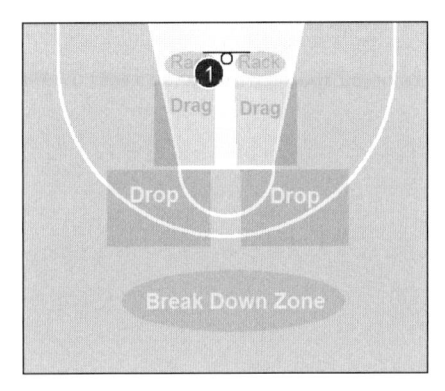

　プレイヤーはバックボードにボールを３回完璧にティップ（腕と指先を伸ばし、片手のみで行う）してから、シュートする。これを両サイドで行う。
　30秒間行い、シュートが決まった本数をカウントする。
　リバウンドからのセカンドシュートは、オフェンスシステムに組み込まれることなく得点できる効果的な方法である。しかし、高く飛べるから、背が高いからというだけで、ティップできたり、リバウンドを取れるというわけではない。このドリルを毎日行い、体得することが大切である。

ここで紹介する一連のドリルは、フルコート、ハーフコートを含むオフェンス全体を練習するものである。

2ストップか1ターンオーバードリル

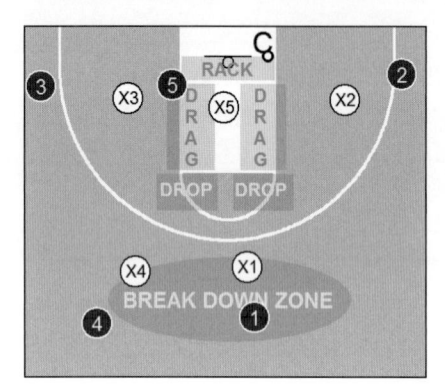

このドリルは、状況判断とエントリープレイを練習するためのハーフコートの全体練習である。

ヴァンス・ウォルバーグ氏は、「Daily45」のハイテンポなドリルを行なった直後に、よくこのドリルを行う。考えて動かなければならないが、身体的な負荷は強くないので、ハイテンポなドリルの後の、身体面での休息になる。

目的

コーチから指導を受けたオフェンスルールに則って、全てのオフェンスオプションを実行することができるので、プレイヤーはハーフコートオフェンスのすべての要素を練習することができる。

また「ストリーク」のときの、シューティングのルールにも取り組むことができる。

練習の環境

2チームで行う。コーチがボールを持って、オフェンスの誰かにパスをしてスタートする。

得点とルール

ディフェンスチームが2回連続でオフェンスを止めるか、1回のターンオーバーを成功させると攻守交代となる。

オフェンスは、まだ1度もディフェンスに止められていない状況では、何の制約もなく、チャンスがあれば誰でも自由にシュートを打つことができる。しかし、1度ディフェンスに止められてしまった場合は、「ストリーク」のシューティングのルールに則ってプレイしなければならない。この状況でシュートを打って良いのは、2人のベストプレイヤーと「20分間3ポイントシュートドリル」で80本を超える3ポイントシュートを決めているプレイヤーのみである。これを8点先取制で行う。

指導のポイント

・コーチがガードにパスをしたら、別のガードは必ずカッティングし、シングルガードの状態にする。プレイヤーをより多く動かしカッティングさせる。
・パスの後、プレイヤーは必ずカッティングしなければならない。
・コーチがプレイをコールしても良い。

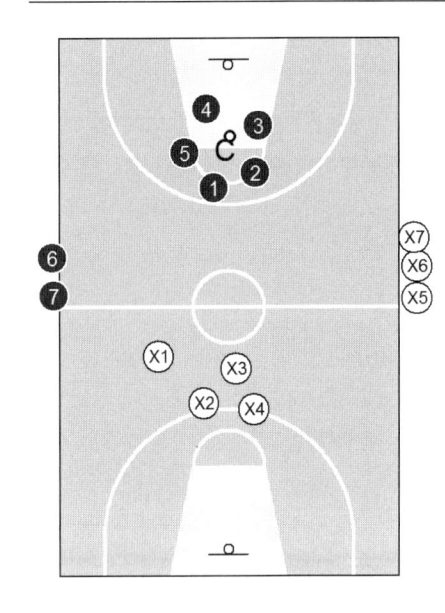

これはディフェンスの人数を見極め、ファストブレイクで攻めるのか、ハーフコートオフェンスで攻めるのかを的確に判断できるようになるためのドリルである。連続的な速いペースのドリルなので、コンディショニングにも役に立つ。

<u>練習の方法</u>

チーム●は、マネージャーがシュートを打つまで自陣のフリースローライン付近を円を描いて走る。

・チーム●は、リバウンドを取り、ファストブレイクで攻める。
・チーム●は、ディフェンスに2回連続で止められるか、ターンオーバーをするか、もしくは4人のみのディフェンスに止められるまで、オフェンスをし続けることができる。

チームXは、4〜7人のプレイヤーを使ってディフェンスをすることができる（すなわち5on7でも良いということ）。

チーム●は、ディフェンスの人数を見極めて、以下のオプションを実行する。
・ディフェンスが4人の場合、素早くアタックする。
・ディフェンスが5人の場合、チームオフェンスをする。
・ディフェンスが6〜7人の場合、スペースを見極めてシュートする。

オフェンスチームは、攻守の切り替え時に必ず全速力で戻り、フリースローライン付近を円を描いて走り、次の攻防に備える。

<u>練習の方法</u>
・11点先取。
・2ポイントシュートは2点、3ポイントシュートは3点。
・ディフェンスが6人のときに得点をしたら、ボーナスポイント1点。
・ディフェンスが7人のときに得点をしたら、自動的に勝利。

プレイヤー
・ディフェンスの人数は4〜7人に変わるが、オフェンスの人数は常に5人である。
・最少人数は14人。

<u>指導のポイント</u>
・オフェンスチームがマネージャーへのシュートチェックを怠ったり、リバウンドに行かないようであれば、即座にディフェンスとなる。
・ディフェンスのチームは、オフェンスがハーフコートに入ってくるまで、ピックアップを待つ。
・練習に慣れてきたら、フルコートでピックアップしても良い。
・7人のディフェンスが参加できるのは、ドリル中に1度だけとする。
・同じ人数のディフェンスを2回連続で行わない。
・もし4人のディフェンスに止められたら、オフェンスは自動的にディフェンスになる。
・ディフェンスが何人であれ、ターンオーバーをしたら、オフェンスは自動的にディフェンスになる。
・オフェンスチームは全力で自陣に戻り、フリースローライン付近を円を描

いて走る。もし、全力疾走を怠った場合は、ペナルティとしてディフェンスになる。

攻守の切り替え

オフェンスからディフェンスへの素早い切り替えを練習する、連続した速いペースのドリルである。

練習の方法

オフェンス、ディフェンスともに、フロントコートに集まる。コーチはバックコートにボールを転がし、一方のチーム名を呼ぶ。もしコーチが白といったら白チームのボールである。白チームはDDMを用いて攻撃をする。

ポゼッションが変わった瞬間に、青チームは反対側のリングにファストブレイクで攻める。

この切り替え部分が、DDMのファストブレイクを練習する上で、最も重要となる。

得点の方法

2ポイントシュートは2点、3ポイントシュートは3点とし、8点先取とする。

アップ－バック－アップ（攻撃－守備－攻撃）：さらに負荷を高めるためには、アップ－バッグ－アップの3本を連続でプレイさせる。この方法は、プレイヤーに3ポゼッション連続でプレイさせることになるが、各ポゼッションの合間に指導を入れても良い。

特定の状況からの攻守の切り替え：試合中に起こりうる状況、例えば、フリースロー、アウトオブバウンズ、試合終盤といった状況を設定し、攻守の切り替えを練習する。

クリケットドリル

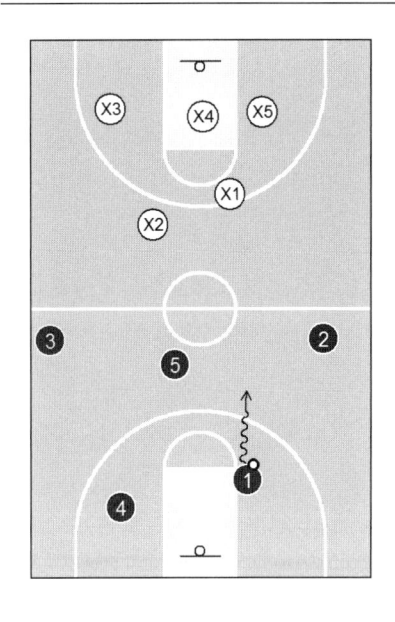

　残り時間と得点を考えながらプレイすることと、確率の高いシュートを打つことを練習するドリルである。

練習の方法
　チームAは、6ポゼッション連続で攻撃し、できるだけ多く得点する。チームAのオフェンスが止められるか、シュートを決めると、引き続きチームAが逆方向へ攻め始める。

　チームAは、ポゼッションの数と得点を大きな声でカウントしながら行う。もし3回目のポゼッションの時に得点が8ポイントであったら「3ポゼッション！8点！」と叫ぶ。次にチームBが行うときには、チームAの得点を上回るようにしなければならない。もし同点以上であればチームBの勝ちである。チームBが勝ちであれば、次はチームBが最初に攻めることになる。

発展的なファストブレイクドリル

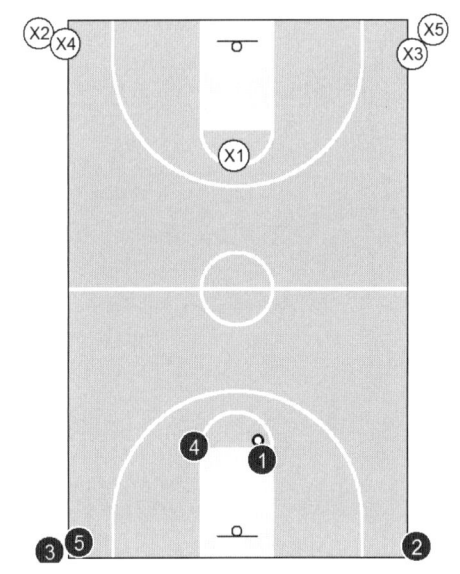

　アウトナンバーでのファストブレイクとトランジションディフェンスを鍛えるためのドリルである。

得点の方法
　2ポイントシュートは2点、3ポイントシュートは3点と通常通りである。

目標
オフェンス
- ・レイアップでのフィニッシュを狙う。

ディフェンス
- ・数的不利な状況でのトランジションディフェンスをしっかりと行う。
- ・レイアップやダンクシュートをさせない。
- ・動き回ってジャンプシュートを打たせない。
- ・オフェンスリバウンドを取らせない。

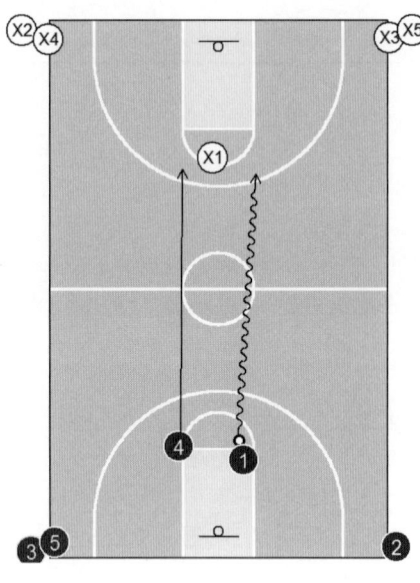

2on1

2on1の状態からスタートする。

ディフェンス
・X1は2人のオフェンスプレイヤーに、後退しながらプレッシャーをかける。

オフェンス
・オフェンスは、適切なスペースを保ちながら、ドリブルでリングに激しくアタックし、ディフェンスを引きつける。

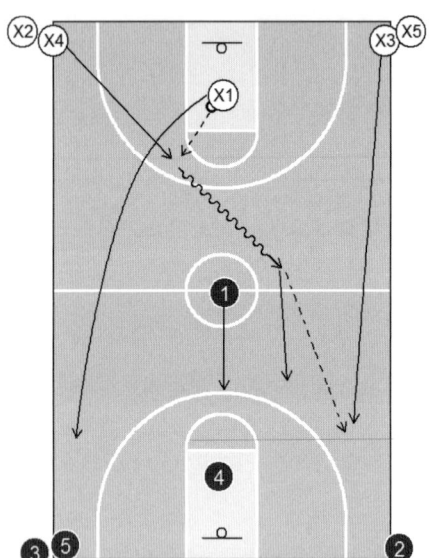

3on2

シュートを決めるか、リバウンドを取るかで攻守交代し、2人のプレイヤーが入ってくる。

ディフェンス
・オフェンスはディフェンスに切り替わる際、全力で戻り、タンデム（縦に並んで）で守る。トップマンはボールを止め、もう1人はリングを守り、最初のパスに対応する。

オフェンス
・ディフェンスはオフェンスに切り替わる際、アウトレットパスを出し、出来るだけ早くウィングにパスをつなぐ。
・逆サイドのウィングプレイヤーは、ウィークサイドのローポストに動く。

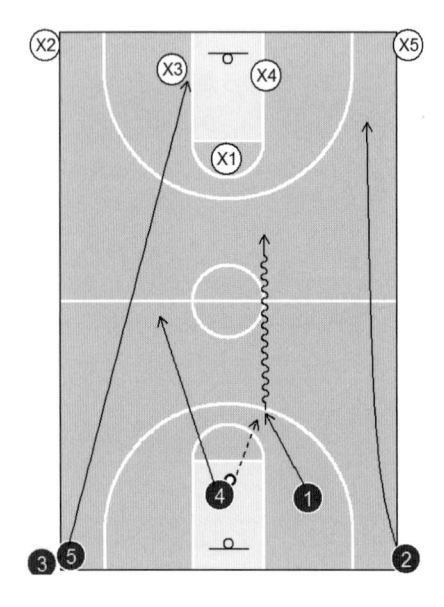

4on3

シュートを決めるか、リバウンドを取るかで攻守交代し、2人のプレイヤーが入ってくる。

ディフェンス
・3人のディフェンスでトライアングルを作り、ゾーンで守る。

オフェンス
・#1は、アウトレットパスをもらい、ドリブルで前に進む。
・他の3人のプレイヤーは、それぞれのスポットに向かう。

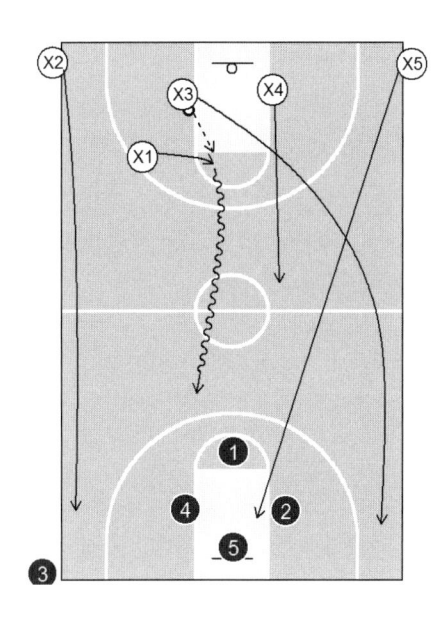

5on4

　シュートを決めるか、リバウンドを取るかで攻守交代し、2人のプレイヤーが入ってくる。

ディフェンス
・4人のディフェンスでダイヤモンドを作り、ゾーンで守る。

オフェンス
・#1は、ボールを進めるサイドを決める。
・#2と#3は、出来るだけ早くウィングへダッシュする。
・#4は、#1の後方をドラッグする。
・#5は、リングに向かって全力で走る。

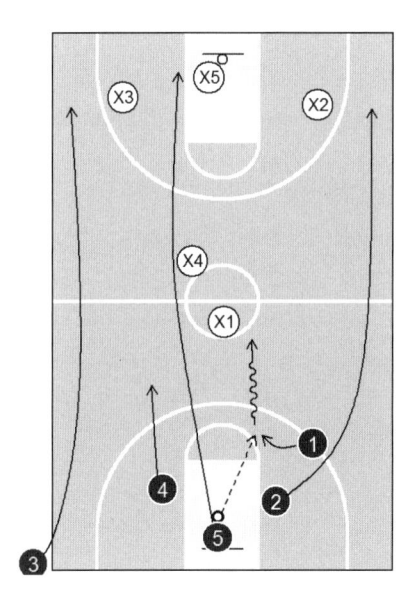

5on5

　シュートを決めるか、リバウンドを取るかで攻守交代し、1人のプレイヤーが入ってくる。

ディフェンス
・マンツーマンディフェンスを行う。

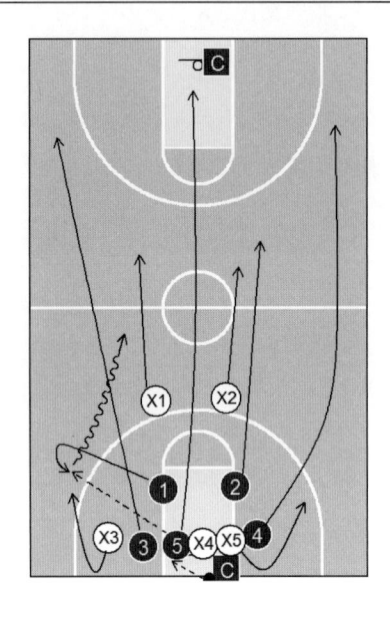

実戦形式の非常に競争的なドリルである。

練習の方法

2チームに分け、コーチとマネージャーは、両エンドに立つ。選手交代はボールがデッドになったときに行うことができる。

最初に、チーム●が攻撃する。コーチは＃3、＃4，＃5の誰かにパスをする。もし＃4がボールを受けたら、X4はすぐにディフェンスをするが、X3とX5はベースラインにタッチしてからディフェンスをする。X1とX2は好きなタイミングでディフェンスに入ることができる。

もしボールが（めったにないが）＃1もしくは＃2にわたったら、誰もベースラインにタッチする必要はない。

サイドラインブレイクを実行するために、＃1はサイドライン側へ動き、アウトレットパスを受ける。

＃2はボールサイドの反対側のフリースローラインの延長線上を目指してダッシュ（コートで一番先を走る）する。他のプレイヤーは自らのレーンを埋める。ボールを可能な限り速く＃2へ出す。パスはダイレクトパスでもスルーパスでも良い。

その後は通常の試合形式の練習となる。もしチーム●が得点するか、ファウルをされたら1点が与えられ、もう1度攻撃することができる。もしディフェンスがリバウンドを取ったら、ファストブレイクから得点を狙う（もし成功したらもう一度攻撃することができる）。

レフェリーのホイッスルが鳴ったとき、シュートが決まったとき、もしくはアウトオブバウンズになったときにのみ、プレイをリセットする。

6〜7点を決めたチームが勝ちである。

3ポゼッション・ファストブレイク

最初に、チーム●が攻撃し、シュートを決めるか、相手ボールになるまで攻める。その次にチームXがファストブレイクを狙って同様に攻撃する。最後に再びチーム●が攻撃する。この切り替えを繰り返す。

得点の方法

通常の得点と同様だが、ファストブレイクで得点した場合は、1点ボーナスポイントが与えられる。

フルコートドリル

　ここで紹介するドリルは、運動能力やスキルを鍛え、戦術面の理解を高めるものであり、かつ、フルコートをフルスピードで行うことでプレイヤーに成長をもたらすものでもある。

　少人数でのドリルは、プレイヤーに、より広いスペースを与えるので、スキルを向上させる。若いアスリートは、スキルを鍛えるために、より広いスペースを必要とするが、スキルのあるプレイヤーは、より狭いスペースで技術を洗練させなければならない

2on2　ラグビールール

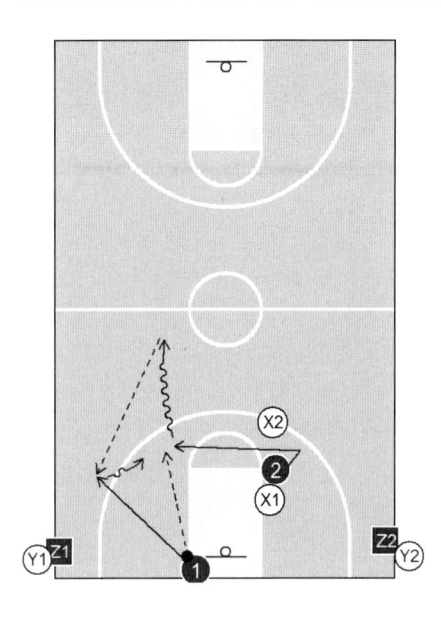

指導のポイント

　・後ろにパスを出す練習する。
　・アタックする精神を高める。
　・トラップを仕掛ける。

練習の方法

　2on2でプレイする。通常の2on2と異なる点は、ドリル名となっている「ラグビールール」が表すように、オフェンスはバックコート内では、パスを使って、ボールを前に進めてはならない。フロントコートに入るまでは、すべてのパスは、真横か後方に出さなければならない。

　オフェンスプレイヤーは、ボールマンのためにパスコースを作り、パスを受けたら、空いたスペースをアタックする。ディフェンスは、積極的にトラップに行くが、一旦パスされたら、しっかりとリカバーする。

　2人×4チームの8人が最適な人数である。

　最初に2チームがコートに入り、どちらかのチームが得点するまでプレイする。シュートが決まったら、ディフェンスはコート外に出て、別のチームがコートに入り、オフェンスになる。ディフェンスはオフェンスに得点されるまで、コートに残り続けることができる。いずれかのチームが5本シュートを決めるまで続ける。

3on3　ホッケールール

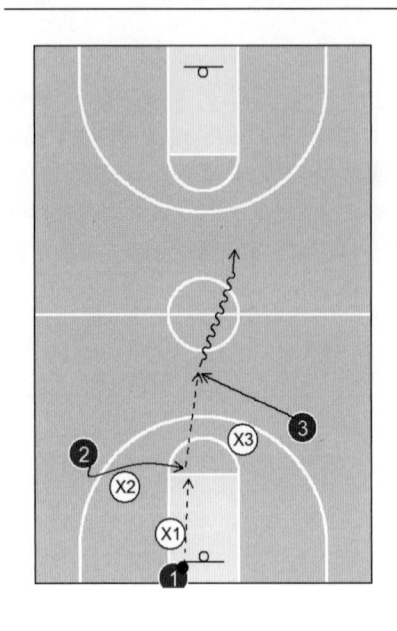

指導のポイント
- ・トラップに対して適切なスペースを保つ。
- ・プレッシャーの中でのパスを練習する。
- ・プレスブレイクを練習する。
- ・トラップとリカバリーを練習する。

練習の方法
　3on3をフルコートでプレイする。ドリブルでバックコートからフロントコートに入るが、センターライン付近でドリブルを止めてしまったり、安易なパスを出してしまわないようにする。バックコートから前方にパスをしても良いが、ハーフコートラインを越えるときは必ずドリブルで突破しなければならない。
　ディフェンスは、積極的にトラップに行くが、一旦パスされたら、しっかりとリカバーする。
　3人×4チームの12人が最適な人数である。

4on3　トレイラー（ディフェンス）　3チームバージョン

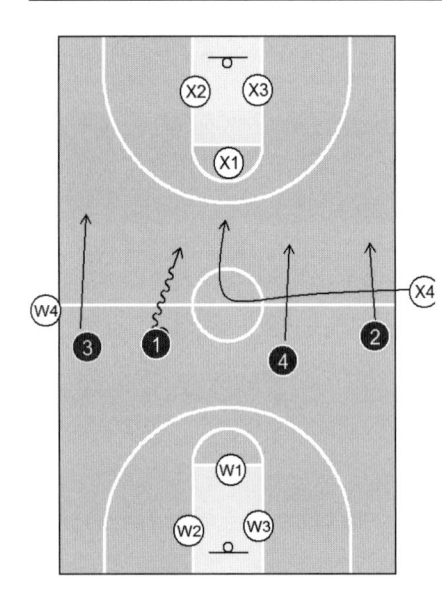

　切り替えの早いドリルであり、プレスブレイクとフルコートプレスの要素を含んでいる。トレイラー（ディフェンス）をつけた4on3、もしくは3on2で行う。
　オフェンスは、ファストブレイクで的確な状況判断が求められ、ディフェンスは、ヘルプディフェンスが戻って来るまでオフェンスを長引かせなければならない。

練習の方法
　チーム●は4人でオフェンスをする。チームXは3人でディフェンスをし、X4はハーフコートラインの延長上で、コートの外に立つ。チームXの3人をペイント内に立たせ、チーム●がハーフコートラインを越えてからスタートする。
　X4はチーム●がハーフコートラインを越えたら、ディフェンスに参加できるが、最初にセンターサークルの中央の床にタッチしなければならない。
　シュートが決まるか、ターンオーバーするまで続ける（アウトオブバウンズはディフェンスボール）。
　もしチーム●が得点したら、チームXはベースラインの外からスタートする。チーム●はハーフラインまでプレスディフェンスをする。もしスティールしたら、もう一度得点を狙う。
　チームXは、3チーム目にアタックし、新たなW4は、ボールがハーフコートを越えてからディフェンスに加わる。

得点の方法
　11点先取

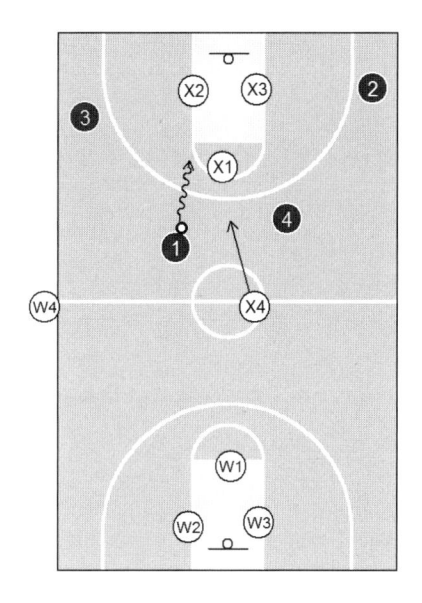

3on2　トレイラー（ディフェンス）　2チームバージョン

　このドリルは2チームだけでも行うことができる。

　2チームの場合、ディフェンスチームは、オフェンスがハーフコートライン
を越えたら、3人目のディフェンスを加えることができる。この場合は、フル
コートプレスを行わない。

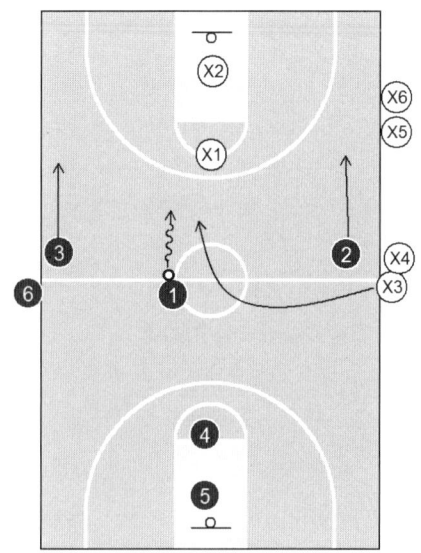

キングスドリル（フルコート）

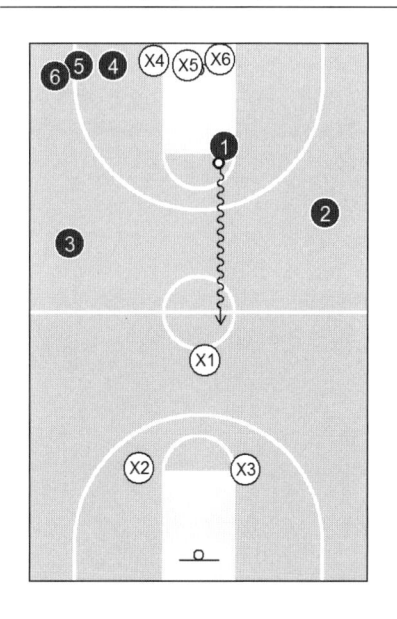

　フルコートの攻撃的なディフェンスを仕掛けることで"ディフェンスの得点"
を競わせるドリルである。

練習の方法

　ディフェンスはオフェンスを止めると得点が加算され、次のドリルに残るこ
とができる。この方法は、ディフェンスにプライドを植えつけることもできる。

　オフェンスはシュートを決めなければ、ディフェンスをすることはできない。
シュートが決まるか、オフェンスがミスをすると同時に、次のオフェンスは攻
撃をスタートする。これにより、ディフェンスへのプレッシャーを高めること
ができる。このドリルは2on2から5on5まで可能である。

得点の方法

　先に4～8回、オフェンスを止めたチームの勝ち

スペイン　2on2　パッシングドリル（フルコート）

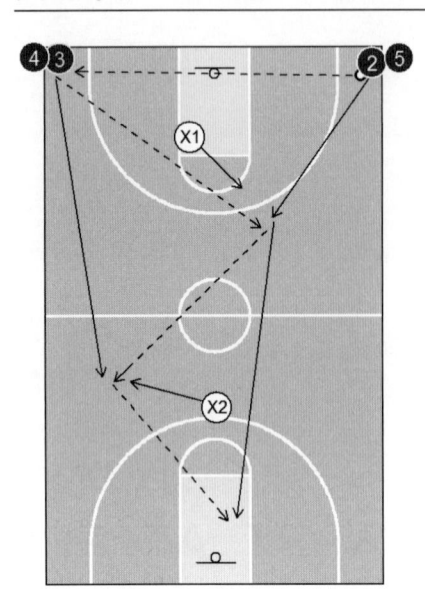

見た目以上に難易度の高いパスとディフェンスのドリルである。

　＃3と＃2は、Ｘ1とＸ2のディフェンスに対して、パスでボールを進め、シュートまで持ち込む。

ローテーション

- ・ターンオーバーをさせたディフェンスプレイヤーは、そのオフェンスプレイヤーと交代する。
- ・これをチームで行っても良い。その場合はチームごと攻守交代となる。

指導のポイント

- ・ワンフェイクをしてからパスをする。
- ・ディフェンスはオフェンスの動きを予測する。
- ・上達してきたらスキップパスを禁止して行う。

イタリア　4on4on4

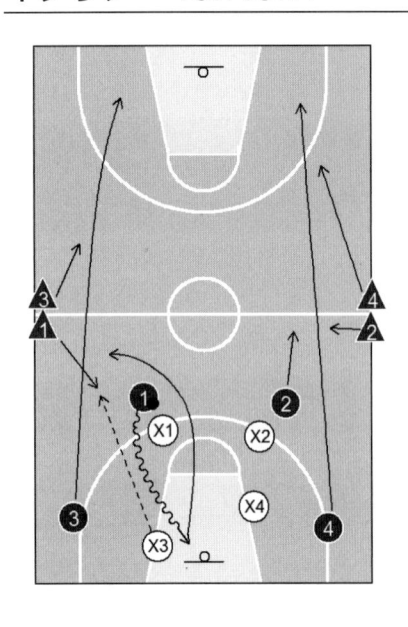

　このドリルは、オールコートで行う連続した4on4で、ディフェンスのバランスを教えるのに非常に適している。

　3つのチームに分け、チームAがオフェンス、チームBがディフェンス、チームCはハーフコートラインの延長上で待機している状態から始める。

　シュートの後に、チームCがオフェンスとなり、チームAがディフェンスをする。チームBはコート中央に移動し3チームでローテーションする。

コートを３分割して行うプレスブレイクドリル

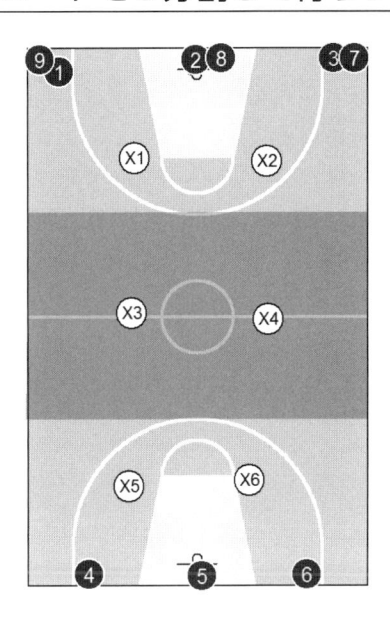

- ・２チームで行う。チームＸが最初にディフェンスをし、交互に攻守を行う。
- ・９人の２チームで行うのがベストであるが、最大12人まで可能である。
- ・＃１、＃２、＃３は逆サイドのエンドラインへボールを運ぶ。
- ・コートの３分の１ごとに、３人がボールをタッチしなければならない。
- ・ディフェンスはできるだけ多くターンオーバーをさせる。
- ・最後のゾーンで３回のパスを終えたら、すぐに次のチームにパスを出す。
- ・次のチームは同じことを繰り返す。

指導のポイント
- ・ディフェンスは多くの運動量を要する。
- ・ディフェンスはトラップを仕掛ける。
- ・オフェンスはフロアを見渡し、良い判断をする。

塚本コーチのここがポイント！

【フルコートドリルについて】

　フルコートドリルは一見、チーム全体が良い雰囲気で、かつ良いプレーを連発することがあります。しかし、ドリルの目的をもう一度確認してみましょう。フルコートになってしまうと流れが良ければ見逃してしまいがちな細かい部分があります。例えば、ボールをもらう位置はどうでしょう。ストップする位置、適切なスペースなどなど、目的を忘れずに細部まで見て、しっかりと指導しましょう。

ここではファンダメンタルを向上させるための素晴らしいドリルを紹介する。これらのドリルは、DDMに特化したスキルに焦点を当てたものではないが、全てがDDMを成功させるための必要不可欠なものとなる。

チームを育成する上で忘れてはいけないのは、単に正確にDDMの戦術を実行することだけが目標なのではないということである。プレイヤーのスキルを向上させることにより、チームの可能性がより大きく広がっていくことを忘れずに指導してほしい。ファンダメンタルは常に重要な育成のポイントである。

プライマリームーブ

マンツーマンディフェンスに打ち勝つためのプライマリームーブは、フットワーク練習から始まる。このドリルのシリーズは、プライマリームーブを段階的に身につけるために作られている。

プライマリームーブ　1on0

プライマリームーブを身につけるための1on0ドリル。

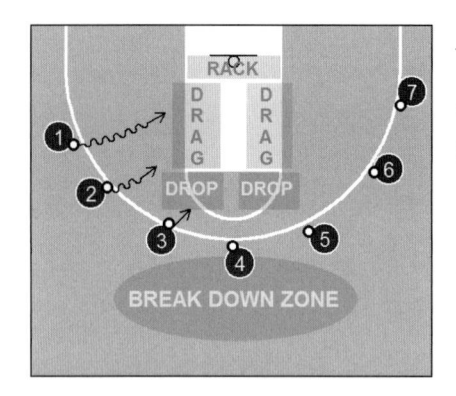

1）ワンドリブルレイアップ

このドリルは3ポイントラインからスタートし、ワンドリブルでレイアップを行う。プレイヤーはシュートを成功させたら、毎回少しずつスタート位置を後ろに下げていき、可能な限り遠くから行う。

トラベリングしないためにドロップ＆チェイスをさせる。そのときには、腰より下の位置でボールをドロップさせる。

ドリブルをしていない方の手はスイム・ムーブをする。

2）プライマリームーブ

1人ずつ順番に異なるプライマリームーブを行う。

ドリブルをする前に以下の動きを取り入れて行う。
・右にジャブステップし、右にアタックする。
・ロッカーモーションの後、右にアタックする。
・右にジャブステップし、スイープした後、左にアタックする。
・左にスイープし、ヘジテーションから左にアタックする。
・シュートフェイクから右にアタックする。
・シュートフェイクから左にアタックする。

プライマリームーブ　1on1

1) キャッチアンドゴー

　プレイヤーはペアを組んで、3ポイントライン付近に並ぶ。ディフェンスプレイヤー#2はダミーとして動かず、オフェンスプレイヤー#1はドリブルをするときに腕を伸ばしボールを突き出す。ワンドリブルをしてボールをしっかりつかみ、リングにアタックする。

2) ジャンプストップ

　プレイヤーは3人でチームを組んで、3ポイントライン付近に並ぶ。ディフェンスプレイヤー#2はダミーとして動かず、オフェンスプレイヤー#1はドリブルをするときに腕を伸ばしボールを突き出す。ワンドリブルをしてボールをしっかりつかみ、ジャンプストップをして、#3にパスを出す。

　ドリブルをする前に以下の動きを取り入れて行う。

・右にジャブステップし、右にアタックする。
・ロッカーモーションの後、右にアタックする。
・右にジャブステップし、スイープした後、左にアタックする。
・左にスイープし、ヘジテーションから左にアタックする。
・シュートフェイクから右にアタックする。
・シュートフェイクから左にアタックする。

1on1

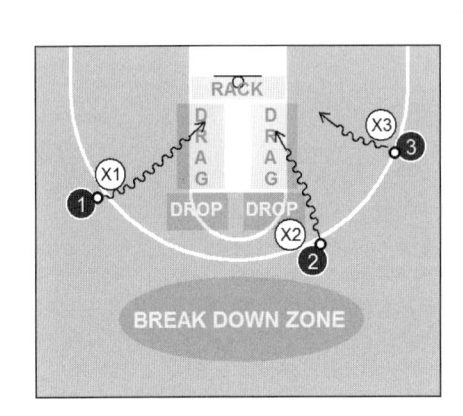

　オフェンスは1回だけドリブルをすることができる。ドリブルをするときに腕を伸ばしボールを突き出す。ワンドリブルをしてボールをしっかりつかみ、リングにアタックする動作を確実に行いシュートに持ち込む。最初にディフェンスを左右どちらかに動かしてからアタックする。

　ディフェンスにしっかりと守らせるために、以下の得点の方法を用いる。

①3ポイントシュートは成功しなくても打たれたらオフェンスに1点。
②3ポイントシュートが成功すればオフェンスに2点。
③成功してもしなくてもレイアップを打たれたらオフェンスに3点。

オフェンスはシュートが成功したら再び攻撃できる。

　このドリルで激しいディフェンスができるように、常にタイトなプレッシャーを要求する。

指導のポイント

・進路と逆方向へのフェイクが重要である。
・ドリブルをするときに腕を伸ばしボールを突き出す。ワンドリブルをしてボールをしっかりつかみ、リングにアタックする。

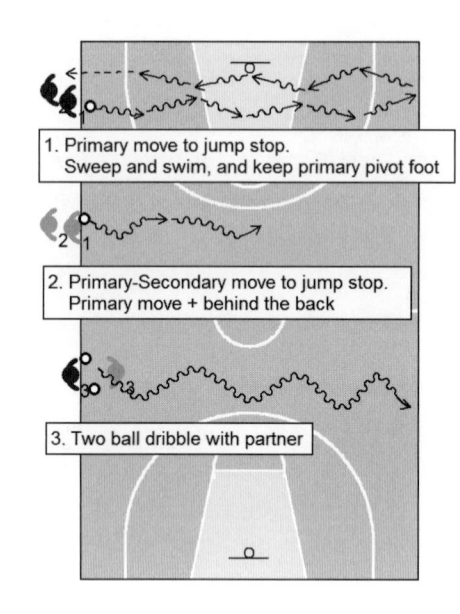

1. Primary move to jump stop.
   Sweep and swim, and keep primary pivot foot

2. Primary-Secondary move to jump stop.
   Primary move + behind the back

3. Two ball dribble with partner

プライマリームーブ／セカンダリームーブのドリブル

プレイヤーはペアになって、コートの横を往復する。
以下の3通りのドリルがある。

1）プライマリームーブからのジャンプストップ（1人ずつ）。
　・スウィープしてからスイム・ムーブをする。
　・ピボットフットを意識する。

2）プライマリームーブ／セカンダリームーブからのジャンプストップ（1
　人ずつ）。
　・プライマリームーブの後、ビハインド・ザ・バックドリブルを使う。
　・45度−90度−90度。

3）2ボールドリブルの1on1をペアで行う。

アタックドリル

　これはディフェンスの動きから、状況判断能力を向上させる練習である。
　非常に競争的なドリルで、主に若いプレイヤーに以下の3つの点を教えるために用いられる。
　①ディフェンスのどこにスペースがあるのかを認識する。
　②ドリブルでもシュートでも両手が使えるようにする。
　③ディフェンスのプレッシャーがあっても素早い動きができるようにする。

1on1 リードドリル①

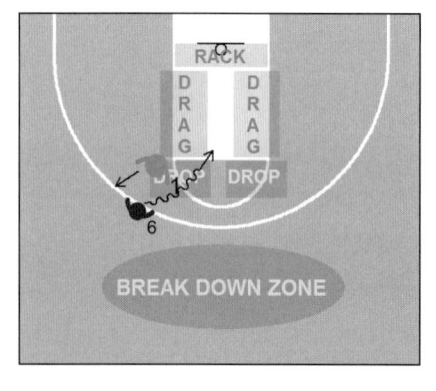

　オフェンスプレイヤーは3ポイントラインに立つ。ディフェンスプレイヤーは、オフェンスプレイヤーの左右どちらかに動き、3ポイントラインにタッチしてからディフェンスをする。オフェンスプレイヤーはディフェンスの動きを判断し、リングへ真っ直ぐにアタックする。

1on1 リードドリル②

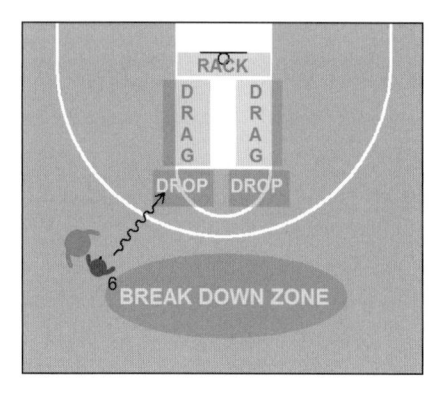

　ディフェンスプレイヤーはオフェンスプレイヤーの真横からスタートする。オフェンスプレイヤーはディフェンスプレイヤーの動きを読みながら（リード）プレイを判断する。
　例えば、ディフェンスプレイヤーの前に入って背中でブロックしたり、ディフェンスプレイヤーから遠ざかる動きをするなど。

　このドリルにより、オフェンスはディフェンスから遠ざかるよりも、あえてディフェンスに近寄ることで、良いシュート角度を作れることを学ぶことができる。

　セカンダリームーブは、プライマリームーブが止められたときにのみ使われる。まずは全力でプライマリームーブを行わなければ、セカンダリームーブなどありえない！　オフェンスプレイヤーは、リングにアタックできる角度で、スイムムーブからプライマリームーブを行う。これによってディフェンスはオフェンスのプライマリームーブに反応し、進路に飛び出してくる。そのときこそがセカンダリームーブを行うタイミングである。

　プライマリームーブに対してディフェンスが飛び出してくるのと同時に、ドリブルの突き手を変え、方向転換し、セカンダリームーブに移行する。

　ビハインド・ザ・バックドリブルやスピンムーブを使ったり、レッグスルーやヘジテーションムーブを使っても良いだろう。

　最初はリングに向かってアタックする。その後、ディフェンスを動かすために方向転換し、さらにもう一度、方向転換して、リングにアタックする（45度－90度－90度）。

　セカンダリームーブについては前述の通りである。

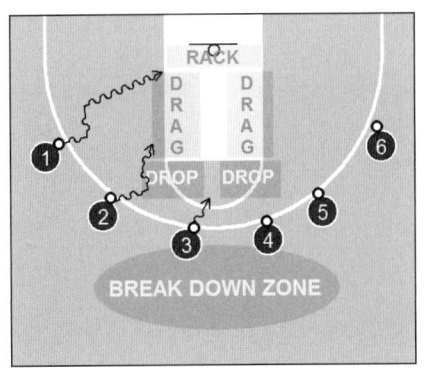

1on0
　プレイヤーは3ポイントライン沿いに並び、プライマリームーブを行った後、すぐにセカンダリームーブに切り替える。

指導のポイント
・プレイヤーは、プライマリームーブの角度のままでリングにアタックしないことが練習のカギとなる。

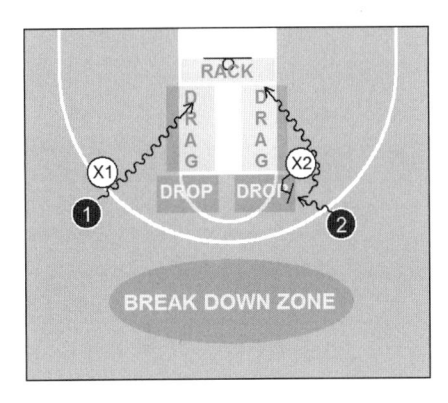

1on1
　プライマリームーブの1on1ドリルと同じだが、シュートが成功しなければ、得点にならない。

指導のポイント
　まず、オフェンスはプライマリームーブでアタックする。ディフェンスが完全に進路を阻めなければ、そのままリングにアタックする。ディフェンスに完全に進路を阻まれたときにのみ、セカンダリームーブを行う。

このドリルはオフェンスの狙いをディフェンスに予測させ、さらにその裏をかくオフェンスのためのフィニッシュドリルである。ディフェンスはオフェンスの動きを予測し、進路に先回りしようとする。その動きに対して、オフェンスは適切に対応し、別の角度でフィニッシュできるように練習する。

シックスフット・フィニッシュについては前述の通り。

総合的なドリル

ヴァンス・ウォルバーグ氏のドリルやプライマリームーブ／セカンダリームーブのドリルを含む、全てのレイアップドリルを用いて、異なるフィニッシュ方法を身につけることが目的である。

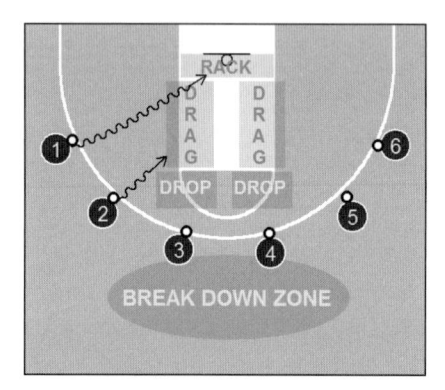

1on0

プレイヤーは3ポイントライン沿いに並び、異なるフィニッシュ方法を練習する。

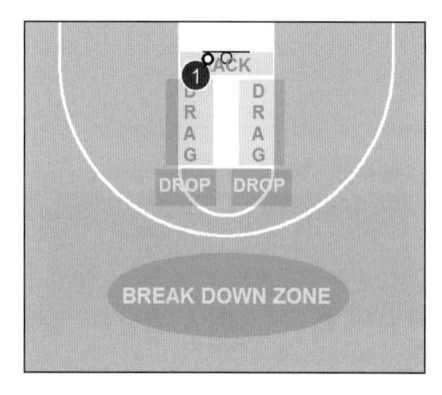

オフハンド

マイカンドリルを使って、利き手ではない方の手を使ったフィニッシュを練習させる。

フィニッシュの方法（以下は右利きのプレイヤー用であり、左利きは逆を行う）

・ゴールの右側で左手を使い、クイックリリースでシュートを打つ。
・ゴールの左側で左手を使い、ジャンプフックを打つ。
・リング正面でのボールをキャッチしてから、左手を使いベビーフックを打つ。
・リング正面での左側へワンドリブルして、左手でシュートを打つ。

もしシュートミスをしたら利き手でシュートを決めて、次に移行する。

このドリルを3〜4分間行い、交代する。

ボールハンドリングドリル

DDMの練習では、ボールハンドリングに多くの時間を割かなければならない。

しかし、明らかに意味のないボールハンドリングの練習をしているプレイヤーもいる。例えば、低い姿勢でのドリブルは大切だが、あまりにも低いドリブルは試合で使う機会はほとんどないだろう。ボールハンドリングの練習は、実際の試合で使えるようなものを、プレイヤーに教える必要がある。

お薦めする基本的なボールハンドリング練習は、以下の通りである。
・静止した状態でのボールハンドリング（2ボールドリブルを含む）。
・ジグザグドリブル。
・2ボールでのジグザグドリブル。
・1on1のジグザグドリブル。

ストリックランドシリーズ

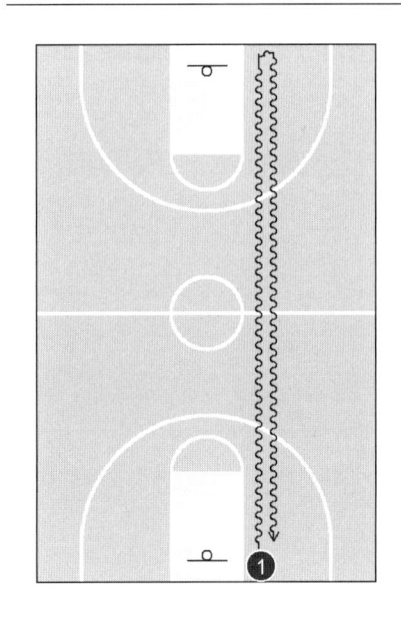

徐々に難しくなる一連のボールハンドリングドリルである。常に低い姿勢で行うことが重要である。

ウォーキングドリブルシリーズ
プレイヤーは歩きながらコートを動き、様々な動きを行う。このときも常に低い姿勢で行うことが重要である。
・パウンディングドリブル（右／左）
　　パウンディングドリブルで行きは右手、帰りは左手で行う。
・パウンディングドリブル（クロスオーバー）
　　歩きながらクロスオーバーをする。最初は1回のクロスオーバードリブルからスタートし、2回、3回、4回と増やして進む。
・パウンディングドリブル（ビトウィーン・ザ・レッグ）
　　クロスオーバーと同様に行う。
・パウンディングドリブル（ビハインド・ザ・バック）
　　クロスオーバーと同様に行う。
・パウンディングドリブル（インアウトからクロスオーバー）
　　これはコンビネーションドリブルである。
・パウンディングドリブル（ビハインドバックからビトウィーン・ザ・レッグ）
　　これはコンビネーションドリブルである。
・パウンディングドリブル（インアウト、クロスオーバー、ビトウィーン・ザ・レッグ、ビハインド・ザ・バック）
　　これは4つのコンビネーションドリブルである。

サイドステップシリーズ
蟹のようにサイドステップで動く。
・ビトウィーン・ザ・レッグを2回とビハインド・ザ・バックを1回行う（1往復）。
・ビトウィーン・ザ・レッグを2回とビハインド・ザ・バックを2回行う（1往復）。

＃1は、＃2が邪魔する中でもボールをコントロールする。＃2はファウルをしても良い。

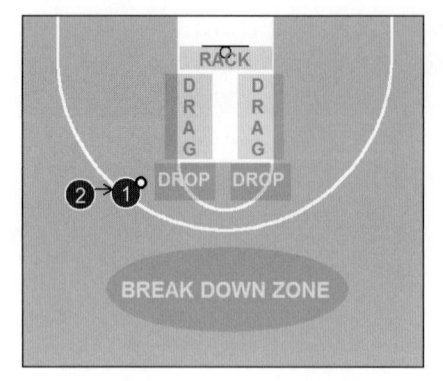

1on1

オフェンスはディフェンスから離れてはいけない。ディフェンスはオフェンスを押し出そうとする。ここではスペースを作り出すためオフェンスがディフェンスに身体を預けることを教える。

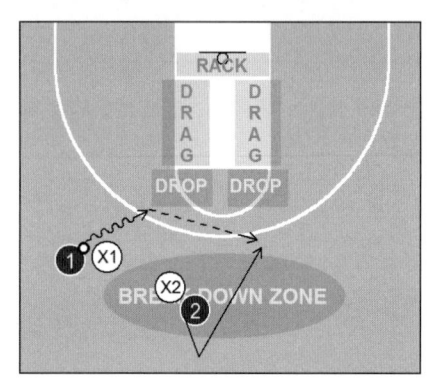

2on2

＃1と＃2は、あらかじめ決められた1〜3回までのドリブルを正確に行い、その後、＃1から＃2にパスを出す。X1とX2はオフェンスの邪魔をするために、ファウルも含み何をしても良い。

トラップドリル（3フォワード2バック）

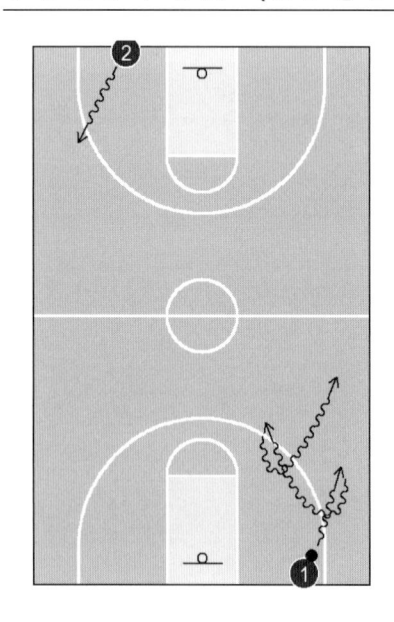

基本的なボールハンドリングとトラップから抜け出すための技術を身につけるドリルである。

プレイヤーはサイドラインをドリブルであがり、ストップしてからプルバックを1回する。次に逆サイドに向かってもう一度ドリブルで進み、ストップからプルバックを1回して、その後、コートを一気に駆けあがる。

使用するドリブル
- ・クロスオーバー
- ・ビハインド・ザ・バック
- ・ロールターン
- ・インサイドアウト
- ・ビトウィーン・ザ・レッグ

ワンハンドパッシングドリル

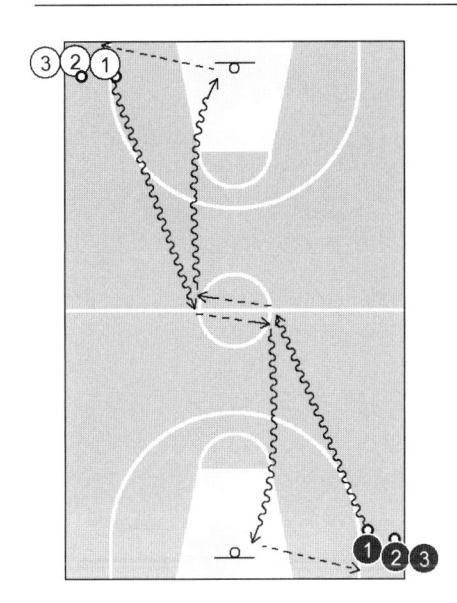

両エンドにいるプレイヤーは、センターサークルに向かってドリブルをし、お互いにドリブルハンドを用いて（ここでは右手で）パスをする。そのときはボールを拾い上げず、自然な一連の動作になるように行う。その後、左手でレイアップをする。

チームでベストなスコアを目指す。2〜3分行ったら、逆サイドで同じドリルを行う。左手のドリブルからパスをし、右手でレイアップをする。

練習の方法：3つのボールで行い、可能な限り速くボールを進める。
練習の環境：難易度を上げるために、コーチがエンドでディフェンスをしても良い。
指導のポイント：利き手ではないほうの手の練習に、非常に有効である。

> 塚本コーチのここがポイント！

【ファンダメンタルについて】

ボールハンドリングやパスなどのファンダメンタルに関しては、練習中のドリルだけではなく、練習開始前や練習終了後などにもできることはたくさんあります。多くのプロ選手もコート外や練習前後にファンダメンタルドリルを行っていますよ。紹介されているドリルだけではなく、より難易度の高いボールハンドリングドリルやパスドリルに挑戦してみましょう。

パッシングドリル

　ここで紹介する一連のパッシングドリルは、DDMに特化したものではないが、オフェンスの精度を高めるためには、非常に有効である。

スリーナンバー

　これは楽しく、かつとても効果的なウォーミングアップドリルである。最初は単純な動きから始め、徐々に複雑さを加えていく。

練習の環境
　3つのグループに分け、それぞれがボールを持つ（2つのグループでも行えるが、ディフェンスパートが行えなくなる）。
　各グループのプレイヤーに、1番から3番までの番号をふる。
　まず、大きい数字のプレイヤーにパスをする（最後の番号であれば戻って1番にパスを戻す）。

　最初はコートの周りをただ動く。ハーフコート内で、1から2、2から3、3から1とパスを回す。グループ内のプレイヤーが混ざらずに互いの近くにいるので、きわめて簡単に行えることがわかるだろう。

バリエーション
　バリエーションはエンドレスにあるが、DDMにつながることをプレイヤーに強調しておこう。

- オールコートでこのドリルを行うと、プレイヤーはボールをキャッチする前に違うグループのプレイヤーの周囲をカットしなければならない。これがこのドリルの複雑さを増している。プレイヤーは、誰の周りをカットしなければならないのかを、確認しながら走りまわらなければならないからだ。パッサーは他チームのカッターにパスをしないようにしなければならない。また、パッサーがチームメイトを見失うこともあるのでレシーバーはボールマンの注意を引くためにコミュニケーションを取らなければならない。

- 異なるパスを加える
  - ①バウンズパス
  - ②ワンドリブルからのパス
  - ③ワンドリブルからのワンハンドパス（他のプレイヤーが周囲にいる状態で、いつレシーバーが来るかをボールマンは判断しなければならないのでタイミングも重要である。これはクイックオプションにおけるバックドアへのパスのシミュレーションにもつながる）
  - ④ワンドリブルジャンプパス（ドラッグゾーンスキップパスのシミュレーションにもつながる）

- ディフェンス
　ディフェンスをドリルに加えるとき、コーチはプレイヤーの1番から3番までの数字を大声で叫ぶ。そのプレイヤーがディフェンスとなり、他の全て

のグループからボールを奪おうとする。コーチが異なる数字を言うと、すぐに異なるプレイヤーがディフェンスとなる。

ベースボールパス

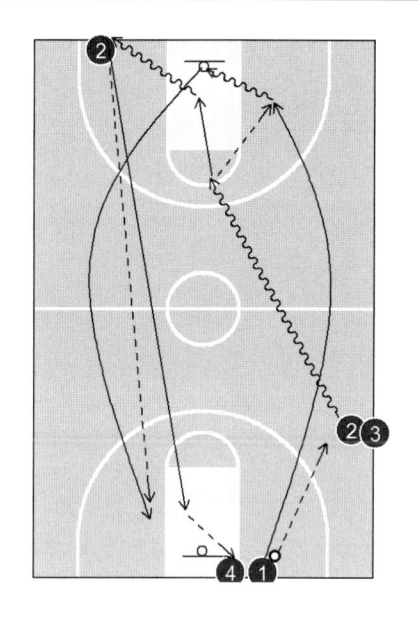

　ファストブレイクの基本と長いベースボールパスを教えるコンディショニングドリルである。

練習の方法
- コートの片面のフリースローラインの延長線上に1つの列を作り、もう1列をペイントエリアの端に作り、ボールを持たせる。
- 2個のボールが必要である。
- #1は、#2にパスし、#2はスピードドリブルで、3ポイントラインの内側まで進みジャンプストップをする。そしてサイドライン側を走ってきた#1にパスをして、シュートさせる。
- #2は、リバウンドをとり、#1は逆サイドのゴールに向かってダッシュする。#2はリバウンド後に、ショートコーナーにドリブルで移動し、#1にベースボールパスを出す。そして#2は、再びリバウンドに入る。

指導のポイント
- 速くて高いパスを出させ、レシーバーはスローダウンさせないようにする。

チェイス

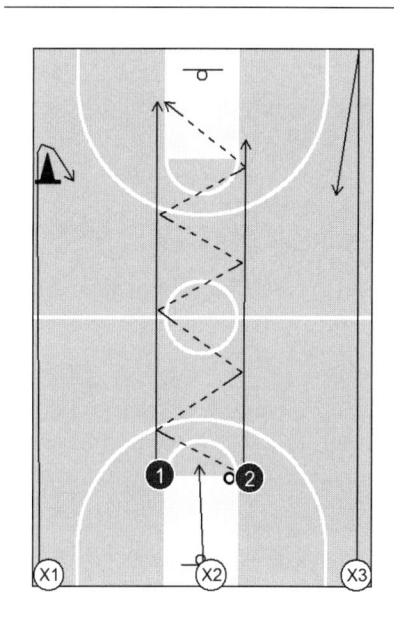

　このドリルは、ハイスピードで行う、ボールハンドリングとトランジションの両方を練習する。

練習の方法
　2人のオフェンスがフリースローラインの内側、3人のディフェンスが、1人ずつ各コーナーのエンドラインに、1人が中央のエンドラインにいる。
　中央のディフェンスがオフェンスへパスし、レイアップをする（ドリブルは禁止）。そして中央のディフェンスが追いかける。

　左サイドのディフェンスプレイヤーは、アウトレットとなるためにコーンをダッシュでまわり、右サイドのディフェンスプレイヤーはベースラインへ向かってダッシュする。

　オフェンスのシュートの後に（どちらのエンドでもオフェンスリバウンドは許されない。有利なシチュエーションだからである）ディフェンスはオフェンスとなり、エンドラインからコーンをまわってCカットするプレイヤーにアウトレットパスを出す。

　ファストブレイクで攻めているので、戻りの3on2ではパスを3回に制限する。

　ターンオーバーやアウトオブバウンズはディフェンスボールになる。

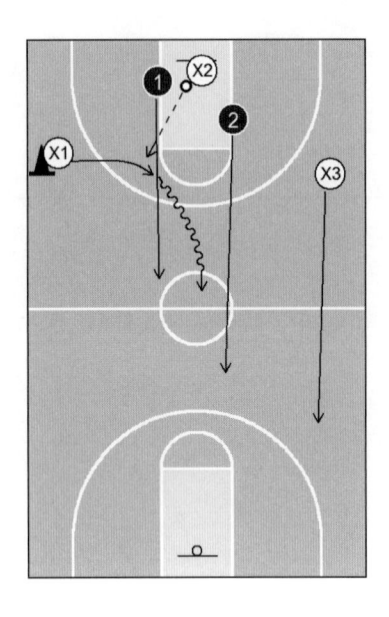

11点先取。

プリンストンドリル

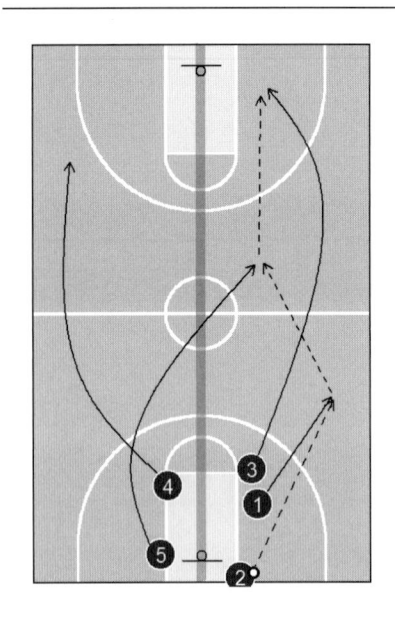

コート上での人とボールの動きの把握やパスのスキルに関するドリルでは、もっとも優れたドリルの1つである。

練習の方法

1分間で可能な限りレイアップで得点する。

以下のルールがある。
・ボールをフロアに落としてはならない（リバウンドの後も）。
・パスでのみボールを前に進める。
・ドリブル無し。
・連続で同じプレイヤーがシュートしてはいけない。
・シューターは自分のシュートをリバウンドすることができない。
・切り替えるとき、全てのプレイヤーがペイントエリアに足を入れる。

得点の方法

2チームに分けて各チーム1分間を4セット行う。
1名の総合優勝者と1名の1セットあたりの最高スコアラーをあげる。

追加されるルール

ドリルの難易度を上げるために、下記のルールを追加することができる。
・すべてのプレイヤーが最初の5回のシュートで得点しなければならない。
・リバウンダーがシューターにならなければならない。
・スキップパスを禁止する。ディフェンスにインターセプトされやすいからである。
・リバウンダーは、逆のエンドでシュートしなければならない。
シュートはレイアップ、ジャンプシュート、3ポイントシュートの中から選択する。

3on3　ノードリブル

目標はベースラインを越えるくらいの長いパスすることである。もしパスが短くてインターセプトされたり、長すぎてアウトオブバウンズになれば、反対側のチームが攻める。

得点したときは、ディフェンスチームは交代し、新しいチームがオフェンスに参加する。もし得点されなければ、そのままコートに残り続けることができる。

4on3　ノードリブル

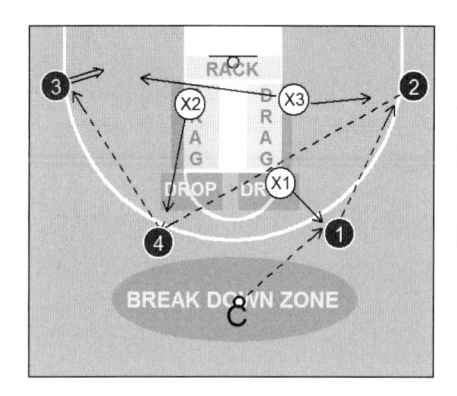

オフェンスのパスとシュートセレクション、ディフェンスのローテーションに関するドリルである。オフェンスはスポットから動けず、最大で3回のパスでオープンなシューターを見つけなければならない。そのためチームワークが重要となる。

指導のポイント
・パスするためのシュートフェイク、もしくはパスフェイクからのシュートをさせる。
・オープンなプレイヤーを見つけるためにオフェンスはディフェンスを読まなければならない。

ローテーション
・1番長い回数、ディフェンスをしたプレイヤーからオフェンスになる。
・シュートミスをしたプレイヤーはディフェンスになる。
・4回目のパスをしたら、そのプレイヤーはディフェンスになる。
・ディフェンスプレイヤーはボールに触れるだけで、オフェンスに交代できる。

レイアップドリル

レイアップに関してはあまり教えられていないプレイヤーが多いのではないだろうか。他のシュートと同じように、試合中と同じプレッシャーの中でシュートを決めたいのであれば、レイアップも当然、練習させる必要がある。

ダンクドリル

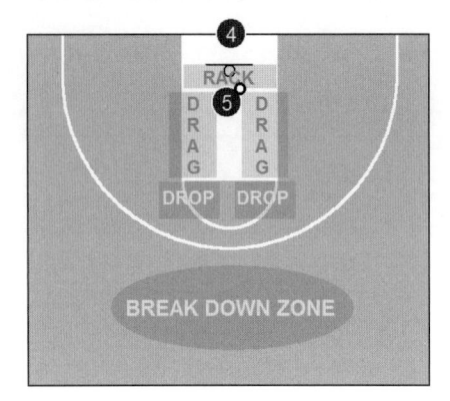

ワークアウトはタフで意味のあるものでなければならない。プレイヤーが本当に有益であると感じているドリルといえば、「ダンクドリル」である。

各プレイヤーは、ほかのプレイヤーもしくはコーチとペアを組んで、リングの正面にボールを持って立つ。両足でジャンプしてダンクしなければならない（小さいプレイヤーはできるだけ高くジャンプしてシュートする）。

ボールがリングを通過したら、それをキャッチし、両足でソフトに着地する。

最初に軽くジャンプして、その反動を利用して爆発的にジャンプしてみよう（縄跳びをするときのハーフジャンプを思い出してほしい）。またあるときは、軽いジャンプをせずに、いきなり爆発的にジャンプをしてみよう。いずれも着地のときには、かかとを地面につけさせないようにする。

20本連続で行い、パートナーと交代、もしくは30秒休む。もう1度順番が回ってきたら15回、それから8回、4回、2回、そして最後にロブパスを受けてダンクしてフィニッシュをする。目的は、跳躍力とフィニッシュスキルの向上である。

アウトレットレイアップ

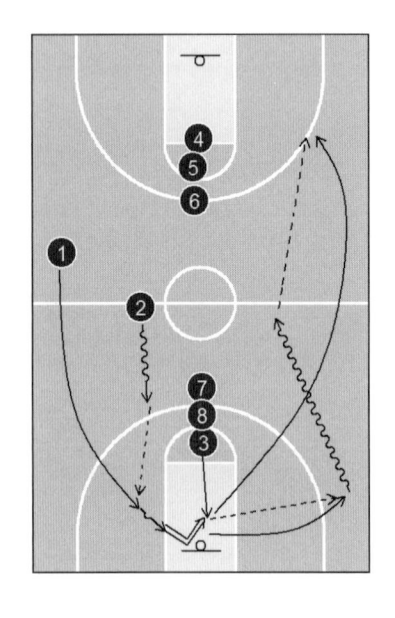

このドリルでは、ファストブレイクの状況で、ドリブルを使わずにレイアップに持ち込む。

<u>練習の方法</u>
＃2は、ドリブルでボールを前に進め、＃1はサイドライン沿いをダッシュする。＃2が3ポイントライン（もしくはフリースローライン）に到達したら、ジャンプストップして、＃1にドリブル無しでレイアップができるパスを出す。

＃1は、逆サイドのウィングまで走り抜ける。列の次のプレイヤーである＃3がリバウンドをし、＃1にアウトレットパスを出す。

＃1がドリブルでコートをあがり、＃3にレイアップのパスを出す。ボールを最大4個まで使って、このドリルを行うことができる。

<u>得点の記録</u>
各プレイヤーは1つのサイドでのみシュートするので、2チーム必要になる。最初は10本、20本、または30本先取で競わせる。しかし、トップスピードではないレイアップはカウントしない。

パッシングレイアップ

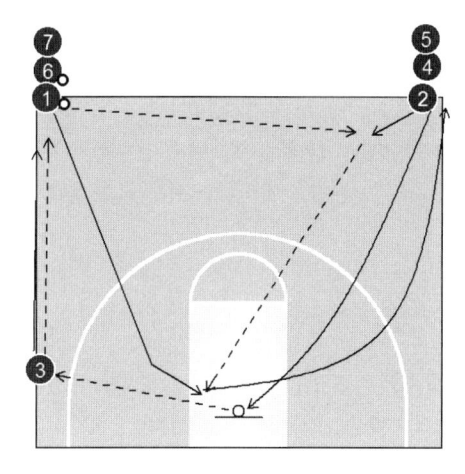

　このドリルは、良いパスやリバウンドを教えるための素晴らしいドリルである。

　レイアップの正しいフォームを身につけさせることによって、トップスピードでも正確に行うことができるようにする。

練習の方法

　#1は、#2にパスをし、リングに向かって走る。#2は、リングに向かって1〜2回のドリブルをつき、#1にパスを出し、リバウンドをする。
　#2がリバウンドを取ってシュートを決めた場合、成功とする。ただし、ボールがフロアにつく前に、リバウンドされた場合のみ成功とする。

　#2は、#3へパスを出し、ボールを追いかける。#3は列の次のプレイヤーにパスをして、同じくボールを追いかける。

　#1はゴール下を走り抜け、逆の列に並ぶ。

得点の記録

・時間制限を設けることもできる。
・最初の目標は連続で20本とし、もし19本でミスをしたら、次の目標は18本と段階的に下げてもよい。

総合的なシューティングドリル

　シュートは反復練習をすることが最も重要である。反復練習として考えるならば、練習で300本打つ方が、試合で100本打つよりも良いかもしれない。

　すでに紹介されているシューティングドリルは、数多くのシュートを打つこととDDMを学ぶことを同時に実現している。以下のドリルは、非常に競争的な反復練習である。

　以下のシューティングドリルに多くの時間を割くことをお薦めする。

- ・7アップシューティングドリル…勝負を決める最後のシュートまで全員が参加できるドリル。
- ・5アップシューティングドリル…プレイヤーが途中で脱落することのないドリル。
- ・プレッシャーシューティング…プレッシャーの下で行う効率の良いシューティングドリル。

実際のシュート力を評価するためには、以下のドリルをお薦めする。
- ・50本3ポイントドリル…シンプルに50本の3ポイントシュートを打ち、そのうち何本入れたかを記録する。
- ・3本連続シューティング…3本連続でシュートを決めた場合のみポイントとなる。

3本連続シューティング

　このドリルは、どのシューターが信頼できるかが明らかになる。2〜3人のプレイヤーに対して1つのリングが必要であるため、小さな体育館で、大所帯のチームは行うことができない。

3本連続シューティング（3ポイントシュート）
　3分間行う。シューターと1〜2人のリバウンダーが必要である。シューターが3本連続で3ポイントシュートを決めたら1点となる。
　毎週の結果を記録する。
　知る限りでのこれまでのベスト記録は、19点である。

3本連続シューティング（フリースロー）
　3分間行う。シューターと1〜2人のリバウンダーが必要である。シューターが3本連続でフリースローを決めたら1点となる。
　毎週の結果を記録する。

5アップシューティングドリル

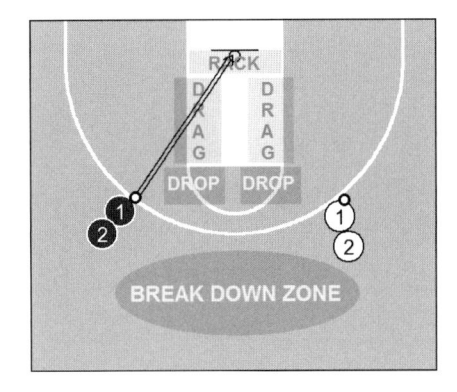

　2つに分けたチームで競い合うシューティングドリルである。チームAがスコアしたら「アップ1」、もしチームBがそのあとスコアしたら「イーブン」となる。

　先に「5アップ」したチームが勝ちとなる。

50本　3ポイントドリル

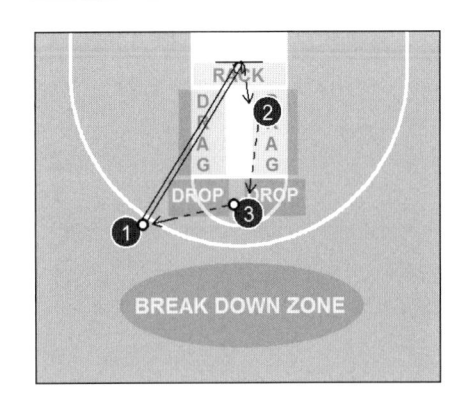

　3人グループでボールは2個使う。1人のシューターに対して、2人でパスを出す。リング1つにつき2〜3チームで行う。

　各プレイヤーは、3ポイントシュートを50本打ち、成功した本数を数える。その後に次のプレイヤーが始める。行うには2つの方法がある。
・同スポットから、50本の3ポイントシュートを打つ。
・5つのスポットから、10本ずつ3ポイントシュートを打つ。
毎週の結果を記録する。
　強いチームであれば、40本を目標としたい。目標はチームの能力に合わせて設定するべきである。

6ポジション　3ポイントシューティング

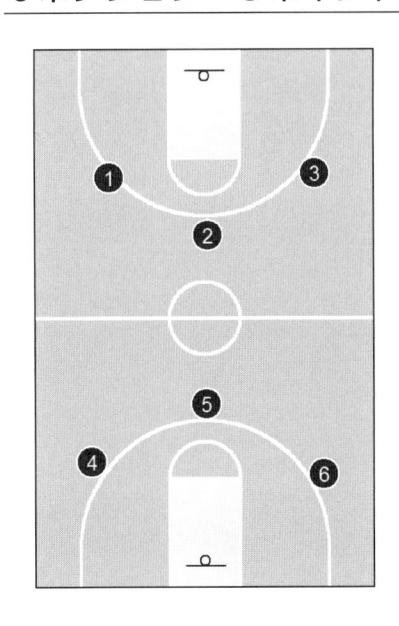

　1チーム2〜3人のチームに分ける。

　6ポジションから3ポイントシュートを打つ。各ポジションで1分ずつ打ち、ポジションを変えるのに5秒程度のインターバルをあけると良い。

　各チームとも30本のシュートを決める目標を掲げたい（より高いレベルでは本数を増やして行う）。

7アップシューティングドリル

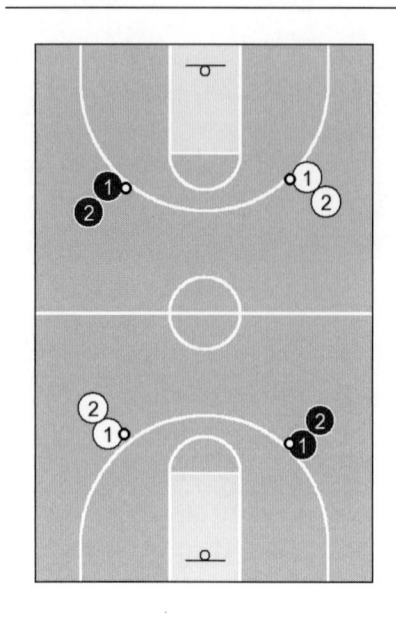

競争的なシューティングドリルである。

<u>練習の方法</u>
- 2人1組のチーム（何チームでも良い）で、可能な限り多くのシュートを打つ。
- ボールは各チームが1個持ち、自分のシュートをリバウンドし、次のプレイヤーにパスを出す。
- コーチが自分の好みのシュートを指示する（3ポイントシュート、ペリメーターシュート、レイアップ、プルアップ）。

<u>得点の記録</u>
- 最初に3本決めたチームを勝ちとする。
- 3本決めたチームが出たら全てのスコアはリセットされる。
- 次の回では3本決めたチームは4本を目標値とし、他チームは3本決めれば良い。
- 最初に7本決めたチームが勝ちとする。

8分間シューティングドリル

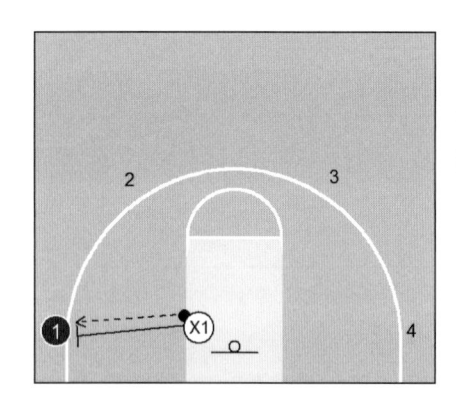

2人1組で行う。＃1からオフェンスを始め、X1は＃1にパスをした後、クローズアウトし、＃1のディフェンスをする。＃1は自分のシュートをリバウンドする。30秒ごとにポジションを変え（ポジション1から4まで）、2分間行う。

ドリルの合間に1分間のフリースローを打つ。

このドリルには3つの要素がある。
1）プレッシャーのかかる状況でのシュート（ブロックショットなし）。
2）シュートフェイク、スイムムーブ、レイアップ（ディフェンスは80％で行う）。
3）1on1のスキル向上。

<u>得点の記録</u>
成功数を数えて、負けたプレイヤーはペナルティを行う。

コーナーシューティングドリル

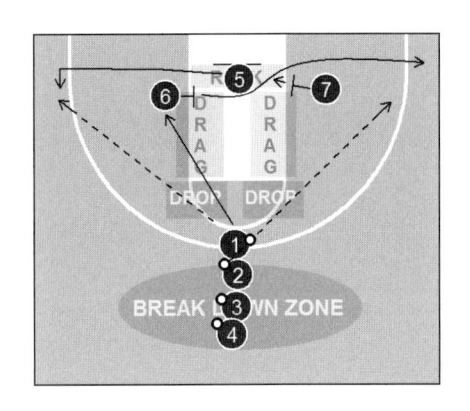

コーナーからのシューティングドリルである。
- パッサーはパスをしたサイドのスクリーナーとなる。
- スクリーナーは次のシューターとなり、逆サイドのスクリーンを使ってコーナーに移動しシュートを打つ。
- シューターは自分でリバウンドを取り、列に並ぶ。

プレッシャーシューティング

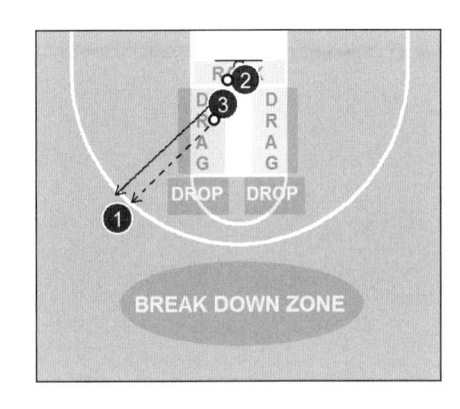

　オリンピックシューティングドリルに、シューターへのプレッシャーを加えたものである。

目的
　非常に競争的な反復練習である。

練習の方法
- 3人のプレイヤーで1つのリングを使う。
- 各チームでボールを2個使う。
- シューターは自分でリバウンドを取り、ボールを持っていない次のプレイヤーにパスをする。
- パッサーはボールを追いかけ、シューターにクローズアウトするがブロックショットはしない。
- 最初に10本シュートを入れたプレイヤーの勝ち。

指導のポイント
- 1つのスポットで行い、勝敗が決まると次のスポットへ移動する。

おわりに

今回、日本のバスケットボールを愛する方々に、DDMをご紹介できる、本当に素晴らしい機会を得たことに、心から感謝している。

私は、この新しいシステムを知れば知るほど、その深い魅力に取りつかれてしまったひとりである。

現在、ケンタッキー大学のヘッドコーチを務めているジョン・カリパリ氏は、メンフィス大学時代に、このシステムで全米を驚かせ、世の中に広めた功労者であるが、そのカリパリ氏が「DDMは筋肉増強剤を注入したプリンストンオフェンスだ！」と言うほど、信じられない可能性と爆発力を秘めたシステムなのだ。

DDMは、初めのうち世間から「ストリートバスケだ」と見下され、いわれのない多くの非難を受けたものだった。しかし、カリパリ氏のメンフィス大学がNCAAトーナメントにおいて「ファイナル4」に4度進出した快挙によって、素晴らしい発明だと認められ、まさに、いま「日の目を見る」ことになった。

やがて、DDMを開発したヴァンス・ウォルヴァーグ氏が、15年もの歳月をかけて作り上げた、その指導法にも注目が集まることになった。

この本では、その指導法にも多くのページを割いている。

テンポが速く、自由度が高いこの戦術は、プレイヤー個々の成長にも抜群の効果をもたらすことから、多くのプレイヤーに心から愛され、多くのコーチも心から楽しんで指導することができるオフェンスシステムだ。

今では、世間はDDMへの見方を変えざるを得なくなり、「新世代のオフェンス」だと言われるまでになっている。

このたび、親愛なる日本の友人、コーチ・ツカモトの監修と編訳によって、私がDDMから受けた感動や、自らの考え方を、直接日本のプレイヤーやコーチに伝えられることを心から感謝したい。

いつもコーチ・ツカモトとメールのやり取りをしていると、彼のバスケットボールに対する情熱には、いつも驚かされた。本当に尊敬している。

そして、私が指導したクラブで活躍した選手が、日本のプロリーグでも活躍したことを知って、日本には不思議な縁を感じている。

今回の出版に関わる全ての方々へ、心から感謝するとともに、日本のバスケットボールに携わる全ての方々が、明るい希望の未来へ大きく踏みだされることを、心から祈って、この本を贈りたいと思う。

Mads Olesen

あとがき

　私が「The Dribble Drive Offense - A Complete Instruction Manual」という本に出会ってから、約7年が経ちました。

　DDMについてここまでわかりやすく丁寧に、指導方法に至るまで書かれている本は、どこにもありませんでした。この本は、まさに完全指導マニュアルです。ヴァンス・ウォルバーグ氏とジョン・カリパリ氏の違いを挙げながら、このオフェンスの魅力と発展の可能性を感じさせてくれる内容に、私はすぐに翻訳して出版したいと決意しました。

　しかし、実際の翻訳作業には多くの時間を要してしまい、出版まで7年という長い年月をかけてしまいました。私自身の環境の変化によって翻訳から遠ざかってしまった時期もありました。

　グローバル教育出版の皆様ならびに担当してくださった山本様に、多大なるご迷惑をおかけしたことを心からお詫び申し上げます。同時に、このように出版させていただき、心からの感謝を申し上げます。ありがとうございました。

　この7年で、日本のバスケットボールを取り巻く環境は大きく変化しました。「日常を世界基準に」を合言葉に、指導者も、プレイヤーも世界に近づくため、必死に挑戦をしています。この本が、大きな目標を掲げて挑戦している指導者の皆様の一助となれば幸いです。

　私は（あくまでも私見ですが）NCAAから10年に1度、オフェンスシステムの大きな波が訪れると考えています。その大きな波によってバスケットボールは大きく変化し、ますます発展していると思います。

　1997年のNCAAトーナメントにおいてUCLAを撃破したプリンストン大学のプリンストンオフェンス。

　2008年に同じくファイナルに進出したメンフィス大学のドリブルドライヴモーションオフェンス。

　そして、2017年に同じくファイナルに進出したゴンザガ大学のコンティニュイティピックアンドロールオフェンス。

　これらのオフェンスの軸は、それぞれバックドアカット、ドライヴ、ピックアンドロールと違いますが、それぞれのオフェンスがそれぞれの良さを継承しながら発展していると感じています。ドリブルドライヴモーションオフェンスの中に見えるバックドアカット。コンティニュイティピックアンドロールオフェンスの中に見えるペネトレイトからコーナーへのキックアウトやバックドアカット。古きものは、単に古きものではなく、必ず何かを継承しているのです。みなさんもそれぞれのオフェンスを学び、この楽しさを感じてみませんか。

原本の筆者であるマッズ・オルセン氏には、心から感謝しております。昼夜逆転とも言える時差(7時間)があるデンマークに、毎日のように送ったメール。日本で出版したいという気持ちを理解してくれて、どんな質問にも優しく、丁寧に対応してくれました。本当にありがとうございます。

　また、翻訳するにあたり、公務ご多用にもかかわらず、心血を注いでいただいた澁谷善洋様。お手伝いをしていただいた五嶋博之様。心から感謝申し上げます。ありがとうございました。

　また、私に燃え尽きることのない、バスケットボールに対する深い愛情と、激しく燃えるような熱い情熱、そして、礼儀・礼節を教えてくださった石井晃則先生。

　組織論や技術論だけではなく、バスケットボールの奥深さや緻密な戦略・戦術を教えてくださった倉島武徳先生。

　バスケットボールに対する厳しい姿勢や人としての正しいあり方を教えてくださった内海知秀先生に心から感謝申し上げます。

　最後に、どんなときも私を支えてくれ、どんなことでも応援してくれる最愛の妻と最愛の息子と娘に心から感謝します。

監修・編訳　　塚本　鋼平

※2024年5月に澁谷善洋様がご逝去されました。悲しい思いでいっぱいです。澁谷先生の優しい笑顔、バスケットボールに対する深い愛情、一緒に数多くの本を翻訳した情熱、そして一緒に過ごした楽しかった思い出など、在りし日の思い出は尽きません。安らかにご永眠されますよう、遠くから手を合わせて、ご冥福をお祈りしております。本当にありがとうございました。

著者　プロフィール

Mads Olesen　マッズ・オルセン

　1976年1月8日生まれ。デンマーク出身。

　1995年にコーチとしてのキャリアをスタートさせ、欧州3カ国（イギリス、デンマーク、ノルウェー）のプロリーグにてヘッドコーチを務めた。アメリカやスペインで開催されたコーチキャンプなどでの指導実績もある。また、デンマークの強豪クラブ「Horsholm 79ers（ハアスホルムセブンティナイナーズ）」の女子U16チームを率いて、2015年のデンマーク選手権大会で優勝。その後、同クラブの広報部長なども務めた。現在は、バスケットボールの戦術本の執筆活動を続けている。

監修・編訳者　プロフィール

塚本 鋼平　つかもと こうへい

　1977年7月16日生まれ。秋田県藤里町出身。札幌大学大学院経営学研究科修了。MBA（経営学修士）。JBA公認S級コーチ。JBA公認コーチデベロッパー。

　秋田県の高等学校に11年勤務。2009年から札幌大学男子バスケットボール部にてアシスタントコーチを2年間務め、2010年7月に社会評論社から「プリンストンスタイルオフェンス」を出版。その後、NBL（ナショナル・バスケットボール・リーグ）和歌山トライアンズにてアシスタントコーチ（2014-2015）、西宮ストークスにてアソシエイトコーチ（2015-2016）を歴任。2016年7月から公益社団法人ジャパン・プロフェッショナル・バスケットボールリーグ（B.LEAGUE）運営本部強化育成部に勤務。BクラブにU15/U18チームの設立のサポートや選手・指導者の育成に尽力し、B.LEAGUEの草創期を支え、日本バスケットボール協会（JBA）技術委員会・ユース育成部会、指導者養成委員会なども兼任した。2018年6月にグローバル教育出版から出版した『ドリブルドライヴ モーション オフェンス』（本書）はベストセラーを記録。現在も全国各地で講演会や指導者講習会などを行っている。2022年11月には、福井ブローウィンズの初代ゼネラルマネージャーに就任しクラブの立ち上げに尽力。現在は「株式会社 Zero One Basketball」の代表取締役を務め、バスケットボールの普及・発展を目的に活動をしている。

THE DRIBBLE DRIVE MOTION OFFENSE

ドリブル ドライヴ モーション オフェンス

2018年6月20日　初版第1刷発行
2022年2月10日　　　第2刷発行
2025年4月28日　　　第3刷発行

著　者　Mads Olesen（マッズ・オルセン）
監修・編訳者　塚本 鋼平
発行者　山本浩二
発行所　株式会社グローバル教育出版
　　　　〒101-0047 東京都千代田区内神田2-4-2
　　　　一広グローバルビル3階
　　　　TEL. 03-3253-5944
編集・印刷　株式会社瞬報社